▲任正非

从2万元到3900多亿元，从深圳小厂到世界巨头

创华为

任正非传

华牧◎著

华文出版社
SINO-CULTURE PRESS

图书在版编目（CIP）数据

创华为：任正非传 / 华牧著. -- 北京：华文出版社, 2016.9（2019.9重印）

ISBN 978-7-5075-4226-4

Ⅰ. ①创… Ⅱ. ①华… Ⅲ. ①任正非－传记 Ⅳ. ①K825.38

中国版本图书馆CIP数据核字(2016)第221502号

创华为：任正非传
CHUANG HUAWEI : REN ZHENGFEI ZHUAN

著　　　者：	华　牧
出版策划：	李金水　蔡荣建
责任编辑：	张明华
出版发行：	华文出版社
社　　　址：	北京市西城区广外大街305号8区2号楼
邮政编码：	100055
网　　　址：	http://www.hwcbs.com.cn
电　　　话：	总 编 室 010-58336239　　发 行 部 010-58336267 58336253
	责任编辑 010-58336211
经　　　销：	新华书店
印　　　刷：	北京柯蓝博泰印务有限公司
开　　　本：	710×960　1/16
印　　　张：	21
字　　　数：	319千字
版　　　次：	2017年1月第1版
印　　　次：	2019年9月第7次印刷
书　　　号：	ISBN 978-7-5075-4226-4
定　　　价：	39.80元

版权所有　侵权必究

前言

中国企业做大做强的有不少，但能像华为这样叱咤风云，让外国巨头都连连称赞的不多；中国的企业家多如牛毛，但能像任正非一样脚踏实地、默默耕耘的人却很少。

2001年2月17日，一篇发表在华为公司内刊上的著名文章《华为的冬天》，被人们疯狂转贴传阅，轰动一时。这篇文章以振聋发聩的语言，向华为人敲响了警钟，警示着华为的未来，也向人们传递了一种强烈的危机意识。从此，华为走进了人们的生活，任正非走进了人们的视野。

1987年，43岁从部队转业的团级干部任正非，在就业无门之际，与几个志同道合的中年人，以凑来的2万多元人民币创立了华为公司。当时，可能谁都没有想到，这家诞生在一间破旧厂房里的小公司，即将改写中国乃至世界通信制造业的历史。

从创业之初的小公司，到如今成长为全球数一数二的通信设备商，华为走过了20多年的艰辛历程。任正非率领着华为人艰苦奋斗，顽强拼搏，在强手如林的通信市场中披荆斩棘，开拓新路。凭借出色的业绩，华为于2010年7月成功入选世界500强企业，成为中国民营企业的骄傲，也成为世界第二大通信设备提供商。2014年，华为排名《财富》世界500强第285位，与上年相比上升30位。

尽管取得了令全世界瞩目的成就，任正非却始终保持着一种忧患意识，以"我的世界没有第一"的标准严格要求自己，激励自己带领华为人在残酷的生存环境中奋勇前行。他时刻谨慎，防止自己和华为人出现骄傲的情绪，努力推进各项改革，打破阻碍华为进步的瓶颈，不断为华为注入新鲜的血液，使华为保持生生不息的成长动力。

早在2001年，在国际高科技产业进入寒冬，而华为却凭借不俗的成绩位居全国电子百强首位时，任正非及时发表了《华为的冬天》，他表示，"十年来我天天思考的都是失败，对成功视而不见，也没有什么荣誉感、自豪感，而是危机感。也许是这样才存活了十年。我们大家要一起来想，怎样才能活下去，也许才能存活得久一些"，并认为"华为存在的问题不知要多少日日夜夜才数得清楚……华为的冬天正在到来，各种机制、管理等正面临危机，已经到了不得不调整、改革的地步"。

此后，任正非不断在公司内部及其他场合对员工发表讲话，在这些讲话中，"居安思危"一直是其中极为重要的一个部分，强烈的危机感一直贯穿在任正非的讲话中。他用《活下去是企业的硬道理》《华为的红旗到底能打多久》等文章来警示员工，让华为人始终保持着危机意识，感受着跨国巨头的压迫，感受着超越的艰难。

从一开始的"活下去"到后来的"走出去"，任正非一直在如履薄冰的心态下带领着华为大军驰骋于国内外战场，这种危机意识不仅源于对市场的超前洞察，更是一种战略思考，它驱动着华为应对环境变化的快速适应和超前变革。任正非用自己特有的管理理念，加上不断学习的精神，始终坚信知识和人才的力量，摒弃一切杂念，执著于本业。

任正非有着敏锐的眼光，果断的决策力，拥有"狼"一般的特性，只要自己认准的事情就会坚定不移地走下去。任正非领导下的华为坚持自主研发，坚持走国际化道路。"筚路蓝缕，以启山林"，前面是一条布满荆棘的道路，为了华为的明天，任正非带领着华为以"狼"一般的冲劲，顽强地杀出了一条生路，挺立不倒数十年，屹立于强手如林的通信市场。

居安思危、未雨绸缪的任正非，低调地造就了华为的传奇，也造就了他自己的传奇。华为的发展是不断战胜自我的过程。正如任正非所说的："什么叫成功？是像日本那些企业那样，经过九死一生还能好好地活着，这才是真正的成功。华为没有成功，只是在成长。"

如今，年届七十、已是古稀之年的任正非，即将淡出华为，淡出业界，但是他仍然保持着一如既往的创业激情和进取精神。他惦念着与他并肩战斗的队友，关心着与他朝夕与共的员工，关注着他倾尽心血为之奋斗一生的华为的未来。在他的身上，人们依然可以看到当年那个意气风发、风趣幽默、坚韧顽强、奋发进取的任总的影子。对于任正非来说，他的世界没有第一，他的人生就是永无止境的超越自我、追求成功的奋斗历程。

"我的世界没有第一"，任正非以他非一般的个性意志、创业经历和人生智慧，为世人树起了一座丰碑。华为的优质产品改变了我们的生活，任正非不屈不挠的精神让人感动。以华为为鉴，以任正非为师，愿我们每个人都能从任正非的身上获得无尽的力量和无穷的启示，书写自己卓越的人生篇章！

目录

第一章
激情燃烧的青春岁月

贫苦的少年时代 / 003

"文革"中扭曲的大学生活 / 006

毕业了,该何去何从 / 009

激情燃烧的军旅生涯 / 010

风雨过后是彩虹 / 012

山重水复疑无路 / 013

第二章
初闯通信江湖,华为横空出世

稚嫩华为初长成 / 019

列强肆虐,任正非拍案而起 / 021

华为要做自己国家的产品 / 022

破釜沉舟,背水一战 / 024

岿然不动,任尔东西南北风 / 026

天道酬勤,百二秦关终属楚 / 028

第三章
披荆斩棘，永不言失败

研发道路，几多荆棘 / 033

步履蹒跚，初尝败绩 / 036

失之东隅，得之桑榆 / 039

在哪里跌倒就在哪里爬起 / 042

无限风光在险峰 / 044

抢占科技制高点 / 049

第四章
通信论剑，问天下谁是敌手

群雄混战的通信战场 / 057

"巨大中华"的兴衰 / 059

包抄上海贝尔 / 063

华为的地盘上没有"港湾" / 065

优质服务击退北电 / 072

战朗讯节节胜利 / 074

华为与中兴掰手腕 / 075

第五章
扬帆出海，驰骋世界显霸气

第一站，挺进香港 / 083

奋战在北极，莫斯科不相信眼泪 / 084

决战亚非拉，重点突破 / 087

快捷的服务在法国制造的浪漫 / 092

卓越的品质成就英国的风度 / 094

技高一筹让德国人心服口服 / 097

汗水浇灌的果实在荷兰飘香 / 102

第六章
挑战巨人，三分天下居其一

前车之鉴，后事之师 / 109

挑战北美电信霸主思科 / 111

思科很愤怒，事情很严重 / 113

大雨欲来风满楼 / 114

思科向华为"出招"了 / 115

合纵连横，构建防线 / 117

全面出击，逼和为胜 / 119

用美国的方式，在美国打赢官司 / 123

永不熄灭的战火 / 124

第七章
植入狼性基因，用狼性精神征服世界

敏锐地感知商机 / 131

快速的反应速度 / 132

果断决策抓住时机 / 135

执行力提高竞争力 / 137

不达目的誓不罢休 / 139

打造一支众志成城的"狼团队" / 140

让每个员工都成为冲锋陷阵的"狼" / 143

合纵连横打天下 / 145

华为就是一匹"狼" / 148

要"狼性"，更要"人性" / 150

第八章
人才兴企业兴，以奋斗者为本

不重经验重潜力 / 155

花大本钱培训员工 / 157

为人才创造发展环境 / 158

任职资格制度的变迁 / 162

"鲇鱼效应"的极致运用 / 164

高薪酬是第一推动力 / 166

绝不让"雷锋"吃亏 / 171

改革股权分配制度 / 172

任人唯贤，而不是任人唯亲 / 176

华为拒绝"富二代" / 177

第九章
以市场为先导，以客户为主导

与普遍客户搞好关系 / 183

"最小的客户我都要见" / 186

把客户的要求放在第一位 / 187

以宗教般的虔诚感动客户 / 189

以客户满意度为标准 / 193

客户需要什么就做什么 / 195

以气势压倒对手的营销策略 / 198

从销售向营销转变 / 200

目录

营销要走外交路线 / 201

第十章
我是一个百分之百的偏执狂

活下来是真正的出路 / 205
3G这条路，走到黑也不回头 / 206
偏执狂的生存法则 / 209
斗士一样的强势 / 211
狂人也有柔情的一面 / 214
严刻而不失幽默 / 217
个人智慧的极限 / 219
独一无二的"灰度管理者" / 221

第十一章
华为没有成功，只有成长

削足适履，穿上"美国鞋" / 227
独一无二的矩阵管理体系 / 229
引入IBM先进的管理理念 / 231
细化人事考核指标 / 238
加长企业的每一块短板 / 241
功不可没的财务转型 / 244
《华为基本法》诞生 / 248
《华为基本法》背后的故事 / 250
让《华为基本法》更完善 / 252
华为总会有冬天，准备好棉衣 / 254
防范危机，未雨绸缪 / 255

第十二章
成功就是和自己的较量

低调低调再低调 / 261

名利与我无缘 / 262

神龙见首不见尾 / 264

低调才能务实 / 266

心如止水的恬静 / 267

屡败屡战，以高端挑战高端 / 269

一生都做有高度的事业 / 273

没有不带着汗水和心血的成功 / 275

成功永无止境 / 276

附录一　任正非经典语录 / 279

附录二　华为大事记 / 283

附录三　任正非及华为荣誉榜（节选） / 287

附录四　任正非经典演讲 / 292

第一章

任正非

激情燃烧的青春岁月

1944年出生的任正非，从小就经历了战争与贫困的折磨。任家兄妹七个，加上父母共九人，生活全靠父母微薄的工资维持。当时家里每餐实行严格分饭制，以保证人人都能活下去。任正非上高中时，常常饿得心慌，也只能用米糠充饥。他家当时是两三人合用一条被子，破旧被单下面铺的是稻草。他高中三年的理想只是吃一个白面馒头！可以想见，任正非青少年时代是在怎样的贫困中度过的。生活的艰辛以及心灵承受的磨难，成就了少年任正非隐忍与坚定的性格。他感慨："我能真正理解活下去这句话的含义！"

　　20世纪60年代，任正非幸运地考上了大学，成为一名令人羡慕的天之骄子。大学期间，任正非对那些改变了人类命运的科学家们非常崇拜和敬仰，这种崇敬和对知识的追求也最终改变了他一生的命运。大学期间，任正非也经历了"文革"的人生磨难，家庭蒙辱，但这对他是一次人生的洗礼，使他过早地成熟起来。

　　大学毕业之后，任正非直接应征入伍，成了一名光荣的解放军战士，开始了他一生中重要的激情似火的军旅生涯。任正非踏上了对美好未来不懈求索的道路，前方的路又是怎样的呢？

贫苦的少年时代

任正非祖籍浙江金华市东阳，后迁徙到浦江县黄宅镇任店村。任正非出生及长大的地方是贵州安顺镇宁县。

任正非的家族并非文化世家，爷爷任三和是做金华火腿的乡间厨师，他的子女们除了任正非的父亲任摩逊外都没有读过书。任摩逊1910年出生，由于执意要求才获准读了书，也是家中唯——个读过大学的文化人。1931年任摩逊进入北平民大经济系就读，在求学期间正值日本入侵东北，救亡运动高涨，他和很多热血青年一起参加了共产党的外围组织。由于父母相继病逝，1934年任摩逊差一年没有读完大学，回到老家后曾在职业学校任教。

抗日战争时期，任摩逊在同乡的介绍下到位于广州的412厂任会计，这是一家生产防毒面具的兵工厂。他身在国民党兵工厂却认同共产党的观点，积极宣传抗日，组织读书会，引起了国民党特务的注意，后来读书会中有相当多的人在新中国成立后成为高级干部。由于战争，工厂经广西辗转迁到贵州桐梓。1944年任摩逊送家眷回乡定居，避开特务追捕后悄然回到贵州，自此长期在异乡生活，直到1995年才回到阔别半世纪的家乡观光，不久去世。

在贵州，任摩逊和任正非的母亲程远昭结了婚，育有二子五女，任正非是老大。1944年，任正非出生于贵州安顺地区镇宁县山区。这里属于喀斯特石灰岩地形，风景优美，著名的黄果树大瀑布就坐落在那里，然而经济非常落后。

任正非的母亲高中毕业后，做了一名很普通的乡村教师，除按时完成教学任务外，还坚持自学，最后被评为中学高级教师。她的学生中有不少是省、地级干部和优秀专家，他们对任母的教学责任心印象深刻。任母一生陪伴丈夫在贫困山区从事教育事业。夫妻俩谨言慎行，埋头忘我工作，以至于无暇顾及孩子。

任正非的父母是处于当时社会底层的学校教员，无法给予孩子财富和事业上的帮助。他们留给孩子的是对知识的热爱，以及为人父母的舐犊之情。

很多人天真烂漫的少年时光无忧无虑，充满稚气，充满美好的幻想，留下了许多美好的回忆。然而，任正非的少年时代却是灰色的。

在20世纪50—60年代，知识分子都是"臭老九"，不仅工资收入微薄，而且受人鄙视，与现代社会知识分子的待遇大相径庭。任正非兄妹七个，加上父母共九人，全家靠父母微薄的工资生活，毫无其他经济来源，父母还要给老家的家眷寄生活费。那时候全国经济困难，粮食严重短缺，那一点点存粮连全家人填饱肚子都不够。贫困的景象连后来来抄家的造反派都目瞪口呆。

任家当时两三人合用一条被子，破旧的被单下面铺的是稻草。本来生活就十分困难，但是儿女一天天在长大，衣服一天天在变短，而且孩子们都要读书，开支很大。每个学期每人交2~3元学费，到开学交费的时候，父母就发愁，经常要到处向人借钱来维持，而且常常借不到，因为别人也一样困难。但他们始终秉持"自己再苦也要孩子有书念"的思想，想方设法筹集学费让孩子们上学。

就在这样艰难困苦的情况下，任正非读完了小学和初中。按理说，初中毕业在当时已经是知识分子了，可以有一个很好的出路了，而他又是家里的老大，早点工作也能减轻家里的负担。但是，父母都是很明智的人，他们不但让任正非上高中，还要供他上大学。

贵州地处高原，经济欠发达，尤其山区俗称"地无三里平，人无三分银"。"大跃进"运动开始后由于农村大办公共食堂，高征购，使得粮食极其紧张。1960年贵州已出现严重的饥荒现象，省委却向上汇报：全省食堂办得好和比较好的占总数80%，被誉为"红旗省"，要求全国学贵州"一律照此办理"。1961年，贵州这个大办食堂的红旗省不得不实行包产到户，城乡面貌才得以缓解。

任正非上高中的时候，正赶上了三年经济困难时期。国家实行严格的配给制，一切凭票，最少的时候一年每人只发1.5尺布票，几斤粮票，兄妹七人哪能够用！因此，直到高中毕业，任正非都没有穿过衬衣，即使炎热的夏天也只能穿着冬天时的厚外套。而且，因为缺少食物，饥饿和死亡时刻威胁着人们。任正非天天饥肠辘辘，哪里有心思读书啊！因此，高二时他补考了。

母亲意识到缺衣少食对孩子的影响，因此临近高考的那三个月，母亲经常早上悄悄塞给任正非一个小小的玉米饼，因此他才能安心复习功课，考上大学。任正非后来感慨地说："如果不是这样，也许我也创办不了华为这样的公司，社会上可能会多一名养猪能手，或街边多一名能工巧匠而已。这个小小的玉米饼，是从父母与弟妹的口中抠出来的，我无以报答他们。"

困境让人变得现实，高中三年，任正非最大的理想就是吃上一个完整的白面馒头。最终帮助他实现这个梦想的是毕业前夕一个家境不错的同学请客，那次他拿到了2/3个白面馒头。那大半个馒头他吃了整整两天，每顿饭都吃上一口，然后再装进口袋。

任正非快高考了，有时在家复习功课，饿得实在支撑不住了，就用米糠和菜拌一下，烙着吃，被父亲碰上几次，他们心疼了。那时家里穷得连一个可以上锁的柜子都没有，粮食用瓦罐装着，但他绝不随便去抓一把，否则弟弟妹妹们都要挨饿。

任正非考上大学那年，需要自带被褥，这可难倒了父母。后来母亲想了一个主意，那时正赶上学生毕业，母亲就捡回毕业学生丢弃的破被单缝缝补补，洗干净做好，让他带上，才得以度过了五年的大学生活。在此期间，母亲还一次送给他两件衬衣。他深知这来之不易，激动得热泪盈眶。

可以说少年时期的任正非并没有鸿鹄之志，高中三年的理想就是能吃一个白面馒头。饿得多了，方法也多了，上山采一些红刺果（就是绿化用的那种），把蕨菜根磨成浆，青杠子磨成粉当作食物。有时候妹妹采几颗蓖麻籽炒一下当花生吃，一吃就拉肚子。后来又在山上荒地种了一些南瓜，以及将美人蕉的根煮熟了吃……

父亲有时外出参加会议，还有机会适当改善一下；而母亲却负担沉重，除了自己的工作，还要煮饭、洗衣、修煤灶，还要教育七个孩子……什么都干，消耗这么大，自己却从来不多吃一口。

为生存所迫，全家人想方设法寻找食物，种南瓜，采野果，煮菜根，实行严格的分餐制，同舟共济渡过难关。任正非认为正是父母的无私才保证了所有子女能够生存下来。

这段忍饥挨饿的人生经历使任正非养成了艰苦朴素、勤俭节约的好习惯，摆脱了奢侈和招摇的生活，养成了朴实无华的心态。他说："我的不自私是从父母身上学到的。华为这么成功，与我不自私有一点关系。"

"文革"中扭曲的大学生活

告别了懵懂无知、饥寒交迫的少年时代，告别了满怀期望的父母亲，告别了荒凉萧瑟的小村子，告别了透风漏雨的老房子，告别了吃糠咽菜的苦日子，扑面而来的就是火热激情的青年时代了。

青春是人生的花季，活力充沛，激情盎然，年轻就是资本。青年人朝气蓬勃、奋发努力，正是大有作为的好时候。然而，任正非没想到，刚步入青年时代，就遇到了史无前例的大运动。

19岁那年，任正非没有辜负父母的期望，考上了重庆建筑工程学院。他想，现在终于可以如饥似渴地饱览群书，一展宏图了。然而或许是生不逢时，也或许是苍天捉弄，平静的生活没有到来，随之而来的是"文革"的"天下动乱"，任正非及家人都不可避免地卷入其中。

运动一开始，各地都以"三家村"为模式找靶子。那时一些会写文章、有独立的政治思想的党的领导干部，被指责为与当地潮流不合拍的"靶子"。教育界首先遭遇"文革"的灾难，在横扫一切牛鬼蛇神的运动中，反动学术权威、走资派、有历史问题的人……都在劫难逃。全国上下都运动起来，大揪"走资派"，无情地批斗，全国笼罩在恐怖之中。

任正非的父亲虽然较早参加革命，但由于其出身问题，在历次政治运动中都要接受无数次审查。他一生谨小慎微，自知地位不高，从不乱发言，而是埋头做学问，因此，平安度过了 1957 年"反右"、1959 年"反右倾"及 1964 年"四清运动"。任父在早期革命队伍中算是有文化的，有教学经验，是领导干部，符合"靶子"标准。他最早被揪出来，关进了"牛棚"。他的同事、原学校的书记黄宣乾是老革命，忍受不了折磨而自杀了。

被当作"靶子"的任父受尽了残酷的折磨。那时任正非的弟弟妹妹们年纪小，还在父母身边，他们直接感受了各种屈辱和打击。他们经常趴在食堂外面的玻璃窗边上，看着父亲挨批斗，吓得浑身发抖。站在高高的台子上，父亲头戴高帽，满脸涂黑，双手反捆，还被人拳打脚踢，甚至被踢倒在地……有时，和几十个"走资派"挂着黑牌，被装在卡车上游街。

任正非当时在外地上大学，对家中的情况不太了解。关于家里的情况，是同班同学从父亲学校出来串联的学生中了解到再转告给他的。在大串联中，任正非收集了许多传单，寄给母亲。记得当时传单上有这样一段领导讲话："干部要实事求是，不是的不要乱承认，事情总会搞清的。"母亲把这段话藏在饭里送给父亲，后来父亲说，这张条子救了他的命，他才没有自杀。至于父亲为什么没有自杀，母亲后来说，他是为了家里的七个孩子。他一死，就成了自绝于人民的"罪人"，在当时的严酷环境下，孩子们背上这个沉重的政治包袱，一辈子该如何生存。为了无辜的孩子们，父亲忍受百般折磨，最终没有选择自杀。

当时，任正非在大学里正如饥似渴地读书长知识，外面是什么情况他没有工夫理会，因此没有直接感受到家庭的不幸遭遇，母亲来信从来不会跟他讲。她只是说："要相信运动，跟党走，要划清界限，争取自己的前途……党的政策是历史问题看现实，出身问题看本人，你不要受什么影响。"

1967 年重庆武斗激烈时，任正非扒火车回家。因为没有票，在火车上挨了上海造反队的打，补票也不行，硬是把他推下火车；也挨了车站人员的打，回家还不敢直接在父母工作的城市下车，而是在前一站青太坡下车，步行十几里地回去。半夜回到家，父母见他回来了，怕人知道，受牵连，影响孩子的前途，来不及心疼，就让他走。父亲脱下他的一双旧皮鞋交给儿子，第二天一大早就打发任正非走了。临走时，父亲说了几句话："记住，知识就是力量，别人不学，你要学,不要随大流。""以后有能力要帮助弟弟妹妹。"

"文革"中,任正非家里的经济状况比三年经济困难时期更困难。中央"文革"小组为了从经济上打垮"走资派",下发文件控制他们的生活费,人均标准生活费不得高于15元。各级造反派层层加码,真正到手的平均才10元左右。

由于父亲的问题,全家都要跟着"背黑锅",受尽了旁人的白眼和侮辱。由于父亲遭批斗,弟弟妹妹们被取消"推荐"上大学的资格,无法接受高等教育,任正非也无法加入红卫兵。他回忆说,虽然也参加了红卫兵运动,但始终不是红卫兵,因为父亲受审查的影响,哪一派也不批准他参加。

任正非后来回忆这段心酸的历史说:"我当年穿走父亲的皮鞋,没念及父亲那时是做苦工的,泥里水里,冰冷潮湿,他更需要鞋子。现在回忆起来,感觉自己太自私。"

正是父亲的激励,给正处在转折点上的儿子指明了方向,犹如一盏明灯,照亮了未来的路。一颗浮躁的心最终找到了归宿——"知识就是力量"。

据任正非回忆,回到重庆,已经是"枪林弹雨"的环境。但是,他硬是不为所动,把电子计算机、数字技术、自动控制等课程自学完。家人也开玩笑说,没什么用的东西也这么努力学,真是很佩服。他还结交了西安交大的一些老师,那些老师经常给他一些油印的书看。另外,他还把樊映川的《高等数学习题集》从头到尾做了两遍,学习了逻辑、哲学,还自学了三门外语,当时已达到可以阅读大学课本的程度。任正非知识渊博,见解独到,从他旁征博引、一针见血的讲话中,可以略见一斑。

在那个年代,要想保持独立的人格,拥有自己的追求,缺乏恒久的定力是很难做到的。然而,任正非却做到了。在"枪林弹雨"的"文革"岁月,任正非"两耳不闻窗外事",有着自己独立的追求,并为此默默地努力着。

任正非曾说,"文革"对国家是一场灾难,但对他是一次人生的洗礼,使他政治上成熟起来了,不再是一个单纯的书呆子。经历了"文革"的人生磨难,家庭蒙辱,任正非逐渐成长起来了。

任正非对那些改变了人类命运的科学家们的崇拜和敬仰,也是在那个时候形成的。这种崇敬和对知识的追求也最终改变了他一生的命运。

任正非青年时代就十分崇拜贝尔实验室，仰慕之心甚至超越爱情。他对贝尔实验室的历史了如指掌："贝尔实验室对人类做出了伟大贡献，这里产生过七位诺贝尔奖获得者。"在1997年访美参观贝尔实验室时，他破例在此合影留念。

在"激情燃烧的岁月"里，很多人都为一时流行的东西去奔波。但是好景不长，这段岁月转瞬即逝，美好的幻想破灭了，而人已不再年轻。最关键的时候错过了，想挽救已无回天之力了。

在人人都想成名、抓住媒体趁机火一把的今天，全社会弥漫着浮躁的情绪，然而任正非的定力直到现在仍然不减，这才是难能可贵的崇高境界。

毕业了，该何去何从

在20世纪60—70年代，大学毕业生那可是真正的天之骄子，国家还统一安排工作，到哪都是备受欢迎的人。

任正非既是幸运的又是不幸的。幸运的是大学毕业成为一名天之骄子，不幸的是"文革"刚刚开始，看不清前方的路。

按学制任正非本该1967年大学毕业，然后分配工作。由于"文革"造成的混乱，到1968年6月67届大学毕业生才开始进行分配。这次分配坚持面向基层的方针，毕业生一般都必须先去当普通农民和普通工人。但任正非毕业之后就直接应征入伍，成了当时受人羡慕的解放军战士。

一首《咱当兵的人》唱出了20世纪60—70年代人的追求。绿军装、绿军帽，保家卫国，"做英雄好儿女"，在那时是很值得自豪的事情。

当时的中国主流价值由工人、农民和军人所主导，对于受过大学教育的任正非来说，从军是最现实的选择。而且经历了"文革"中那些稀奇古怪的事，目睹了父母亲大半生因没有通过思想检查而错失发展机会，任正非得出了一个基本经验，那就是"一个人再有本事也得通过所在社会的主流价值认同，才能有机会"。

想法虽好，但任正非也有一些小小的担心，参军需要政审，也就是说政治面貌一定要合格，否则一切免谈。父亲曾经给国民党做过事，还因此受过批斗，就凭这一条，参军的希望就不大。

说来也万幸，任正非父亲的问题没有做出明确结论，而且当时整个中国已经有千千万万干部被打倒，任正非就不显得孤立了。任正非的好学给他加了不少分，部队需要技术兵，因此，任正非得以穿上了军装，成为基建工程兵部队的一员。直到1982年以副团级干部身份转业，他在军队里度过了人生最好的14个年头。

激情燃烧的军旅生涯

军队是个大熔炉，培养了一代又一代的人才，不管是仍在军界发展还是转业的，都在各自的岗位上做出了很大的成就。曾经有人统计过，中国最早的经济特区深圳，成功的企业家中转业军人比重占了绝大多数，这不得不说是一个奇迹！

任正非当时并没有意识到成为一名军人会给自己以后的人生带来那么大的影响，他的想法其实很简单：锻炼自己。

任正非所属的部队为基建工程兵部队，它成立于1966年，是解放军的一个新兵种，负责担负国家基本建设重点工程和国防施工任务。周恩来总理勉励他们"劳武结合，能工能战，以工为主"。这支部队后来发展到10个军级单位，总人数近50万人，成为国家基建战线上的一支突击队。

入伍不久，任正非所在部队奉调参加一项代号为011的军事工程，这是20世纪60年代国家在西南地区进行三线备战建设的重点工程之一，建设战略大后方的军用飞机和航空发动机制造厂。工程就位于任正非的家乡贵州安顺地区，这使他非常兴奋，虽然因为忙于施工不能经常回家。

对于20多岁的年轻人来说，激情是永不枯竭的，这段艰苦的国防施工记忆使得任正非的内心充满了英雄主义的悲壮情怀。虽然并不是现实的厮杀，但同样是金戈铁马，攻城拔寨，这使他日后不自觉地将创业的艰辛与战争等同起来，以讴歌将士的方式称赞华为市场部的员工们："没有他们含辛茹苦的艰难奋战，没有他们的'一把炒面一把雪'，没有他们在云南的大山里、在西北的荒漠里、在大兴安岭风雪里的艰苦奋斗，没有他们远离家人在祖国各地，在欧洲、非洲的艰苦奋斗，没有他们在灯红酒绿的大城市，面对花花世界而埋头苦心钻研，出污泥而不染，就不会有今天的华为。吃水不忘挖井人，我们永远不要忘记他们。"

机会总是给有准备的人。因为没有荒废自己，在动荡中坚持刻苦学习，任正非在部队中迅速表现出了良好的科技素养，有多项技术发明创造，两次填补国家空白，得到了领导和战友的一致认可。部队在艰苦的环境里开展工程建设，陆续完成了包括总装厂、飞机洞库、试验场地在内的几十个建设项目，这些项目都分布在山沟里。1970年011自行研制生产的第一架飞机试飞成功，中国航空工业增添了新的成员，逐步发展成为今天的贵州航空工业集团。任正非以他的智慧和汗水，为国家建设做出了自己应有的贡献。

这段经历也为任正非以后创立华为奠定了坚实的基础。

军队给予了任正非很多，可以说，任正非的性格特征与这段军旅生涯密切相关。在部队里，任正非养成了宠辱不惊的心态。他在部队时努力工作，有很多技术创新和发明，只是因为父亲的"政治原因"，使得他多年与应得的表彰无缘，也不被批准入党。即使是他所领导的战士们每年都大批立功受奖，他这个领导者却从未受到过嘉奖。对此，任正非说："我习惯了不得奖的平静生活，这也培养了我今天不争荣誉的心理素质。"

客观地说，任正非并非一次奖励也没得过，那就是安慰性的"学习标兵"。除了文化知识的学习之外，任正非也非常注重政治学习，他把马克思的《资本论》等著作熟读多遍，而研读最深的还是"文革"时四卷本的《毛泽东选集》。

在华为，任正非雷厉风行的作风，说话直来直去，脾气暴躁、不留情面，华为的军事作风和唱军歌的传统，无不打着军队的烙印。

风雨过后是彩虹

靠激情维持的岁月是不能长久的。随着时光无情地流逝，"文革"那段历史被送进了历史博物馆。1978年12月，中共十一届三中全会顺利召开，改革开放"春雷轰隆响"。随后拨乱反正，纠正冤假错案，中国发展进入了新轨道。

此时，任正非刚过而立之年。30多岁风华正茂，正是大有作为的"黄金时代"。许多卓有成就的人都是在30多岁时开始起步的。生活得到了保障，任正非逐渐开始在一系列活动中崭露头角。在新时期，他意气风发，积极准备做出一番成绩。

但接下来发生的事让他始料未及。"文革"中，任正非与立功受奖的机会无缘，"在我领导的集体中，战士们的三等功、二等功、集体二等功，几乎每年都大批涌出，而唯独我这个领导者，从未受过嘉奖。"粉碎"四人帮"以后，生活翻了个个儿。当时，中央军委提出要重视高科技的作用，而他填补过国家空白，又有技术发明创造，所以各种奖励使他一下子成了获奖"暴发户"。

父亲的冤案终于得以平反，任正非也入了党。一次，部队首长在谈话中说，"任正非是自己人"，于是部队派人到地方了解他父亲的情况，结果是没什么特殊情况。地方得知部队派人下来了，不敢怠慢，于是父亲就被平反了。他在《我的父亲母亲》中提到："在兵种党委的直接关怀下，部队未等我父亲平反，就直接去为查清我父亲的历史进行外调，否定了一些不实之词，并把他们的调查结论，寄给我父亲所在的地方组织，我终于入了党。"

更大的荣誉接连而至。1978年3月，任正非出席全国科学大会，那年他33岁。6000人的代表中，35岁以下的仅有150多人，而且他还是军队代表中少有的非党人士。后来，他入了党，又作为代表出席了党的第十二次全国代表大会。

父亲把他与党中央领导合影的照片，配了一个大大的相框，挂在家里，全家引以为豪。

在罗瑞卿同志逝世前三个月，任正非还有机会聆听了他为全国科学大会军队代表发表的讲话，说未来十几年是一个难得的和平时期，要抓紧全力投入经济建设。那时他还年轻，缺少政治头脑，并不明白其中含意。过了两三年大裁军，整个兵种全部被裁掉了，他才理解了什么叫预见性的领导。

山重水复疑无路

经历了"文革"的磨难，总算苦尽甘来了。但是好景不长，危机又向任正非袭来。

总设计师邓小平提出时代的主题已不再是"战争和革命"，而是"和平与发展"。这一宣言开了中国大规模裁减军队的先河，任正非不得不面对这一残酷的现实。

裁军给任正非和他的家人带来的茫然是可想而知的。他已经习惯了多年的军队生活，虽然物质简朴但不用操心自己的生存问题，离开军队实在是依依不舍。由于任正非本人是部队里的技术骨干，部队非常希望留住他，准备分配他去一个军事科研基地。按惯例，任正非事前被安排带全家到基地参观，并且参观后允许选择去留。

任正非与家人多年两地分居，这次重新安置倒意外地成了全家团圆的一次机会。他把两个孩子都带到基地，小儿子还不懂事，看到周围的山区觉得很新奇很好玩，到处乱跑，可是稍大一点的女儿却说了一句：爸爸，这地方好荒凉啊。

听到女儿的话，任正非顿时心情复杂：从军多年，没给孩子多少父爱，实在不希望再对不起孩子；另一方面，离开军队又依依不舍，割舍不了十几年的生活方式。终于，亲情的选择在心里占了上风。也许，任正非离开军队还有其他一些原因，但女儿的一句话无疑给了他很大的冲击，于是他毅然决然地放弃了这次安置，决定转业。

1982年，38岁的任正非从军队转业到深圳，在当时深圳最好的企业之一——南油集团工作。

深圳，曾经是一座只有六条弯曲街道的边陲小镇，人口不足3万，清一色的低矮平房和茅草房，最高的楼不过六层，周边是一片荒坡野岭。但是它临近香港，一河之隔就是已实现经济腾飞的东方之珠。1979年4月，邓小平在中央工作会议上对广东省领导人说："还是办经济特区好，过去陕甘宁就是特区。中央没钱，你们自己去搞，争取杀出一条血路来。"于是便有了南海边的"那个圈"，小镇深圳被列为我国第一个经济特区，成为全国乃至全世界瞩目的焦点。

深圳迅速崛起，沉睡的山丘被推平、荒沟被填平，来自全国各地的建设者在这里平地建起了一座现代化的花园式城市，一亩亩良田、一个个渔村迅速变为高楼大厦，国贸大厦建设工程中三天一层楼的速度被概括为"深圳速度"，迅速震撼全国。"深圳速度"引发了中国社会的一场观念革命，"时间就是金钱""效率就是生命"成为中国改革发展大潮中的最强音。一时间，全国人民都在谈论充满生机的深圳，谈论那里遍地黄金的传说。

转入地方后，任正非才发现，军队里那种淳朴的作风与现实情况简直是天壤之别，商品经济大潮中唯利是图、尔虞我诈的伎俩，让他一时难以适应。如此一来，他淳厚朴实、耿直的秉性也就免不了栽跟头。由于看不惯一些部门领导得过且过的行为，他豪情满怀地给老总立"军令状"，要求将旗下的一个公司交给他管理。然而热情换来的只是冷漠，他的要求没有获得批准。瞬间，他的心变得冰凉冰凉的。

老总为了安慰任正非，让他到下面的一家电子公司任副总经理。正是在那里，40多岁的任正非遭遇了人生的第一个"冬天"。

由于习惯了部队慷慨与坦诚的环境，对一些商业陷阱毫无防备，任正非做一笔生意被别人骗了，200多万货款收不回来。20世纪80年代末，200万元人民币不是一笔小数目（按当时货币的实际购买力不亚于现在的1个亿），当年内地城市月工资平均不到100元。

在这种情况下，任正非在令人羡慕的大国企南油集团待不下去了。此时的任正非下有一儿一女要抚养，上有退休的老父老母要赡养，还要兼顾6个弟弟妹妹的生活，正值所谓"上有老下有小"、青春不再、未来尚长的中年之际。想必那时的任正非对人生的坎坷无比伤感。

之后，任正非开了一个电子公司，但是结果也没有想象中的那么美好，收益不大，只能在生存线上徘徊。

这一系列的不顺直接导致了任正非的家庭出现了不和谐的音符。他的夫人是四川省省领导的女儿，在任正非转业的时候就已经是南油集团的高层了，而任正非混得很一般。任正非比较爱家，自己转到深圳后，也把家人都接来深圳住。父母和弟妹们的到来，让家庭矛盾与工作矛盾开始有了纠葛。这段原本圆满的婚姻不得不以解体告终。任正非曾感叹过生活无常，爱情难测，年轻时满腔热情但感情失意，功成名就后爱人已经远去。

当兵出身的人最大的优点是敢于打硬仗，啃硬骨头，吃苦耐劳；但缺点也是明显的，如不适应商品经济，领导与服从意识浓，抑制个性发展等。为了支援特区建设，当时国务院、中央军委曾调基建工程兵两万人到深圳执行基建任务，次年他们被集体转业改编为地方国有建筑企业。脱下军装的建设者们面对市场经济中的如林强手和不规则竞争，由于思想意识跟不上、服务意识差、不熟悉环境，一度几乎无饭可吃。

来到这座新兴城市的任正非似乎也没有完全适应过来，面对花团锦簇的外部世界，他的雄心被本能地激发出来，但一时又找不到合适的途径。

当一连串的挫折砸向任正非时，他虽然坚信这一切都会过去，越是在这样的情况下越要挺直自己的脊梁，但是，他也有疑惑：前方的路到底在哪呢？

古诗说得好，"山重水复疑无路，柳暗花明又一村"。一次很偶然的机会，一个做程控交换机产品的朋友让任正非帮他卖些设备，于是任正非就"偶然"地做起了程控交换机的代理。

第二章

初闯通信江湖，华为横空出世

任正非初来深圳，就遭遇了一连串的挫折，连生存都成了问题。一个曾经豪情满怀、自信坚强的人混成这样，这种打击落在一般人的身上，估计早就一蹶不振了。但是，任正非不是一般人，他没有时间去感伤，家庭的责任、事业的急迫，令任正非走上了一条下海创业干实事的道路。

方向的选择是创业的第一要务。做什么？做产品！不过，知道做产品，也只能是像一只没头的苍蝇到处乱撞。"不巧"的是，这种误打误撞使任正非给自己套上了红舞鞋。在破落的民房里憧憬未来的远景，感谢上苍赋予的执著、智商和大势，任正非带领弱小的华为搭上了开往成功的顺风车。

这几年，挫折成了任正非的伙伴，随影而行、挥之不去。到了山穷水尽、无路可走的情况下，最后的"撒手锏"也许就是冒险"赌一把"了。正是无处可以就业，所以任正非才被迫重新走上通信行业这一块属于自己的优势领域。就这样，处于中年危机之中的任正非被逼无奈开始创业，华为诞生了。就这样，深圳少了一个国企干部，中国多了一个高科技企业的"教父"。

稚嫩华为初长成

在南油集团打工期间,任正非曾经给南油老总写了"军令状",请求将其旗下的一家公司交给他打理,未果。这时,一种当时对中国人来说的高科技产品吸引了任正非的注意,那就是数字式程控电话交换机。

1876年,世界上第一部电话诞生于美国的贝尔实验室。一部固定电话要打通,核心设备就是交换机,它承担着所有接转功能,好比整个网络的大脑,通过接入网、传输设备、计费设备等中间层辅助设备,用电话线连接各部终端用户的电话机。

1965年,美国研制成功世界上第一部计算机控制的电话交换机——程控交换机,是电话交换技术的一个重大突破。与传统机电式交换机相比,程控交换机接续速度快,话音质量清晰,工作效率提高了上万倍,而体积只有机电式交换机的十几分之一,很快成为世界各国电信网中的主流设备。

一直到80年代,我国的电话还没有普及,原有的固定电话网设备正由传统的步进制、纵横制向数字程控交换转型。全国都在大兴土木,对电话的需求以每年翻番的幅度增长着,很多生意人想要买的第一件东西就是电话,而此时中国还不能生产程控交换机,西方限制对中国的高技术出口,此项技术无法通过引进获得。

很多聪明人选择了代理程控交换机生意,有的还贴牌生产。他们从港台把形形色色的交换机产品弄进海关来转手倒卖,或再贴个自己的标签。

过量进口、低价倾销和走私进口的交换机严重冲击国内市场,影响了国内企业的正常生产,使我国原有的纵横制交换机产业发展受阻。由于通信发展迅速,程控交换机市场大,很多国内厂家都想抢占这个市场,但鉴于技术瓶颈一时难以实现突破。

技术出身的任正非敏感地意识到了这项技术的重要性,迅速领会到了其中所孕育的商机,也对贴着形形色色标签的交换机充斥国内市场感到不满,认为国有企业完全应该在这个领域里发挥作用。据说他立即向公司董事会申请成立数字程控交换机研发组,说服了公司领导同意拨款研制。很快一年过去了,耗资100万元(当时的天文数字),项目没有成功。他向董事会申请再研究一年,并追加200万元,一年又过去了仍然失败,任正非辞职了。

1987年10月,在深圳湾畔一个杂草丛生的两间"简易房"里,任正非和他人合伙投资21000元创办了一家小小的公司,取名"华为",注册为集体企业,经营小型程控交换机、火灾警报器、气浮仪开发生产及相关的工程承包咨询。最初两年,公司主要是代销香港的HAX交换机,靠价格差获利。就这样,华为横空出世了。不过那时候谁也没有想到,这家诞生在一间破旧厂房里的小公司,将成为一个走向世界的大公司,还改写了中国乃至世界通信制造业的历史。

华为创办初期,任正非与父母、侄子挤在一间十几平方米的小房里,在阳台上做饭,生活十分清苦。父母为了省钱,专门买死鱼、死虾吃,等到晚上菜市场快收摊时才出去买菜。

经过几年的发展,华为靠代理香港某公司的程控交换机获得了第一桶金。

但是,任正非很不甘心。当时我国大型局用机和用户机大多是来自国外大企业和它们在中国的合资企业,通信圈中的人都非常清楚这个行业的巨大风险。做代理既没有大风险,又可以获得稳定的利润,任正非有什么不甘心的呢?

虽然做代理也能赚钱,但任正非是永不服输的硬汉,不甘心为他人"做嫁衣"。在任正非看来,这样永远没有出头之日,他不想走这条路,坚持自己的信念,要为自己的发展找出一条生路。

列强肆虐，任正非拍案而起

20世纪90年代初，国内通信设备市场几乎全是外国公司的天下，没有人会相信中国企业能制造出自己的程控交换机。那时中国企业发展刚起步，技术落后、实力不足，与那些老牌企业根本不能同日而语。在激烈的竞争中，"巨头们"根本不把它们放在眼里。

中国市场所蕴含的巨大商机吸引了世界各国程控交换机厂商来华淘金。当时从省到县各级电信局都有采购权，由于很多国外产品都有政府贷款，可以马上建设立即投入使用，加之据说"买机器就可以出国考察"，各地电信引进的时候几乎来者不拒，局面比较混乱。最终形成了中国通信史上有名的"七国八制"，即日本NEC和富士通、美国朗讯、加拿大北电、瑞典爱立信、德国西门子、比利时贝尔和法国阿尔卡特八家产品共同瓜分了中国市场。

这些交换机价格高昂：欧美厂商的交换机价格一般是每线300~400美元，日本厂商便宜一些，也需180美元。跨国巨头们仰仗着垄断技术，宰起人来毫不手软，赚得盆满钵盈。当时中国人装一部电话要收初装费5000元（后逐渐降到3000元、2000元以下），而且还不能及时装上，要排队等几个月乃至一年，要递烟送礼请吃饭才可以加塞装上。而且这些来自不同国家和制式的交换机互不相通，造成了通信市场的混乱。

身为军人的任正非，看到"七国八制"肆虐中华大地，国人受尽"洋人"的压榨，满腔的怒火顿时迸发出来，决定自己建立公司，研发交换机。这正印证了尼采的话："在强毅而能负载的精神里面，存在着尊严；在傲立着的尊严之中，存在着意志力；在意志力中，存在着对最重的重负的内在渴求；在渴求之中，存在着欲望的爆发力。"

为了活下去，为了捍卫神圣的祖国，任正非离开军队后，走上了充满汗水和泪水的辛酸创业路。他没有任何家庭和政治背景，创业的艰难程度可想而知。任正非经常说："市场已没有时间等待我们的成长，它不是母亲，没有耐心也没有仁慈。"

20岁创业凭年轻，摸爬滚打全不怕；30岁创业靠实力，先苦后甜打天下；40岁创业则滋味苦涩。著名企业家邱永汉说："25—35岁为创业最佳时期，40岁已经相当迟了，40岁以后则是例外中的例外。"

然而，就是在不惑之年以后，任正非开始了艰苦的创业。他咬紧牙关，为了"保家卫国"，在最艰难的时刻挺了过来，成就了华为后来的辉煌。

任正非曾慷慨激昂地说："在战场上，军人的使命是捍卫国家主权的尊严；在市场上，企业家的使命则是捍卫企业的市场地位。而现代商战中，只有技术自立才是根本，没有自己的科研支撑体系，企业地位就是一句空话。"

华为要做自己国家的产品

华为刚刚创办时，位于深圳南山区南油工业区里一栋七层高的破旧大楼的五楼。后面是一栋名叫亿利达的大厦，一家名为深意压电的中意合资公司占用了整幢大楼。有老员工回忆说，那时候很是羡慕这家大公司，觉得在那里上班很神气。但是"10年以后，它还是那个样子，一点都没有变"。后来华为搬到南油工业区另一栋大楼。当时所在的那栋大楼每一层都是仓库型的房屋，华为就占用了十多间仓库。

环境虽然简陋，可这并没有阻挡任正非和同事们的热情，他们豪情万丈，准备大干一场。

在仓库的另一头用砖头垒起墙，隔开一些单间，员工就住在这些单间里。仓库很少有窗户，这些隔开的单间更是没有阳光，隔墙只垒了一人高，屋上无片瓦，"斜风细雨"全不挡，根本不用担心忘记带宿舍的钥匙——从仓库翻墙过去就可以了。仓库里到处堆放着从香港公司进来的交换机配件、组装好的整机，员工们在仓库一角开发用于做配件的板件（SKD），再将买来的配件组装成整机。

赚了第一桶金之后，任正非不安分了，他想到的是，华为应该做出自己的产品。

在这里，我们不得不为任正非鼓掌，他像一个侠客一样勇敢地站了出来。中国人喜欢侠客，古代侠客中流传着亮剑精神。这些侠客在与对手狭路相逢时，不管对手多么强大，即使是天下第一，也要亮出自己的宝剑，即使惨败也虽败犹荣。这是中华民族的真精神，难能可贵。

任正非的可贵之处就在于他敢于亮剑，勇于挑战最强大的对手。为了民族工业的独立，为了在市场上立足，他努力搞研发，决心打造自己的品牌与国外巨头一争高下。

做产品说起来简单，但做起来就是难上加难了。做贸易需要的是敏锐的眼光、灵活的头脑、迅速的执行力以及复杂的人际网络，当然还需要勇气和胆量。而做实业尤其是研发型的高科技企业就不同了。从产品研发、生产质量控制、原料采购、成品销售、售后服务到与之相关的人员管理、组织设计、流程运作，都充满挑战，其中的变数很大，需要持续的认真务实精神和过人的毅力。敢于创办企业是一种勇气，敢于冒着倾家荡产、准备跳楼的危险也要搞研发更需要一种勇气。

人的潜力是无穷的。曾有个真实的事件，一位英国妇人非常瘦弱，平时连一部电视机都搬不动。在一场大火中，她竟然奋不顾身地左手拖电视机，右手抱保险箱，安然逃出火场。她在危急之中发挥潜力，从弱女子变成了力大无穷的力士。

任正非相信，自己及伙伴们是有这种潜力的。

当时跟着任正非赴汤蹈火的是一群思想单纯的年轻人，多数受过高等教育，满怀着建功立业的热情和期望从内地南下特区闯荡。凭出色的口才，任正非用他的激情、鼓动和同甘共苦把这群年轻人打造成一支目标简单又充满激情的铁军，每个人的智慧和创造性都空前爆发出来。任正非让所有的人从内心相信他们所从事的是前途远大的事业，只要公司能生存下去，每个人都将拥有极其美好的未来。任正非说了一句很有煽动性的话，让员工以后买房子时要选阳台大的朝南的房子，以后可以用来晒分到的钱，这就是后来"晒钱"传奇的由来。

破釜沉舟,背水一战

自主研发,人人都想,可是没有技术,没有人才,从哪里开始入手呢?

当时我国邮电部下面好几家国营单位都已在生产34口和48口的单位用小交换机,华为的第一款打着华为品牌的产品叫BH01,这其实是一款从国营单位买散件自行组装的产品。华为公司将散件买回,做包装,写说明书,然后打华为的品牌,再到全国找自己产品的代理商进行销售。

华为的第一款产品BH01只是一个24口的用户交换机,属于低端机,这使市场很受限,只能在小型的医院、矿山使用。而且当时的华为也做不到买断,只能说是华为的BH01和别家的BH01同时在市场上销售。但是华为坚持打自己的品牌,把自己的优质服务注入到功能、外观和别家一样的产品中去。华为公司销售的第一款自主品牌的产品,就是把其他厂家的BH01宣传单上的厂家地址和品牌一抹,换成华为的,发个传真给客户就完成了。

自己控制散件的好处是自己可以控制设备的备件,这在提升对客户的技术响应度和服务质量方面大有优势。拥有自己的品牌,也不用像做别人的代理那样,还需要花钱买代理权,还要提前半年以上打订金去订货。自己的品牌做好了,还可以在全国发展自己的代理,自己收代理费,这些也可以缓解现金流的紧张状况。

但是订散件,需要向厂家提供更大量的订单。订整机可以一台一台地订,订散件至少几十件起订,这也要求公司拥有更强的资金周转和市场销售的能力。由于供散件的厂家也自己销售,华为的供货常得不到保障。由于华为公司的服务好,销售价格也低,第一款产品BH01在市场上供不应求。然而没想到的是,华为买的散件也被断了货源,收了客户的钱,却没有货可发。

此时,任正非意识到,必须在最短的时间内突破自主研发,实现自己控制生产,控制产品,否则客户追上门来要货要退款,公司就会面临断流及关门的危险。

1990年,华为开始自己照着BH01的电路和软件,进行自主知识产权的电路设计和软件开发，为了给客户以型号有延续性的印象，这次的型号叫BH03，也是从24口开始做。从客户的角度看，换了个更漂亮的机壳，别的功能差不多，但BH03里面的每块电路板的设计和话务台软件的研发都是华为公司自己做的。

研发程控交换机是一项技术工作，与上次开发经历相比这次任正非有了自由的空间，可以放手一搏。整层楼分隔为单板、电源、总测、准备四个工段，外加库房和厨房。挨着墙排开十几张单人床，外加用泡沫纸箱板上加床垫的地铺，就是所有人的住所。人们以此为家吃住在楼上，经常连外面有没有下雨都不知道。

研发工作在有条不紊地进行着。楼里没有空调只有吊扇，人们在机器的高温下挥汗如雨夜以继日地作业，设计制作电路板、话务台，焊接电路板、编写软件，调试、修改、再调试。累了抽烟，病了吃药，实在困了就趴在桌上或在地铺上睡一会儿，醒来再接着干。有时睡到半夜突然来货，立即起来卸完沉重的设备再睡。夜里蚊子太多，值班的员工就用套机柜的塑料包装把自己从头套到脚，然后在脸上挖几个洞以保证呼吸，这下就再也不怕蚊子了。

办公条件艰苦一点没关系，熬一熬就行了，但公司还面临着资金短缺的问题。产品开发出来了，需要专门的测试设备进行测试，没钱买设备怎么办？

这也难不倒任正非和伙伴们，他们充分发挥聪明才智，用一些土办法代替。技术人员用万用表和示波器来测试交换机，用放大镜一个个地检查电路板上成千上万的焊点。遇到交换机的大话务量测试，往往要将所有的人都叫到一起，每人同时拿起两部话机话筒来检验设备的性能。人们白天测试，晚上开会讨论攻关。设备测好后，在场的人不分工人或是经理，也不分学历是大专或博士，一起动手给设备装箱钉上边角铁，一起搬运装车发货。虽然环境艰难，但是人们对未来充满信心，怀着勇往直前的干劲。有位工程师累得眼角膜脱落，不得不住院手术。

没买测试设备能够省下一笔钱，但华为的现金流依然非常紧张，想借贷又到处碰壁，连刚到账的合同预付款都投入到生产和开发中。各地客户的催货电话、电报、传真不断，每个华为人都感到前所未有的压力。当时华为工资不高，也没有补贴和加班费，曾连续6个月发不出工资，不得不以24%的年利息借高利贷来研发产品和给员工发工资，包括任正非在内的股东们不但没有收益，反而要不停地掏空自己的口袋来维持公司运转。正是老一代华为人"先生产、后生活"的奉献，才挺过了公司最困难的岁月，才有了今天大展宏图的华为。

任正非几乎每天都到现场检查生产及开发进度，开会研究面临的困难，分工协调解决各式各样的问题。遇到吃饭时间，任正非和公司领导就在大排档同大家聚餐，由其中职位最高的人自掏腰包请大家吃饭。

联想创始人柳传志曾经说过："企业的一把手跟下级员工之间的关系，就是大发动机跟小发动机的关系，你所带动的不是齿轮，不是螺丝钉。员工也可以成为一个发动机，而且能跟你同步。如果能够做到这样，这个企业活力就非常大。"

此时的任正非不但自己开足马力，也让他的员工们开足马力，靠着每个人的潜能和创造性极大地发挥，襁褓之中的华为终于得以坚强地活下来了。

1991年12月，华为开发出的BH03交换机终于通过了全部的基本功能测试，电话打出接入畅通、音质良好，并通过了邮电部的验收，取得了正式的入网许可证。首批3台价值数十万元的交换机发货出厂。此时公司收到的预付款已经全部用完，账上资金也几乎接近于零，再发不出货就要破产了。

1991年12月31日晚，华为全部员工在这层有历史意义的楼里开了一个庆功会，用简单的自助餐隆重庆祝第一个有华为知识产权和品牌的产品出厂。这次破釜沉舟、背水一战的胜利，成为华为创业崛起之路上关键的一步。

岿然不动，任尔东西南北风

传统中国人做学问最讲究定力，"十年寒窗"，不仅要坐得住，还要能坐得久，唯有如此方能成为一代大师。现代中国之所以不出大师，原因就在于诱惑与浮躁弥漫于整个社会空气之中，整天东张西望，患得患失，浮躁得根本无法让人坐下来。做学问如此，做企业也是如此。整天就盯着眼前的钱，看什么赚钱就一哄而上，看着没利可图就一哄而散，这样的企业肯定不会长久。

就在华为人在为自己能够单独开发出通信产品而群情振奋的时候，一股不亚于十级台风的经济风暴刮来了。

1992年1月，邓小平南方谈话后，经过三年治理整顿，经济进入恢复性的高速增长。但是火爆的投资、急剧的扩张，使得经济开始"发高烧"。上千亿的房地产资金飞向南方几个地区，海南800亿元，北海300亿元，惠州150亿元，迅速掀起了一场热炒狂潮。

"到处在开工，房子还没有盖，甚至还只有一张图纸就进行转让。项目转让了一手、二手、三手。开发的人还没有炒作的人赚钱快，开发的可能赚500元一个平方，炒作的人一下可以赚1000~2000元一个平方。"一位曾经身临其境的人回忆说，"那时候甚至国内各省的政府部门都筹集资金到海南来捞一笔，一个人能在一夜之间变成百万富翁。"

作为改革开放"窗口"的深圳更是不能幸免，上演着另外一种疯狂。1992年8月，深圳以发售认股抽签表的方式发行5亿元新股。从8月8日起，百万股民浩浩荡荡进军深圳，在深圳全市302个发售网点前排起长龙，满怀希望地购买百元一张的抽签表。8月9日早晨开始发售时，尚能秩序井然，风起云涌，越炒越高，一张认购证被翻炒到上千元，结果招致"天下大乱"。8月10日上午，抽签表全部售完。就在这天傍晚，数千名没有买到抽签表的股民在市内深南中路游行，打出反腐败和要求公正的标语，形成对市政府和人民银行围攻的局势。这就是中国证券史上著名的"8·10"风波。

事实证明，随波逐流是时髦也是风险。当时大名鼎鼎的四通集团大踏步多元化，紧跟潮流，涉足房地产。一贯主张"想好了再做"的柳传志也忍不住了，在惠州投资地产，然而后来不得不改变计划，以"国际电脑城"的名义进行招商，最后只好用做自己的南方生产基地。在历次回忆自己头脑发热的情形时，柳传志说："如果再让我来一次，我很可能还会这样选择。"

俗话说，观念决定命运，思路决定出路。在华为诞生后不久，任正非就提出"做一个世界级的、领先的电信设备提供商"的目标，并且逢人就讲。他的愿望是："十年之后，世界通信行业三分天下，华为将占一分。"

任正非没有为暂时诱人的利益所动，始终专注于开发自主技术，他带领华为走上了充满未知风险的研发之路。

电信行业竞争非常残酷，不发展就灭亡，没有中间道路。华为同样如此，没有退路，要生存就得发展。任正非咬紧牙关坚持，"处在民族通信工业生死存亡的关头，我们要竭尽全力，在公平竞争中自下而上地发展，决不后退、低头"，"不被那些实力雄厚的公司打倒"。

天道酬勤，百二秦关终属楚

BH03交换机研制成功，让任正非长出了一口气。但是，他并没有像员工那样兴奋，一个现实的问题又占据了他的脑子：产品的功能还很单一，使用效果还不清楚。相对于国外产品，也许价格是唯一的优势了。这样的产品投入到市场中是否受欢迎？

产品投放市场后，任正非寝食难安，他的心就像悬在半空一样。

不过，用户反馈的结果让任正非终于放下了心，产品性能稳定，没有出现任何问题。

于是，BH03交换机开始批量生产。随着用户群的扩大，产品的知名度也越来越高，基本上供不应求了。

第一款产品照着别人的东西做出来了，而且很受客户的欢迎，那么接下来做什么？吃BH03的老本？当然不行，这样会黔驴技穷，会坐吃山空。

任正非想到的是，应该立即推出第二款、第三款产品。虽说要做自己的产品，但华为当时却没有更多的技术力量，于是任正非找到了华中科技大学（当年叫华中理工大学）、清华大学等高校，广泛邀请教授带着学生到华为参观、访问，寻求技术合作的可能性。

一次，华中科技大学的一位教授带着他的研究生郭平到华为参观，当时郭平刚刚研究生毕业不久，留在学校当老师。年轻有为的郭平，一下子就被任正非身上特有的企业家做大事业的抱负、待人的热情和诚恳所吸引。任正非当即"拿下"郭平，一番激情洋溢的谈话让郭平认为21世纪非华为莫属，恨不得第二天就到华为大展手脚。任正非立即把郭平留在深圳，让郭平成为华为公司第二款自主产品研发的项目经理。该产品即HJD48小型模拟空分式用户交换机，是一台机可以带48个用户的新产品（当时为了给客户以产品的延续性，一开始叫BH03U，原来的BH03，改为BH03K）。

郭平到华为公司之后，不仅担当起自主研发负责人的工作，而且成为华为公司吸引华中科技大学优秀人才的"猎头"。郭平把同学郑宝用说动，让他到华为公司看看。

郑宝用，也是在华中科技大学读的本科和硕士，毕业后留校当老师，1989年刚考上清华大学博士没多久。郑宝用来华为后，也立即迷上了华为，就再也没回清华大学，博士学位也不要了。郑宝用思维敏捷，为人随和，性格直率，大家都称他为"阿宝"。

郑宝用一开始在郭平的项目组里跟着郭平研发HJD48，成为HJD48的软硬件开发主力。

郑宝用这位技术天才的到来，一下子提高了华为的技术水平，奠定了华为研发的组织形式。在郑宝用的才华施展下，华为公司很快就推出了HJD48小型模拟空分式用户交换机，一台机可以带48个用户。HJD48在技术实现上取得了新的突破，里面一块板可以带8个用户，比华为公司的前两款产品BH01、BH03一块板只能带4个用户，在产品的集成度上大为提高。相似的产品，同样的功能，减少了产品所占的空间体积，容量提升了，还大幅降低了产品的成本。该产品投入市场后，质优价廉，受到很多单位用户的好评。

HJD48项目结束后，郑宝用就成为华为公司的副总经理兼第一位总工程师，负责华为公司产品的战略规划和新产品研发。当时大家对战略规划还没有什么概念，郑宝用的职责被理解为"只要是不生产、不发货的产品，凡是没做出来的产品都归郑宝用负责"。

郑宝用主导开发的HJD-04 500门的用户机，一台机可以带500个用户，采用了光电电路和高集成器件，被邮电部评为国产同类产品质量可靠用户机。郑宝用还给华为公司做规划并带领研发人员成功开发出了一台用户交换机带100门、200门、400门、500门等系列化的用户交换机，极大地填补了市场的空白。郑宝用带领下开始的用户交换机系列产品在1992年给华为带来年总产值超过1亿元，总利税超过1000万元的销售业绩。

  这一年，华为的产品大量进入市场，知名度也空前提高，员工超过100名，为进一步的发展积累了经验、奠定了基础。任正非决定全部利润投入研制更高容量和更好性能的C&C08交换机，华为正式从一家交换机代理商转向生产商，但新的生死考验仍在等待着华为和任正非。

第三章

任正非

披荆斩棘,永不言失败

刚刚开始自主研发的华为，步履蹒跚地在1993年步入了全新的领域：电信局用交换机。从"单位用交换机"到"电信局用交换机"，就差了两三个字，可无论是产品的技术要求，还是市场竞争的激烈程度，都有天壤之别。

"无知者无畏"，华为血气方刚的研发团队，刚刚在自主研发"单位用小交换机"的胜利中尝到了甜头的华为年轻人，无畏地进入了"电信局用交换机"市场。然而，一开始华为在这一全新的领域，却一败涂地。一意孤行，结果却是一败再败。道路如此崎岖，且荆棘密布，该改变方向还是坚持走下去？

"创业艰难百战多。"创业是一个筚路蓝缕的过程，时时充满风险，它是对人生的一次磨炼。前方是一条布满荆棘的路，创业需要披荆斩棘，经历无数的失败与挫折；需要坚强的意志、坚持不懈的努力。华为创立之初，任正非就提出以技术立足，独立自主，决不向跨国巨头低头，为此他"泼金如水"，保证每年把销售收入的10%投入到研发中，聚集了大批研发人员，顶着负债和破产的压力，他毫不畏惧。就是凭着这股倔强劲，华为的路越走越宽。

研发道路，几多荆棘

在任正非的带领下，华为开发出了自己的空分用户交换机 HJD48 系列产品，并利用已经建立的销售网络取得了一定的销售业绩。

1992 年，凭借自己开发的 HJD48 空分用户交换机系列早期的单位用户机产品，华为销售额首次突破 1 亿元。自主研发的决策被证明是正确的、有效的。

1993 年年初，在深圳蛇口的一个小礼堂里，华为召开了 1992 年年终总结大会，全体员工参加。当时员工有 270 多人，大家第一次目睹任正非满脸沉重、嗓音哽咽地流露真情。

会议开始后，任正非第一个发言。他坐在用几张桌子搭成的简陋的主席台上，双眼饱含深情地环视了一下台下一张张年轻的面孔，哽咽地说了一句"我们终于活下来了"就泪流满面再也说不下去，双手不断地在脸上抹着泪水。台上台下每一个人无不为之动容。一个堂堂的中年男人，和一帮年龄只有他一半的年轻人，一起奔波在市场的一线、生产的现场，为了企业的生存什么都干过；他为了企业的生存所付出的艰辛、所承载的委屈之重可见一斑。

为了纪念"我们活下来了"，任正非还特地到香港定制了 100 枚金牌，发给在公司最艰难时刻不离不弃、共同努力的 100 位优秀员工以及香港鸿年公司。辛苦归辛苦，钱已经挣到了，1993 年，不到 300 人就有了过亿元的销售额，华为下一步该怎么走？有人提出大家辛苦了这么多年，自然该享受享受了，把挣来的钱给大家多分点奖金。

任正非也很理解一些人的这种想法，但他是一个团队的统领，关注点会更高、眼光也会更长远。英明的企业家总是能在自然选择之上，做出必然的选择。任正非没有把挣的钱分了，也没有简单地谋划将销售额再增加一两倍，而是做出了一个大胆、有挑战性的决定：开发局用交换机，进军公用电话电信领域。

其实，华为自主研发局用交换机设备的工作，早在1992年就已经开始了。这次任正非又着重重申一下，隐意就是公司要把这项工作当作头等大事来抓。对于当时只有100多人的小企业，这的确是一个非常大胆的决定。华为以前做代理的产品以及自主研发的HJD48都是用户交换机，主要面对的是各种事业单位、企业等机构，是电信网络的终端用户。用户交换机的客户是各种各样的个体单位，一个设备最多开通1000用户，销售分布较广，单次销售数量小。而局用交换机的客户就是各级的电信运营商，客户数少但销量大，如北京海淀区一个地区的电信运营商至少需要开通几十万用户；交换机是按用户数来计算设备价格的，搞定一个地区的电信运营商产生的销售量，就相当于几十家不同行业或地区的单位，因此，局用交换机的销售额远高于用户交换机。

前景虽然很诱人，但要进军局用交换机，华为不仅面临技术上的挑战，更面临市场关系要另起炉灶的难题。用户交换机的购买客户是各个公司或单位，而局用交换机的购买客户是邮电部管理下的电信局。华为1992年以前没有做过电信局的生意，缺少客户积累，没有面向这种大客户的市场销售经验。

一个更加严重的问题是，在局用交换机领域里，华为面临的竞争对手与单位用交换机的竞争对手相比不是一个数量级的。这个领域里的竞争对手全是世界上最知名的通信巨头，如美国AT&T、日本的NEC、法国的阿尔卡特、瑞典的爱立信、日本的富士通等，它们在1993年时已在全世界拥有几十万名员工，年销售额达上百亿甚至数百亿美元。在这个领域，华为将面临着比自己强大数百倍的竞争对手。

以当时华为的情况看，要走这样一条道路，不仅仅是困难的问题，它更是一个关乎企业生命的鬼门关。综合评估，市场和技术的难度相当大，而资金问题更是火烧眉毛。90年代初，正值国家宏观调控时期，像华为这样的民营企业根本无法从银行贷到款。

任正非说："研发成功，我们都有发展，如果研发失败，我只有从楼上跳出去。"他的话语充满了悲壮。该怎样评价任正非的这一偏执的决定呢？

耶稣说："你们要走窄门。因为引到灭亡，那门是宽的，路是大的，去的人也多。引到永生，那门是窄的，路是小的，找着的人也少。"

余华写了一部领悟人生真谛的小说《兄弟》。小说的主人公是两兄弟，一个选择了正确、善良的窄门，另一个选择了隐忍、狡猾的宽门。于是，他们的生活在裂变中裂变，悲喜在爆发中爆发，这本书诠释了一个看似荒诞透顶、细品却暗合阴阳转化的至理。小说后记的点睛之笔是："无论是写作还是人生，正确的出发都是走进窄门。不要被宽阔的大门所迷惑，那里面的路没有多长。"

走宽门是一条捷径，能够省许多力气，很多人都喜欢走，但是从宽广开始反而会越走越窄，而从狭窄的地方却可以走出宽广。

几十年前，一个美国大经销商打算给盛田昭夫 10 万美元的订单，要求把索尼换成自己的牌子。在艰难中挣扎的索尼迫切需要 10 万美元，但是盛田昭夫拒绝了。他要创立自己的品牌，坚决不做代工。几十年后"索尼"品牌享誉全球。

中国许多企业都喜欢走"宽门"，借壳国外品牌迅速崛起，然而只是为他人做"嫁衣裳"，看似辉煌，背后却危机四伏。当它们发展起来以后，就会面临二次选择。当年柳传志与倪光南的贸易与技术之争，最后柳传志还是选择"宽门"，走贸工技道路。但是时至今日，联想又开始重新选择，重视技术研发。海尔借助国外驰名品牌迅速崛起，然而利润空间被压缩，品牌之路也要好好考虑了。长虹、TCL 等企业在利润空间日益缩小的情况下，也需要重新定位。

在中国企业界，恐怕只有华为一家是走"窄门"的。在任正非的带领下，华为义无反顾地投入了局用交换机的开发。

这是华为的一个重大的转折点，意味着华为正式进入电信设备供应商的行列。公司不但把这些年挣的钱全部投入新产品的开发中，而且向其他企业以高利率拆借资金来投入。现在回头看，如果不是任正非的这个果断决策，华为就会像许多当年生产用户机的厂家一样被淘汰出局。

而这也立马让刚"活过来"的华为陷入了一场新的生存危机。本以为"我们活过来了"，结果又迈入了自找苦吃之路。不过，凭着一股初生牛犊的精神，那时华为还是"雄赳赳、气昂昂"的，并没有察觉到真正的风险。

步履蹒跚，初尝败绩

任正非坚持走"窄门"，无疑要经历一段灰暗时期。

1992年，任正非任命郑宝用为主帅，开始进行局用交换机的研发。郑宝用带领十几个开发人员开始了工作。以前只开发过模拟空分用户机，所以在开发局用机时，他们决定先开发模拟空分局用交换机。华为第一个局用交换机命名为JK1000，郑宝用总负责，徐文伟负责硬件，王文胜负责软件。徐文伟是从华为当时所在地附近的亿利达挖过来的，在硬件开发上有一定的经验，之后徐文伟成为JK1000的项目经理。王文胜是刚从中国科技大学毕业的学生，初生牛犊不怕虎，他一个人开发了JK1000的所有前台软件，在软件开发方面很有天赋，也深受任正非的赏识。

在技术上投入了巨额的开发费用和全部的开发力量后，历经一年的艰苦工作，JK1000在1993年年初开发成功，并在5月份获得当时的邮电部的入网证书。而此刻在市场上，华为与20多家电信局合资的莫贝克（华为电气）也在筹划成立中，华为与电信局的市场通道正式打开。技术与市场的障碍同时扫除，公司上下做好一切准备，要在市场上大力推广JK1000。

1993年5月，任正非亲自主持召开市场部经理会议，确定公司今后一段时间的工作重点是向市场大规模推销JK1000局用机。为打好这场销售战，任正非特别强调，要各地办事处主任亲自挂帅，负责本地区内的促销活动；培训中心负责产品的宣传策划与展示活动，开发部也派若干精练的技术人员参与推销。通过这些安排，华为期待1993年在稳定用户机市场的同时，能够在局用机的销售上获得大丰收。

1993年7月4日，江西乐安县邮电局公溪支局第一个正式开通了JK1000局用机。随后，又有多家单位开通了华为的JK1000局用机，前景似乎很光明。

应该说，华为推出基于空分模拟技术的局用机JK1000，80%的原因是出于当时公司的技术实力，20%的原因也是对中国市场短时期可能达不到向数字化转换的估计。

1990 年我国通信行业的实际情况是，固定电话的普及率仅为 1.1%，在世界 185 个国家中居 113 位，仅相当于美国 20 世纪初的水平，而同时期发达国家（如美国）在 1990 年的电话普及率已达 92%。华为在 1992 年认为，中国电信产业总体发展目标来看，到 2000 年也就是把电话普及率提高到 5%～6%，因此通信业务仍以打电话即话音业务为主，对刚刚起步的非话音业务（如传真等），也主要在金融、铁路、电力、统计、国防等专门的部门或行业中使用。

　　但是，我国通信事业的实际发展情况与华为的预测严重不符。到 2000 年，我国电信产业的固定电话普及率已达到 50%，而不是预测中的 5%，巨大的需求是其中的主要原因，而技术的快速发展也是一个重要的原因。这注定了在技术方面 JK1000 已经被甩在了后面，在 1993 年推出来的时候，空分局用交换机已经走到末路。这时候，由于计算机技术的发展，数字局用交换机出现了，它在功能、性能、成本上都大大优于空分局用交换机。因此，数字局用交换机取代空分局用交换机已不可避免。

　　更致命的是，在我国电信运营商的主战场上，华为面临的竞争对手是比原来向一家家单位推销用户交换机时的竞争对手更强劲的国外巨头。此刻的力量实在不对等，华为是销售刚刚过亿的小公司，而竞争对手已是上百亿的国际型大企业。

　　这些国际型大企业也的确不是吃素的，一出手就是要命的封喉剑。它们向电信局提出了"通信网建设一步到位"的思路，也就是说即使在广大农村，也开始逐步采用光缆进行传输，于是要求交换机与传输的改造同步，避免重复投资，以赶上通信业迅猛发展的潮流。这些国际型大企业的超前建设观极具煽动力和影响力，迎合了多数地区特别是发达省份的建设思路。"一步到位"的观点逐步波及全国，各地家庭用电话的通信网设备选型的首要标准就是要满足"一步到位"的建设思路，有的地方干脆认为上了数字程控机就是"一步到位"了，于是，数字程控交换机与"一步到位"的思路之间画上了等号。

　　这样一来，华为的 JK1000 空分交换机刚刚推出即面临没有市场的尴尬局面。

　　难道把刚出生的"孩子"掐死在摇篮里？谁能有这样的狠心啊！华为显然不甘心自己耗费巨大力量开发出来的产品就这样被淘汰。技术部、销售部都拼命在各种场合为JK1000空分交换机造势。华为多次组织电信局人员（主要是农话的）来公司举行技术讨论会，并在自己的内部刊物《华为人》上发表文章，有针对性地宣传电信网络建设"一步到不了位"、"综合到位要量力而行"等思路，就是希望国内很多地方还是先上空分交换机，等到2000年后才过渡到数字程控交换机。

在这里，我们摘录了1993年9月《华为人》关于"有朋自远方来不亦乐乎——农村通信技术和市场研讨会在华为举行"的报道：

商丘地区邮电局农话科长张荣钧谈道："商丘地区也上了一些用户机，但是不尽如人意，尤其是雷击问题更是令人头痛。这几天来，看了华为的机器，觉得华为交换机的性能比较完善。"同时张科长又谈道："我们国家的通信正在发展，今后可能会采用数字微波，而现在我们用的是模拟中继板，到时不知可否换板，这样既可以更新我们的设备，又可以降低成本。"

任总听完风趣地说："对于使用了一两年之后的元器件已经老化完毕的，正好是进入青壮年时期，又可以半价转让给其他地方，何乐而不为呢？或者也可以通过整个农话局的维修中心，在全省范围内调剂。另外根据我们的市场预测，JK1000到2000年是不会落后的。目前日本1/3的交换机还是纵横制的，英国也将近1/3。"

有付出就有回报。华为凭着自己反复地、锲而不舍地宣讲，通过一些市场关系在1993年还是卖出去了200多套JK1000。

但是，随后而来的是各种各样的问题。华为毕竟是第一次开发局用交换机，在很多技术上都不过关。而局用交换机对质量的要求比用户机要高得多，局用机不像用户机，如有中断故障发生，造成的影响将很坏，如果开不通局那就更是玩完了。俗话说"好事不出门，坏事传千里"，华为JK1000在电信局里使用出现的很多问题，逐渐被行业内人士所共知。最严重的问题是电源的防雷问题。打雷的时候，有好几台使用中的JK1000都起火了，差点把机房烧掉。这也害得好几个与华为关系比较好的电信局长提前"下课"了。因为当时的邮电部有规定，电信网中断两小时，局长自动免职。好几次，华为的宣传部门刚刚在报纸上登载华为的交换机能防雷击，华为就收到了来自用户关于在打雷时华为交换机出事故的投诉。

此时,我国通信行业的形势也与华为的理想背道而驰。新技术的发展是任何人都无法阻挡的。到了1993年年底,"一步到位"的思路取得了完胜,空分交换机已经没有市场了,取而代之的是数字程控交换机。JK1000还没来得及改进和稳定就被淘汰了,华为在这个产品上的投入都付之东流。

失之东隅,得之桑榆

1993年的华为,是个非常年轻的公司,市场经济对中国来说还是个新生事物;整个国家对高科技产品非常陌生。从用户机的成功,到局用机的失败,一成一败,给华为带来的收获是巨大的。这个因技术上相对落后一步就成为失败品的产品,给华为上了沉重的一课。

我国先秦哲人老子说过:"祸兮福之所倚,福兮祸之所伏。"好事可能会引出坏的结果,而坏事也可以引出好的结果。华为倾力研发的JK1000交换机刚一推出就遭遇了失败,看似是一种极坏的结果,然而,华为却从这极坏的结果中收获了意外之喜。

JK1000大多开在农村地区,少数开的市话也只在县城一级,所用线路相对较差,导致调试设备很难。这些偏远地区所配的局机型五花八门,性能不稳,当地的维护技术较差,这些都给开局造成了很大的难度。为此,华为组织了一支技术力量、责任心都很强的装机队伍,直接面对用户,要和用户相处好,做好用户培训工作,提供先进、优质的售后服务。任正非对装机队的要求是:"在外面就是华为公司的代表,一定要让用户对华为公司留下良好的印象,言行举动都要体现华为的风范。"

1993年年中到1994年年初,华为装机队全体员工不辞辛苦,走遍大江南北,开通了200多台JK1000局用机。正是他们,初步建立了华为人吃苦耐劳的服务形象：无论塞外高原、边防海岛，还是山区小镇、革命老区，市场部把战火点到哪里，哪里就有他们忙碌的身影。他们常年奔波，居无定所，忍受了孤独与寂寞，克服了饮食上的不习惯与语言上的障碍，让那些沉寂了千年的乡村第一次响起了电话铃声。他们代表华为给那些穷乡僻壤送去了文明的象征、致富的纽带，赢得了用户的信赖和广泛的市场影响。

JK1000给华为带来的意外之喜，就是无形的宝贵经验和服务口碑。一是在开发JK1000中的失败教训和在失败中成长起来的研发人员，为在下一步开发局用数字程控交换机打下了坚实的技术基础，以及对电信局用设备高质量的要求的技术掌握。二是华为安装设备的优质服务，给各地电信局留下了深刻的印象，这后来发展成华为战胜国外设备的一项"独门绝技"，要知道国外的设备厂商无论如何也是做不到组织一支"装机小分队"奔走于中国广袤的农村和艰苦的偏远山区的。三是华为优秀的售后服务承诺让各地电信局都大开眼界。

在华为推出电信局设备前，网上运行的主要是国外厂家的设备，这些国外厂家的设备在软件升级、设备备件以及维护等服务上收费高昂。而华为表示，只要是华为的设备，不管时间多长，软件升级全部免费提供。华为以省为单位建立一个培训中心，不论你买不买华为机器，都提供培训机会，做到每个县市最起码有一个维护人员。另外建立一个备件中心，以提供充足的备件，如还有什么重大问题，可以与该省的办事处联系。华为公司的服务之所以享誉中国市场，就是因为在全国29个办事处的市场人员都是技术人员，都可提供快捷的技术服务。

总结JK1000研发的教训，华为建立了自己的服务体系和服务理念，并提出了自己的服务口号：切实保障服务质量，提高客户网络的整体效能，帮助客户树立网络竞争优势，优化网络性能，增加客户业务收入，协助客户培养优秀维护人员。经过多年努力，华为此后在国内建立起业界最为完善的客户服务体系；在国内29个办事处设立技术支援中心和备件中心，各分支机构通过各种数据专线互联；同时，客户问题管理系统、培训认证系统、客户信息系统、备件管理系统、经验案例系统等技术支持管理系统也趋于完善，给予客户服务以有效的IT支撑；此外，为进一步加大对客户网络的支撑能力，华为已将服务体系延伸至本地网，在本地网设立服务经理，负责协调公司资源，及时响应客户需求。服务好，已成为客户选择华为的重要理由。

JK1000的失败也使华为在实践中逐渐了解和学会了掌握市场的规律，而不是简单地做市场关系或推出一个自己认为先进合适的产品。"市场不相信眼泪！""理想再好，止步于竞争对手！"这些可能是年轻的华为和年轻的华为人从这个失败的产品上得到的首个教训。在通信市场上，技术的更新换代是残酷的，本身就处于落后地位的中国企业，辛辛苦苦引进或开发出一项技术时，可能国外已是该技术淘汰之时。而国外公司往往利用其雄厚的技术优势，在网络建设及设备采购方面采取"拉动需求"策略，提前淘汰现有技术，让国内企业处于研发襁褓中的产品直接面临无市场需求的尴尬局面。在JK1000这个产品上，华为对中国经济发展水平，以及网络现状的理解都没有错，但是错在其对竞争对手力量的估计上。年轻的华为没有估计到在国外多家竞争对手的合围引导下，客户几乎全部转向提前采购更新更先进的技术和设备。

同时，在深化华为对公用通信市场的理解，以及积累华为丰富的技术战略和战术方面，JK1000起了一个非常好的警示作用。JK1000产品之后，华为再也没有侥幸心理，再不做"临时抱佛脚"的事。也就是从这时起，华为专门组织优秀的研发骨干成立相应的部门，时刻追踪最新的技术发展做产品规划；并有过之而无不及地也采取了类似于国外公司的策略进行"拉动式"市场推广：宣传3G的产品是为了卖GSM，宣传5G的产品是为了卖3G。这相当于为客户铺就一条技术发展道路，而不是单一的、孤零零地销售当前的产品。这一招非常厉害，让越来越多的客户认为华为是一个有着长期规划、具有长期发展能力的合作伙伴。一时间让竞争对手望华为兴叹！

在哪里跌倒就在哪里爬起

研发出 HJD48 空分用户交换机让华为赚得盆满钵盈，而 JK1000 局用机的惨败又让华为痛彻心扉。这一成一败，简直就是冰火两重天。华为人不得不感慨：研发就像赌博，赌对了，就成了；赌败了，就输了。这种体验对任正非是刻骨铭心的。

1992 年全球的数字交换机的技术已经成熟，空分的模拟交换技术处于被淘汰的边缘。华为肯定是根据当时自身的技术能力，才决定开发模拟局用交换机。但如果沿着这个方向走下去，华为将很快被淘汰。

在中国通信市场上，大型局用与用户交换机都由几个国外的电信巨头以及它们在国内的合资厂所占领，在 1992 年以前，国内厂商只在一些小型模拟局用和用户交换机上有一定的份额。如此广阔的交换机市场空间使得所有的厂家和科研机构都努力提升技术档次，进入大容量的数字程控交换机市场。

在通信圈子中的人非常清楚这个行业的风险，在 80 年代末，上海一家生产纵横制交换设备的厂家年产量高达 30 万线，电信局要通过各种关系才能买到它的设备，仅过了短短一年，整个市场行情骤变，其销售量不足 1 万线的厂家到了倒闭的边缘。激烈的竞争已经让高科技的通信产品如海鲜上市，早上热卖龙虾时如果没能及时出货，晚上贱卖也没有人要。一个看上去红火的公司在升级换代的大潮中稍晚一步，商机就会转瞬即逝；上年还赢利几个亿，今年可能就会被清盘关门。华为公司如果不能立即推出数字程控交换机，也将面临着市场急剧萎缩，甚至被清盘关门的命运。

1992 年是华为公司财务状况很好的一年，也是房地产业迅速发展的一年，华为的财务部总监至今仍在称赞任正非对当时房地产业的发展形势估计得很准。但是华为公司在明知能在房地产业或股市上迅速赚一笔钱，却在 JK1000 惨遭失利的情况下，将全部资金投入 C&C08 数字程控交换机的开发上。这显然是以华为公司全部资产为本钱的最后一搏，生死存亡在此一举！

如何才能驾驭研发，使研发成为成功的必然，而不是动不动拿企业的命运来赌博？这个问题是华为从 1993 年起就开始摸索和探讨的话题（为此，华为在 1995 年和 1998 年针对研发系统进行了两次大的改革）。

后来，在谈及华为的创业时，任正非曾多次说道："当时我们不懂事，误上了电信设备这条贼船，现在想下都下不来了。"看到华为发展得这么好，也许会觉得他这句话有些矫情。但华为一路走来，任正非受了多少磨难只有他自己知道。

尽管为了推广 JK1000，任正非宣传说空分交换机可以使用到 2000 年，但估计他也不会相信这样的话。因为，在开始研发 JK1000 不久，华为就大力招兵买马，在 1993 年年初投入更大的力量开发数字程控交换机。1993 年 8 月在华为举办的农村通信技术和市场研讨会上，华为向市场透露了它自己的数字程控交换机——C&C08。当时华为的总工程师郑宝用做了一场语出惊人的技术讲座，这场技术讲座的内容从 1993 年到 2000 年一直引导着华为交换机的研发，其中内部光纤、智能化的思想已处于世界级领先水平。

华为不仅没有因为自主研发 JK1000 的惨痛损失而止步不前，反而是将公司所有剩余的资金和人员背水一战地全面投入到 C&C08 数字程控交换机的研发。在最艰难的时刻，任正非也没有放弃过在产品技术上的追求，反而赌博似的加大投入。这正是他的过人之处。

任正非自幼所处环境艰辛，读书、当兵、下海都曾有坎坷的经历，这使他能大度和宽容地去看待失败。JK1000 项目组成人员作为具有宝贵失败经验的种子后来又被撒向了其他研发项目组。在失败面前，华为总是像传说中的孙悟空一样有九根"救命毫毛"，帮助华为转危为安，化险为夷。这毫毛不是别的，正是对企业忠心耿耿、满怀热情的华为员工！而任正非信任人才，关键时刻敢于让人才去放手一搏，这也是令华为总能逢凶化吉的重要因素。

无限风光在险峰

初入局用交换机市场的华为由于对竞争对手的力量估计不足,对客户需求了解得不"精",对公用电话通信市场技术更新换代的理解不深,刚刚"活下来"的华为在JK1000产品上初尝败果。但是华为并没有放弃自主研发,也没有放弃市场需求旺盛的局用交换机市场。任正非集中公司最优秀的人才全力投入到C&C08数字交换机研发中,这次研发的是2000门机。

研发任务落到了总工程师郑宝用和项目经理毛生江身上。郑宝用说话嗓门较大,他是一个完美主义和理想主义者,思维有很强的跳跃性,和他谈话要集中注意力才能跟上他的想法。他对各种技术问题甚至一些非常细微的技术细节都很关注,在数字程控交换机的设计和优化阶段,经过设计人员和他无数次的讨论、争论和辩证,渐渐形成了华为数字程控交换机的技术特点。

为了保证工作的顺利开展,华为公司开始大规模招兵买马,除了个别是来自通信科研机构和邮电学院较有经验的人员外,其余的大都是搞计算机或刚从学校毕业的毛头小伙子。他们中许多人连通信的基本概念都没有,根本就是白纸一张。来了以后头儿随手丢给他一叠资料,做一点简单的说明就说"开始干吧"!这是怎样的混乱场面。除了项目经理毛生江以外,其他项目组成员过去连交换机都没见过,而毛生江也只是短期接触过交换机,只能算是"半桶水"。那时研发人员每人手边都有一本程控交换机的国内规范,因为那本是红皮的,更因为那是大家每天要看的书,因而大家称之为"红宝书"。

不过,毛头小伙子也有自身的优点,干劲足,领悟能力强,接受新事物快。尽管不知道交换机是怎么回事,但可以边学边干,用不了多久,他们都会成为华为的骨干。

不管硬件还是软件,华为当时的研发水平都很低,干到哪里算哪里,最高目标就是能打通电话。交换机死机是家常便饭,硬件上也没有人懂交换机,公司又没有钱买仪器,一开始就用万用表测来测去,对着维修的电路图把40门的小交换机测了一个遍。可不要小看这!后来,当时的硬件部经理徐文伟还写了一篇文章，题目叫"用万用表及示波器来认识交换机"，参加过1992年工作的许多研发人员都清晰地记得。

如果当时华为公司仅打算做一个与其他厂家技术层次差不多的中等容量交换机的话，其难度还不算太大。但大家都明白，要生存下去，只有研发具有世界先进水平的设备，所以无论在硬件或软件技术上，华为公司都是不遗余力地采用当时能获得的最新技术，这使得整个系统的设计工作异常艰巨。

硬件总体组讨论各种电路板放在什么位置，给人感觉是小孩搭积木——左拼右凑；软件的负责人与大家正学习信令配合的基本概念。有人提出："这样能做出机器来吗？"其实大家也曾不止一次地怀疑过。原计划1993年春节前样机系统要问世，但到1992年9月还在反复讨论硬件的总体布线。为了赶进度，一边负责CAD做硬件布线的人员在加紧布线，另一边原理图在不断修改，经常线路图刚布一半，从总体规划办的小房间又传来要求修改的指示，气得负责CAD工作的一个中科大毕业生直翻白眼。

这一年，对华为来说是攻克数字程控交换机的一年，但对在华为工作的人来说则是动荡的一年。首先是人员流动太频繁。每天都有新员工进来，每天也都有老员工离去；每过一两个月就要搬一次办公室。而华为面临的最大问题就是人心不稳，人心不稳的主要原因是工资没保障。虽然说员工工资不低，但只能拿到一半，而且这一半还不知道哪一天发下来。华为那时候是发了这个月的工资，下个月的工资还不知道在哪里。很多员工私下议论最多的是公司哪一天破产，账上的那一半的工资能否拿到。一到华为公司发年终奖的时候，就有好多人辞职，在财务部门口排长队领账上的工资。华为尽管没钱，但也绝不拖欠辞职人员的工资和奖金。当时大家私下里问过几个辞职的员工，他们说拿到的钱比他们想象的还多。这一点对稳定人心起到了很大的作用。

其次是户口问题。华为当时是民营小企业，不受政府重视，深圳户口名额很少。只有少数几个核心人员有深圳户口，大部分员工都要每年回内地去办暂住证。那时候深圳查得又很严，经常有保安半夜敲门来查证件，没有证件的会被抓到东莞的樟木头工地上去干苦力。经常会有华为人被抓进去，包括后来成为华为副总裁的毛生江也被抓过。那时负责人事工作的是曾信富，他的一个主要工作就是去派出所"捞"人。如果有哪位员工没来上班,大家就会说,可能是被抓去扛木头了(对东莞樟木头这一地名的联想)。

再次是安全问题。华为员工所租的房子大多是民房,治安条件差,晚上加个班摸回去,有人就发现屋子里的空调窗机被拔走了!还经常发生华为人在熟睡时,屋里的财物被小偷摸了个遍。一些人以为已经被偷过了,就没有搬家,结果过了两个月又被小偷清了次场。

能在如此艰苦的工作环境下坚持住,甚至对很多艰苦都视而不见,究竟是一种什么样的力量在支撑着他们呢?应该是这样的,当时的人都像着了迷,除了工作,除了把产品开发出来,周围的一切似乎都不能引起大家的注意。这正是华为公司创造的让大家能安心做事业、做技术的环境,正是华为公司选择的富有挑战性和深远意义的事业,迷住了一批又一批人。

是啊,一批又一批人为 C&C08 忘我地工作着,但有时候静下来想一想又有点泄气。C&C08 2000 门交换机就像一个十月怀胎的孩子,明明能看到他在不断长大,可就是迟迟生不出来。任正非更是急得心焦火燎。

华为的销售人员在数字交换机还没开发出来的时候,就已经为第一个交换机找好了开局的地方——浙江义乌。原计划 1993 年 5 月或 6 月出去开局的,却因产品出不来一拖再拖。一向不拘小节的任正非好像一下老了十岁。项目经理毛生江每天看到当时任软件经理的刘平都要嘟囔一句,"再不出去开局,老板要杀了我。"

1993 年 10 月后,项目组人员在公司实在待不住了,尽管还没有完全测试完成,就将第一台 C&C08 2000 门的交换机搬到浙江义乌开局了。但第一台交换机非常不稳定,呼损大、断线、死机,经常发生老打不通电话,或者电话打到一半突然中断,或者干脆就断线等现象。开发组的大部分人员带着开发工具都跟着去,等于是把开发的战场放到了义乌电信局。义乌开局,华为公司上下都很重视。总工程师郑宝用亲临现场指挥,任正非也多次不远千里来到义乌看望,与开局的华为工程师住在一起,吃在一起,给弟兄们以极大的鼓舞。

不过,有句老话说"心急吃不了热豆腐"。研发本来就是一项复杂而细致的工作,需要一步一步地来,不可能跨越式发展。项目组不等产品成熟就着急上马，注定是要经历一番挫折的。在义乌，各方面的条件根本比不上在华为公司研发部这么好，交换机只有一台，又要测试，又要调试，时间特别紧张，只好 24 小时两班倒。1993 年冬天，义乌天气很冷，凌晨时气温不到零度，而机房里没有任何取暖设备，许多工程师就穿两层袜子，身着两件夹克。有时候烧开水的电水壶坏了，大伙儿连一杯热水都喝不上。有的工程师实在累得顶不住了，就在机房地板上躺一躺，一会儿再起来接着干活。清早收工回旅馆，旅馆老板常常搞不清大家是上班还是下班了。

在紧张繁忙的工作中，电信局用户也不断地反映一些问题，如机架不够美观、安装固定方式有待改造、不能支持远端用户等。为此，员工们还要腾出时间去专门解决用户的问题。

更严重的是，这个局足足开了两个多月才完成，后来还经常出毛病，经常需要开发人员去维护。直到几年后，华为把义乌局全部换了新版本的交换机，才算稳定下来。

不管怎么说，华为 C&C08 2000 门交换机总算在浙江义乌开通了，这在华为发展历史上、中国通信产业发展历史上都具有特别的意义。当时义乌的电信局叫"佛堂"支局，局长丁剑峰给华为以非常大的支持。

设备验收时义乌局对 C&C08 2000 门数字程控交换机给出了积极的评价："我们以前安装的是上海贝尔公司生产的 1240 交换机。贝尔的同志早就说要开发每板 16 个用户的用户板，但直到目前还没有推出。想不到你们公司这么快就推出来了，而且工艺水平这么高，你们是走在了前面。""终端采用全中文菜单方式，支持鼠标操作，并设计有热键帮助系统。界面清晰美观，操作方便，简单易学，使得操作员们免去了培训之辛苦，也减少了误操作的可能性，他们十分高兴。""终端软件的安全性考虑十分充分。""计费可靠性强，准确率高。""维护测试及话务统计功能丰富而实用。"

显然，C&C08 2000 门交换机开局的成功离不开意识超前的义乌局的支持，局长丁剑峰不无自豪地说，"我们的两代交换机都拿回去做华为博物馆了。"当时佛堂支局用一种叫"青柴滚"的自酿的、喝起来甜丝丝的酒，招待那些曾在雪夜里睡在电信局地上加班加点维护机器的勤奋的年轻华为人。这段日子给开局的工程师们留下了自主研发最终成功后苦中有乐、甜美的回忆。

这些都会载入华为及中国通信史的史册。

义乌局客户朴实而热烈的评价，道出了C&C08 2000门数字程控交换机不仅技术定位高，而且在附属功能上满足了中国电信局在话务统计、终端操作、计费等方面的特殊要求。而这也正是C&C08交换机深受中国农村市场欢迎的主要原因，国外的交换机是无论如何也做不到到现场去响应中国市场某一地在计费、话务统计、操作等方面的特殊需求的，虽然这些附属功能的开发难度并不高。

义乌局首战成功，公司上上下下异常兴奋，任正非也难掩心情的激动，他向奋战在第一线的员工们祝贺的同时，也不忘"浇点冷水"："交换机的优化工作要持续8年，要不断地接收用户的反馈信息，不断地改进我们的交换机，使它长期居于最先进交换设备的行列。"（特别交代一下，华为的数字程控交换机真的在以后的岁月中足足优化了8年：请德国最优秀的设计师来设计机架、机柜，解决了外观问题；支持远端用户的功能在C&C08后续的版本中陆续实现。而在优化8年后的2000年，C&C08 2000门交换机的后代开始雄霸天下，成为采用最先进技术的世界级交换机！）

华为首个里程碑式的产品C&C08 2000门数字程控交换机，在一个个惊心动魄、百转千回的故事中诞生，让每一个曾亲身经历过那段艰苦岁月的人倍感痛快！那些参加过第一个C&C08 2000门交换机研发及开局的人员，后来回忆说，"我们在华为参与研发过很多其他产品，离开华为后也参与过自主产品的研发，但其刺激和惊险程度都无法和C&C08数字程控交换机的研发相提并论。"

一方面，这的确是华为的一个巨赌，只能成功不能失败；另一方面，这支由29岁的总工程师郑宝用及平均年龄25岁、最小年龄19岁的工程师队伍组成的研发"游击队"，当时毫无经验，也无可借鉴之处，全是凭一时之勇，冲出去一搏，以"前无古人，后有来者"来形容也毫不夸张。

什么叫作"初生牛犊不怕虎"？什么叫"只有想不到，没有做不到"？C&C08的出台生动地说明了一切。没有人懂什么叫数字程控交换机，除了这串名称，那就按这些年轻的头脑所理解的把它做出来吧。正是那些"无知者无畏"的年轻人，不经意成就了经典之作！不懂，就敢于学习；而且不是一个人，是一群年轻人刻苦地集体学习。在这种集体奋斗的氛围下，想做什么都能做出来。

1993年3月，华为的销售宣传部门向世界宣布了这即将诞生的骄傲，一份历史的见证：脚踏着先辈世代繁荣的梦想，背负着民族振兴的希望，紧跟世界最先进的技术水平，华为公司为研制开发新一代数字程控交换机，集中优势兵力，对研制队伍实行了分层结构、目标管理。近300名研发人员，在50多个分项目负责人的管理下，有条不紊，十分细致地进行了设计研制。历经一年多的时间，在研究掌握了国际上最新技术和器件成果的基础上，严格按国标、部标要求，自行开发设计了新一代数字程控交换机C&C08，并于1993年下半年开始投向市场，在实践中接受全国广大用户的考评，不断改进、优化，使之满足我国通信网的各种使用要求，达到世界先进水平。

在此，我们向所有为第一个C&C08交换机开局奋斗过以及为我国通信事业做出努力的华为朋友们致敬！

抢占科技制高点

1993年年初，就在华为将所有的开发力量都放在C&C08 2000门交换机上时，任正非又把目光投到了更加高远的万门机的研发上。

任正非还是指定郑宝用挂帅，叮嘱他一定要让我们的产品走在世界的前列，能远远地甩开巨头们的围追堵截，那就大快人心了。郑宝用拍着胸脯说："我办事，您放心！"

不过，当时华为机销售的主要市场在农村，而且都是乡级以下的电信局，一个局的用户数较少。大家都觉得2000门交换机就足够了，开发万门机根本就卖不出去。这种情况对万门机开发人员的信心产生了影响。为了给万门机开发人员鼓劲，郑宝用给大家开会，并信誓旦旦地说，"你们尽管开发，开发出来，我保证帮你们卖掉10台。"大家听了觉得很受鼓舞。没想到的是，后来

C&C08 的万门机不是卖 10 台，而是卖了几十万台，成了国内公用电话通信网中的主流交换机。

随后，郑宝用组织李一男等人员考虑万门机的研发方案。李一男是华中科技大学少年班的学生，15 岁就上了大学。李一男开始是在华为实习，1993 年进入万门机方案组时研究生尚未毕业，还不到 22 岁。当时的李一男架着一副眼镜，瘦弱得像个中学生，以至于中央领导来华为视察，不止一位领导叮嘱他要多吃点。

当时 C&C08 2000 门交换机的研发正在紧张地进行着，而万门机的方案设计也讨论得热火朝天。大家首先分析了竞争对手的技术方案，从 2000 门向万门机的扩展，比较流行的做法是用内部的高速总线将多个 2000 门交换模块连接在一起，像上海贝尔的 S1240、富士通的交换机都是这种结构。但经过几个月的讨论，大家又发现不可行。

李一男继而想到公开的总线标准速度最快的是美国英特尔公司的 Multibus II 总线，所以他决定用 Multibus 来实现万门机。由于最初方案采用了美国英特尔公司总线产品，华为研发部因此第一次订了近 20 万美元（相当于当时 200 万人民币）的开发板和工具，为了赶时间，华为公司全权让研发部订货。但后经研发部再次会诊和几个月的进一步研究，大家又认为采用该产品不合适：华为根本就没有技术能力来实现这么快的总线。20 万美元的开发板和工具全白订了！

在 1993 年中期，正是华为公司财务状况非常紧张的时期，许多急需的元器件都因为没有资金而无法马上进货，为了一批已经没有太多用处的开发板和工具再花费这么多钱已不可能。每天上班，年轻的李一男听到电话铃声就紧张，产品尚未成功却已让公司负债，他心里背上了沉重的负担。后来，在郑宝用的努力下，仅赔偿了供应商 20 万元人民币，为公司挽回了不少损失。

华为公司各级主管都深知项目组承受的巨大压力，大家在不同场合为项目组打气，没有丝毫责备或惩罚订错了开发板和工具的李一男和工程师们。这种敢于承担风险的精神一直贯穿华为公司的发展史，即使有些项目不太成功，华为公司也会继续在各方面给予支持，从不以一时之成败论英雄。

就在大家一筹莫展的时候，郑宝用和李一男共同想到了自己的专业：都是华中科技大学光学物理专业毕业的，那么能否用光纤来把多个模块连接在一起？

此前，国外的万门交换机都是通过电缆连接的。电缆的最大弱点是对维护技术要求高，在用户过于分散的地方铺设成本过高，不适合远端市场，而光纤最适合远端，适应了中国广大农村地区的需求。当时即使最发达的美国光传输技术也不太成熟，在交换机中采用光传输技术的只有AT&T的5号交换机。于是一个大胆的想法产生了，两个人建议开发组使用光纤作为交换机的连接材料。

出于结构和技术先进性的考虑，各模块采用光纤技术连接是最优方案，但是具体采用什么方式能实现这么复杂的交换结构和多处理机控制结构呢？李一男经研究发现采用任何现有的光纤传输或光纤网络技术均无法满足要求时，便提出了采用准SDH技术(准SDH技术是当时业界比较先进的一种光纤传输技术，后来广泛应用于通信传输网络)的一种设想，后来的事实证明华为公司当时采用准SDH技术是一项创举，不仅在中国，而且当时在国际上都是最先进的一种实现方式。

鉴于没有一个统一的通信标准，那么就自己搞一个标准，采用光纤作为交换机的连接材料。这种交换机母机设在县电信局，维护系统、计价系统都是在县局统一进行，而远端运行模块设在乡镇里，中间通过光纤连接。

万门机的研发方案一经确定，任正非立即责成郑宝用成立了万门机项目组。项目经理是李一男，刘平是软件项目经理，余厚林是硬件项目经理。软件项目主要成员有：洪天峰、周元、李海波、陈辉、伍能鹏。硬件项目组成员有：黄耀旭、朱天文、张裕、李建国。后来2000门机开发结束后，费敏调到万门机项目组来任后台软件项目经理。

1994年，万门机的开发进入最后联调阶段，正是最紧张的时候。这时，世界杯在美国开打。许多工程师都是从学校刚毕业不久的足球迷，既要做好万门机的开发，又不想错过看世界杯。于是大家就向李一男建议，"我们项目组每天加班到凌晨两三点，然后看一场世界杯的转播，第二天睡到中午再上班。"就这样，万门机的开发进度没有耽误，世界杯的转播也一场没落。

作为老板，任正非给工程师提供了一个很好的开发平台，目标就是要做出实用的产品。在C&C08交换机开发的时候，尽管华为公司穷得都发不出来工资，但在产品开发的投入上是大把大把地花钱。上百万元的逻辑分析仪、数字示波器、模拟呼叫器等最新的开发工具应有尽有。

令工程师们印象最深的是电路板的开发。刘平在上海交大工作的时候，开发电路板，为了省钱，电路图做好后，先要用面包板搭一个试验板，测试好后再投板。但在华为，为了赶进度，电路图设计好以后，马上就拿到香港，以双倍的价格加急投板，一个星期就拿回样板。调试修改后又马上投第二板。就是这样，快速聚集所有的力量在一个产品开发上，才有了C&C08的成功。

按计划在一个月以前C&C08 2000门模块局就应装到现场，但当时C&C08 2000门机的系统工作尚不稳定，现场装局一拖再拖。C&C08万门机系统基本试验都未通过，整个开发部的工程师都忧心忡忡。开发部各项目经理都向任正非保证有信心把任务完成，任正非在客户面前依然充满信心地介绍数字机的最新技术，但从任正非那充满疲倦的脸上观察，可能他的内心也曾怀疑过开发部的这一群年轻小伙子是否能成功。

C&C08万门机的第一个试验局选在江苏邳州。这是华为的交换机第一次进城，安装在县级电信机房中。当时华为南京办事处主任徐旭波和负责邳州项目的销售人员杨军，牢牢抓住了这个千载难逢的机会，让刚刚诞生的C&C08万门机得以小试身手。

邳州电信局之前采购过一批上海贝尔的S1240交换机，但由于用户装电话的需求太大，很快容量就不够了。扩容时他们当然想再买上海贝尔的交换机，不过这时上海贝尔的交换机订货已经排到了第二年。他们实在等不及，加上华为南京办事处做了很多工作，最后决定采用华为的交换机试一下。

华为的C&C08万门机就这样和上海贝尔的交换机放在了一个机房。当C&C08万门机在机房里安装起来的时候，和上海贝尔的1240机器一比，一下子让华为的工程师们感到自惭形秽。华为的交换机看起来那么"土"：机柜又矮又小，颜色灰不溜秋的，机架导轨松软，电路板插进去拔不出来，拔出来后插不进去。光是形象上就输给了上海贝尔，在功能上那就更不能比了。

"孩子"是丑了点，但再怎么说，他也是母亲身上掉下来的肉，比别人差点没关系，关键是自己要细心地呵护，让他健康地成长。

"孩子"身体差，有问题是难免的。机器开始调试后，和徐州那边的上级局联不上，打不了跨局的长途电话。一开始大家怀疑是中继板有问题，从华为公司调来了新的中继板，解决不了。大家又怀疑是中继线有问题，派人去徐州买了新的中继线，也不行；华为公司又派人带了新的中继线来试，还是不行。

任正非也急了，派来了一拨又一拨的硬件开发人员，问题都没有解决。一个多星期过去了，毫无进展，大家都有点绝望了。有一天，C&C08万门机的负责人李一男沉重地对刘平说，"我可能干不下去了，以后你接着干。"

但天无绝人之路，一个偶然的机会，硬件负责人余厚林发现交换机接地没接好，把地线接好后问题迎刃而解。

就在大家庆幸的时候，又一个问题出现了。由于电信局已经收了用户的钱，所以急于放号，在交换机刚能打通电话，还没有详细测试的时候，就割接上线了。大家只好白天睡觉，晚上看没什么人打电话的时候就开始调试，解决遗留的问题。最大的问题是电话通话的时隙被占用而没有释放。在程控交换机里，一个话路占用一个时隙，当用户拨打电话的时候申请一个时隙，挂机时释放时隙。由于程序处理的错误，有时会忘记释放时隙。这个问题在模拟调试的时候没有出现，但在真实的环境中出现了，并且不知道是在什么情况下出现的，很难跟踪和解决。在跟踪了一个多星期后，大家都想放弃了。

考虑到这个问题如果累计下去，所有的交换机时隙资源会被用完，整个交换机就等于瘫痪了，于是大家采用了一个临时的解决方案：在软件中设置了每天夜里2点软件重启动的功能，将所有时隙资源清零释放掉，大家称为"半夜鸡叫"。如果有用户这时候正在打电话，那对不起了，电话突然断线。在C&C08交换机中，"半夜鸡叫"维持了有大半年的时间，经过了多次版本升级后才得到解决。

工程师们是1994年8月到邳州的，原来想能回深圳过国庆节，没想到，到10月中旬才开局结束。

在最后验收的时候，任正非从深圳赶到了邳州。晚上在大家的住处，他跟工程师们聊天，聊到兴起之处，任正非激昂地说："10年后，华为要和AT&T、阿尔卡特三足鼎立，华为要占1/3天下！"当时大家哄然大笑，心想"老板真能吹"。要知道，当时大家要把头抬得高高的才能仰视到中国的电信设备老大上海贝尔；而AT&T是当时世界级的电信设备老大，大家把头抬得再高，也看不到它的影子。10年后，华为已进入世界固定电信网前五位的设备供应商之列。今天华为的发展已经证明任正非当年不是吹牛，有志者事竟成！而AT&T在1995年分拆出的朗讯，10年后迫于华为的竞争压力与阿尔卡特合并为一家。历史见证了这一惊人逆转！

第四章

通信论剑，问天下谁是敌手

任正非

华为在通信领域面临着几百位竞争对手，国内的如巨龙、大唐、中兴、长虹通讯等。而中兴与华为在通信业"华山论剑"20年，成为华为国内"资深"的竞争对手。同时，华为又面临"七国八制"的国外竞争对手，在后面20年的竞跑长河里也慢慢地领先，最终只有美国的思科，成为今天的华为在全球最强劲的竞争对手，也是国际"资深"的竞争对手。但是，不论是中兴还是思科，华为都在不遗余力地追赶并试图超越。

华为横空出世，立志要做世界级企业，天生就注定要面对无数的"武林高手"，走一条"书剑恩仇路"。任正非运筹帷幄，凭借非凡的远见、敢于突破常规的胆识、百折不挠的魄力，运用精湛的战术，谨小慎微，带领华为突围，上演了一幕华为版的"书剑恩仇录"，为生存杀出了一条血路。

群雄混战的通信战场

20世纪90年代的中国进入通信行业的高速增长期，原来的中国电信分解为相互竞争的移动、电信、网通、联通四个运营商，固定电话资费从原来5000元一门的初装费发展到零初装费，固定电话的用户数从1990年代初的全国1000万用户迅猛发展到2005年的上亿用户，1990年之后整体通信设备面临从原有的空分、纵模技术向数字技术的飞速转换。

同期国外发达国家和地区的电话普及率已达到90%以上，而当时电话普及率还不到0.5%的中国市场吸引了在程控交换技术上先行一步的世界各国交换机厂商来中国圈地，形成了中国通信史上有名的"七国八制"：日本的NEC和富士通、美国的朗讯、加拿大的北电、瑞典的爱立信、德国的西门子、比利时的BTM和法国的阿尔卡特。七个国家，八种制式，在中国的电信"地图"上涂满了各种"颜色"，全国交换机版图都被国外交换机厂商瓜分完毕。而这些来自不同国家和制式的交换机，凭借各自的技术壁垒，不仅使单用户价格高、软件升级以及售后维护服务费高，而且彼此之间技术互不相通，一度造成了中国通信市场的混乱，并为此让中国电信运营商付出了昂贵的成本。

1990年之后，邮电行业的投资发展迅速。仅1993年，整个邮电行业有账可查的投资就有400多亿。这400多亿有厂房、有管道，除此之外，大量的投资就是通信设备。50%做设备，就有200个亿。由于这个巨大市场的诱惑，当时走在技术和市场前列的一批中国工程师和资本也进入了该领域。80年代中后期诞生了大批程控交换机企业，它们大多云集在当时具有优惠政策的珠三角地区，主要针对技术含量相对较低的小门数用户交换机市场，以模拟空分程控交换机发家。这些企业规模较小，基本上是以民营为主的小作坊式运作。然而最终从模拟转向数字，能够及时推出数字程控交换机的，全国只有四家，号称"巨大中华"——巨龙、大唐、中兴通讯、华为。

华为在单位用户交换机阶段面临着几百位竞争对手，进入电信设备领域后面临的国内竞争对手变成屈指可数的几家，如巨龙、大唐、中兴、长虹通讯。而中兴与华为在通信业"华山论剑"20年，成为华为国内"资深"的竞争对手。

中兴在1993年以前叫中兴维先通，成立于1985年年初（早于华为3年成立）。当时处于内地的国有企业——航天系统的691厂决定到深圳经济特区寻找合作伙伴，"外引内联"以求发展，并派出当时的技术科长侯为贵等到深圳进行联络筹备工作。1985年2月，深圳市中兴半导体有限公司正式成立，注册资金280万元人民币，691厂占总股本的66%。1986年6月，在中兴公司扩展来料加工业务的同时，为寻求企业自己的产品和市场，摆脱来料加工的被动地位，公司决定成立八人研制开发小组，研制68门模拟空分用户小交换机。1992年1月中兴通讯ZX500A农话端局交换机的实验局顺利开通，到1993年，中兴2000门局用数字交换机的装机量已占全国农话年新增容量的18%。

华为在数据通信领域的国外主要竞争对手是思科公司。1984年12月，斯坦福大学的两位计算机专家Len Bosack和Sandy Lerner创建了思科系统公司。该公司的名称源自于旧金山，取自其英文名San Francisco后几个字母，标志来自有名的旧金山金门大桥。Bosack和Lerner尝试连接彼此分立的网络，在斯坦福校园中的两个不同的建筑物之间铺设了网线，并用网桥（后来则是利用路由器）将它们连接到一起。1992年思科员工总数已达到875人，并在加拿大多伦多和日本东京开设办事处。1992年思科自主研发的产品有通信服务器系列、思科3000低端路由器平台以及路由器管理软件等。

"巨大中华"的兴衰

从20世纪80年代开始，短短20年的时间，我国通信市场进入了大发展阶段，已建立起贯通全国、连接世界的世界第二大通信网，发展速度"一日千里"。

但是，全国上下从农话到国家骨干电话网，用的全是国外进口的设备，它们是分别来自7个国家的8种不同制式的机型，通信业早期流行的"七国八制"的说法就由此而来。据说，在北京，几乎可以找到全部8种制式的机型。

多制式造成了互联互通的复杂性和通话质量低下。另外，这些产品的一个最大特点就是价格高昂：欧美厂商的价格一般是每线300～400美元，日本厂商的尽管便宜，也需180多美元。

洋品牌充斥着中国通信市场，中国人没有独立的核心技术。这不仅关系到国家的荣誉，更关系到国家的经济安全。为了扭转这一被动局面，政府开始注意开发自己的品牌，鼓励民族产业的崛起。以开拓万门机为契机，1995年，巨龙信息技术有限责任公司成立。伴随着大唐、中兴、华为、巨龙相继成立，一时间，"巨大中华"驰骋南北。

据说，"巨大中华"的提法是原信息产业部部长吴基传叫出来的。很凑巧，当时通信制造领域最好的几家企业——巨龙、大唐、中兴、华为头一个字连起来刚好是"巨大中华"。后来这一叫法就传开了，领导、媒体经常开口就是"巨大中华"，以此来代表民族通信业的崛起。

"巨大中华"崛起后，抓住"农话"的发展契机，走"农村包围城市"的道路。而当时国外厂商低估了中国农村的形势，认为中国农村经济落后、利润太小，拓展农村市场利润空间不大，因此他们只盯着城市的大单。在"巨大中华"的带领下，国内企业抓住这一缝隙，迅速收复"失地"。

由于国内厂商的崛起，竞争日益激烈，国内程控交换机**价格**急剧下降，价格从每线300～500美元降到50美元。在"巨大中华"的带领下，中国通信行业异军突起，一举夺回了"半壁江山"。

随着万门机的研发成功，"巨大中华"开始有了自己独立的技术和品牌，它们突破了国外厂商的重围,开始"反抗"了。从此,形成了"巨大中华,四柱擎天"的格局,"七国八制"彻底成为历史。我们仰慕国际巨头的时代已经过去,现在我们终于扬眉吐气了。

从成立的时间上看,中兴和华为要远远早于巨龙和大唐,但实际上,论政策资源和技术实力,在很长一段时间内,位于北京的巨龙和大唐都优于位于深圳的中兴和华为。成立于1995年的巨龙由数家国有企业发起,目的是推动中国第一台万门程控交换机HJD04-ISDN(以下简称"04机")的产业化。04机早在1991年由解放军信息工程学院研究人员邬江兴主持研发成功,基本上汇集了早期中国交换机领域的最高成就。

大唐尽管1998年才正式成立,但其前身是1993年从邮电科学院分拆出来的电信科学技术研究院,这个研究院有40多年的历史,技术实力雄厚,国家也给予了它最大的扶持,在成立当年的10月便在上海证券交易所成功上市。中兴虽然有国有企业的背景,但是国家并没有实际的资金投入,华为则是"巨大中华"中唯一的私营企业,因此,中兴和华为基本上都是白手起家。另外,两家企业的创始人侯为贵和任正非都没有通信行业的经验,在技术方面更没有任何现成的资源。

最先退出战场的是巨龙。1998年,华为销售额为89亿元,中兴超过40亿元,巨龙超过30亿元,规模最小的大唐是9亿元,4家的利润均在亿元以上,其中,巨龙的04交换机已经占到全国网上运行总量的14%。从这些数字可以看出,虽然他们之间有一定差距,但考虑到成立时间的问题,以及潜在的资源优势,仍然可以把他们看作同一个阵营。然而3年后的2001年,华为的销售额已经发展到255亿元,利润超过20亿元;中兴的销售额达到140多亿元,利润5.7亿元;大唐销售额20.5亿元,利润3600万元,而巨龙销售额只在3亿~4亿元之间,利润为-9000万元。此时,差距已经非常明显。2002年以后,国内通信市场已经难觅巨龙的身影,有关人士透露,巨龙仅靠前些年的海外订单维持生存。尽管中国普天集团(其前身为中国邮电工业总公司,邮电工业总公司也是巨龙的大股东之一)曾分别于1996年、1999年(两次)、2000年4次重组巨龙,人们也曾寄希望于中国普天能让巨龙重现往日的辉煌,但结果中国普天自身也是业绩不佳，经营状况日趋严峻。

巨龙的败落还有另外一个原因，就是缺乏一个长远的发展规划。巨龙研制出04机后，过于急功近利，在生产布局上犯了短期行为的错误。当时全国生产04机的企业有20多家，每生产一台就要给巨龙交技术使用费。对于技术拥有方，多生产1台，就多收取一份费用，似乎没有什么不好。但这样的布局使技术、研发、生产脱节，销售上各自为战，弊端突显。不仅技术支持赶不上对手，生产厂家之间也自相"残杀"。当时巨龙的8家股东中，各有各的"王牌市场"，537厂占据甘肃市场，513厂占据东北市场，738厂占据内蒙古市场，522厂在南方市场根基深厚。后来，04机技术发源地又将技术进一步"释放"，生产销售厂家增加了镇江邮电厂、湖南省邮电设备厂等5家企业。1994年成立之前，巨龙的问题是厂家之间互相打价格战，成立之后，虽然采取了文件、技术、销售、管理、售后服务"五统一"，但竞争力也开始萎缩，使华为乘虚而入，直接杀入原本针插不入、水泼不进的"王牌市场"。

大唐的情况比巨龙稍好，甚至凭借TD-SCDMA（电信联盟关于3G的3大标准之一，知识产权为大唐所有，目前已产业化。其他两大标准为WCDMA和CDMA2000）可望在3G领域一显身手，但是由于它起步比中兴和华为晚10年以上，在规模上不具有可比性，而且不容置疑的是，它增长乏力，后劲不足，与中兴和华为的差距已经越来越大。1998年时大唐的销售额约是华为的10%，中兴的25%；2001年时，大唐的销售额约是华为的8%，中兴的20%。到2003年时，大唐的销售额虽然达到了18亿元左右，但仅为华为的6%，中兴的8%。而且，在中兴和华为的优势领域如移动、数据、光通信，大唐几乎没有作为，仅仅靠微电子和TD-SCDMA获得一些增量收入，其未来则完全视TD-SCDMA的产业化进展而定，过大的不确定性使其前景堪忧。

在体制和经营模式方面，大唐的情况与巨龙有些类似。与中兴、华为相比，大唐的优势与劣势同样明显，优势是人才和技术方面，劣势是由于长期吃国家科研经费，市场意识不足；其次，由于是科研院所，生产能力、销售系统几乎没有，相反工作人员却以万计。当时，大唐几乎将身家性命全都押在了一个依赖国家来推动的技术标准——TD-SCDMA上，而中兴和华为则在3G三大标准方面都全力以赴，风险大为降低。

具体而言，"巨大"的掉队，或者说"中华"的胜出，始于接入设备。国产厂商的突围在产品上是交换机，在市场上则表现为从县以下的农村市场进入城市通信市场。1994年之前，中国的市话领域主要被国外通讯设备控制，直接竞争代价太大，而且不一定能成功，中兴和华为选择了接入设备作为突破点，这个设备能解决不同制式之间的互联互通的问题。中兴、华为在交换机市场很好的时候，就开始投入精力研制接入设备，而大唐、巨龙，特别是巨龙，根本不看好接入设备，认为这个类似"二传手"的技术不会有前途。中兴、华为先后研制成功的接入设备，培育、启动了市场，成为国产厂商在市话领域全面突围的首功之臣。当巨龙、大唐两家认识到接入设备的重要性的时候，市场已经被瓜分完了。在后来的几大新兴市场，如移动、光通信、数据领域，"巨大"也没能及时介入，结果，当传统的交换机市场开始饱和、移动等产业兴起时，它们自然只有进一步萎缩。

曾几何时，"巨大中华"是中国通信制造产业的代名词，4家企业凭借在万门交换机上的群体突破，将长期在中国"横行无阻"的"七国八制"一一击败。几年之后，由于技术的革新，移动和数据通信替代交换机成为通信业的主流产品，在这次行业转型过程中，国内厂商之间也出现了差距，而且主要因为体制问题，差距越来越大。曾经在交换机技术上领先于"中华"的"巨大"逐步衰落，而完全属于外行介入、没有科班背景的"中华"反而后来居上，开始在全球通信之林中塑造着中国通信业的领先形象。目前，它们的影响力已经远远超出传统的固定网络领域，在移动、数据、光通信、3G、NGN等现在或未来的主流领域，它们都有自己的出色表现。而且随着它们在国际化道路上的加速，越来越引起全球通信业广泛的关注和行业巨头们的警惕。

沧海桑田，蓦然回首，"巨大中华"风云变幻。由于体制、技术、产品、规划等方面的原因，巨大中华的命运截然不同。巨龙由于管理失误，从通信市场中黯然退出，而大唐也只能是挣扎生存，只有华为、中兴，扛起大旗，走向远方。

包抄上海贝尔

中国改革开放的初期，内地的通信状况非常落后，全部固定电话总数只有400余万部，还不及香港的数量，每百万人拥有的话机总数还不到半部，只有全球平均水平的3%～4%。这种状况已经成为当时发展经济、吸引外商投资的瓶颈。此时，党中央、国务院、邮电部及时决策，通过"技贸结合，以市场换技术"的原则，引进全数字的程控交换系统技术及相关的大规模集成电路生产技术。1984年，邮电部与比利时贝尔公司联合在上海组建合资公司，简称上海贝尔，属于中国第一批中外合资企业。

上海贝尔是我国通信领域成立的第一家合资企业。公司成立后，积极贯彻邮电部"引进、消化、吸收和创新"相结合的精神，通过"重在创新"的三个层次通信技术发展战略，逐步掌握了当时世界上先进的程控交换技术，为上海贝尔今后的大发展奠定了坚实的基础。

1984年，安徽省合肥市开始了引进万门程控市话交换机和500路长途交换机项目的可行性研究。经过半年的方案比较和可行性研究论证后，最后选定了上海贝尔生产的S1240数字程控交换系统。当时，上海贝尔克服了交货等难题，双方调集了精兵强将，日夜奋战。1986年12月，由上海贝尔生产的程控交换第一个市话局在安徽合肥开通。

上海贝尔作为20世纪80—90年代国内程控交换机的首位供应商，它以远快于国内经济发展水平的速度先后帮助运营商建设了国际长途、国内长途、重要专网、大中城市的市话网，真正做到了经济发展通信先行，为我国引进外资打下了良好的基础。

1995年，华为开始进入程控交换机市场。那时它还没有自己的核心技术，竞争力甚微，而上海贝尔已经是这一领域的领军人物了，在中国市场上占有很大的份额。华为研制出万门机以后，具有了名副其实的"杀伤力"，自然就把矛头对准了上海贝尔。

刚开始，华为的万门机并不是很完美，远不如上海贝尔的S1240，华为此时的形象也远远逊于上海贝尔，它无法与之正面抗衡。因此，它采取了迂回包抄的战术——先攻占农村市场，以及东北、西北、西南的落后省市。在这些"穷"市场上，华为大造 V5 接 IZl 的宣传攻势，以 HONET 接入网对抗上海贝尔的远端接入模块。同时，以盈利利润为补贴，以低价为策略，挑起降价竞争。采用低价策略，用贝尔无法达到的绝对低价占领农村市场，然后再争夺城市的市场份额，逐步压缩上海贝尔的利润空间。

1999 年，华为入川，当时上海贝尔在四川的市场份额是 90%。起初，华为不提销售，主动将自己的接入网免费送给客户使用，借此在四川各地的网上都布了点，对手忽略了华为的小动作。紧接着，华为又将新增的接入网抢了过来，逐渐把点连成了面，取得了突破性进展后，伺机将接入网的优势延伸到了交换机。最后，华为和上海贝尔两种制式并驾齐驱，华为抢占了四川新增市场超过 70% 的份额。

1998 年，华为的销售额首次超过上海贝尔，以 71.8 亿元排电子百强第十名。1999 年，又以 102 亿元的销售额再次名列第十，进一步巩固了相对于上海贝尔的领先地位。

随后，伴随着"宽带城域网"的推出，华为继续拓展着"农村包围城市"的战略，开始大举进军数据通信市场。华为把自己定位为"宽带城域网"的倡导者，在运营商心目中成功地树立起了更加高大的形象，而在这一领域，上海贝尔已没有能力与它抗衡了。

2002 年阿尔卡特收购了上海贝尔的外资方贝尔，但名字依然还是叫上海贝尔，直到后来阿尔卡特（50%+1 股）收购上海贝尔，著名的黄金 1 股让上海贝尔有了一个更加洋化的名字——上海贝尔阿尔卡特。

全球通信的发展经过了几年爆发期，在接下来的 2005 年开始遭遇低迷，2006 年阿尔卡特合并朗讯，新公司阿尔卡特朗讯也将其中国地区的业务整合至上海贝尔阿尔卡特旗下。2009 年，经公司股东大会审议通过、相关政府部门核准，公司正式更名为上海贝尔。

但是，不管名字如何变换，华为都已经把它远远地甩在身后了。

华为的地盘上没有"港湾"

2006年6月7日，一份谈话记录出现在华为公司的电子公告栏上。这份2200字的谈话记录更像是一封公开信，一封给港湾网络员工的公开信。

"我代表华为与你们是第二次握手了，首先这次我是受董事长（孙亚芳）委托而来的，是真诚欢迎你们回来的……"公开信的作者是任正非，很少在媒体面前露面的华为总裁。这是华为正式对外宣布并购港湾网络的第二天。当外界还在揣摩华为收购港湾的真实意图时，任正非以这种方式解释着他的看法。

这是一场被部分市场人士称作"江湖恩仇录"的并购。故事的主角是任正非和李一男，后者是港湾网络的总裁，一个曾被任正非最器重的爱将，后来也是任正非在商场上最顽强的对手。

说起李一男，任正非打心眼儿里佩服，两人关系如同父子般亲密。但有人要问了，那为什么会造成今天的尴尬局面？他们的恩怨还得从李一男进华为说起。

李一男，湖南人，1970年生，15岁就考入华中理工大学少年班，1992年，李一男到华为实习，当时他还只是华中理工大学二年级的硕士研究生。实习期间，李一男的技术天分给任正非留下了深刻的印象。

初来乍到的李一男对任正非的诸如"华为鼓励人人当雷锋，但决不让雷锋吃亏"等管理思想和见解感到非常新奇。另一方面，任正非也慧眼识珠，注意到了这位年轻人所具有的潜质。还是实习生的李一男被委任主持研究开发一个技术项目。任正非还决定为该项目掏钱购买一套价值20万美元的外国设备。当时，还处于创业阶段的华为财力并不雄厚，20万美元对于任正非来说并不是一笔小数字。但任正非力排异议，依旧认可了李一男的项目。不过由于市场形势急转直下，李一男主持的项目意外搁浅，刚买来的设备也一下子成了废品，20万美金打了水漂。出人意料地，任正非很大度，并没有责备还在惴惴不安中的李一男。在任看来，年轻人搞技术开发碰壁是常有之事，最重要的是能够从中吸取教训重新再来。

士为知己者死。任正非的大度让李一男心怀感激，1993年6月，硕士毕业的李一男义无反顾地走进了华为。

任正非坚持根据业务能力不拘一格提拔人才，23岁的李一男迅速成为掌上明珠：两天时间里，升任工程师；两个星期后，解决一项技术难题，被破格聘为高级工程师；半年后，工作出色，升任华为中央研究部副总经理；两年后，在C&C08万门数字程控交换机的研制中贡献突出，被提拔为华为中央研究部总裁及总工程师；四年后，27岁的他一跃成为华为最年轻的副总裁。

1996—1998年的这段时间是李一男最意气风发的几年，在他的领导下，华为的研发效率大大提高，一系列先进的技术设备相继研发成功。他出色的技术才华将华为带进了前所未有的"黄金时代"，华为最终"夺取了城市"。

李一男充分施展了他的技术天赋，带领研发人员开发了数十项具有世界先进水平和极高商业价值的技术成果。同时，李一男崭露了对未来技术趋势的惊人洞察力，华为内部员工也不由惊叹："李一男的一举一动都会影响华为的发展方向。"

李一男在C&C08万门机项目一开始时招了刘平和余厚林两个人，刘平负责万门机的软件，余厚林负责硬件。余厚林和刘平年纪差不多，来自武汉的一个研究所，是两个很有经验的软硬件工程师。时隔十多年，刘平还能清楚地记得李一男第一次召集大家开会的情景：李一男那一年刚参加社会工作，比刘平和余厚林小整整10岁。大概是他头一回当领导召集开会，在与两个人讲话的时候有点紧张。李一男当时说话的声音很小，有气无力，要很注意才听得清楚；说话的时候，手还有点发抖。

就是这样一个人在华为创造了一项至今无人能突破的提升纪录。

李一男成为华为公司副总裁后，经常代表华为在国际和国内媒体上发言。李一男也是20世纪90年代中国电子百强企业中最年轻的副总裁，后经媒体报道轰动一时，成为中国IT界的名人。李一男领导的人越来越多，口才也就越来越好了。虽然李一男说话的声音不大，但他的眼神很厉害，眼中透露出来的热情和对事业执着的精神吸引着大家的注意。

华为内部私下有种说法，称李一男当时的实际地位和权力仅次于"左非右芳"，不少人猜测他将成为任正非的接班人。任与李之间的关系更类似于师生或者父子的亲情，有知情人士透露，直到现在，任正非提起李一男时仍感慨不已。不过，也有华为人士透露，华为人才济济，与李一男水平不相上下的还有四五位高手。

1998年，踌躇满志的李一男正准备再次大展宏图，却突然被调离中研部，去负责市场部的产品推广。在任正非看来，这只是一次很正常的调动，他希望李一男能够从研发中走出来，走向市场，也希望通过这次磨炼使他更加成熟，将来担当更加重要的岗位。而李一男是一个技术天才，这次调动对他而言根本就不适合，更不愿意接受，因而，他的心里很不是滋味。

李一男开始淡出了引人注目的视线，遭到了冷落。巨大的落差，使他心理无法平衡，开始感觉到在华为已经走到了尽头，感到无比的失望和沮丧，于是萌生了走出去创业的念头。

对于李一男的心理失衡，任正非没有与他做很好的心理沟通，李一男也没有明白任正非的良苦用心，这为后来李一男出走埋下了种子。

2000年年初，在先后担任了华为电气总裁和华为美国研究所所长等边缘职务后，李一男正式向任正非提出了辞呈。感到惊讶的任正非百般挽留却用错了方式，这更加坚定了李一男离开的决心。

人的自我价值得不到实现，离开或许是最好的选择。李一男最终选择了离开，他的努力征得了任正非的同意。2000年12月，任正非率领公司所有总监级以上领导，在深圳五洲宾馆为他举行了隆重的欢送会。

李一男离开华为，带着从华为股权结算和分红得到的1000多万元人民币和部分设备北上京城，在2000年年底创办港湾网络公司。李一男在华为的"内部创业个人申明"中这样表示，"华为在数据通信领域是一个相对薄弱点，同时也是一个潜在的机会"。李一男的初衷是代理华为的路由器及数据通信产品，建立华为数据通信产品的培训基地，同时集成一些与华为产品没有冲突的其他产品。因此他的创业是唯一在华为内部开了欢送会的，并且得到了任正非的鼓励，"你们开始创业时，只要不伤害华为，我们是支持和理解的。"

但是李一男开始创业的这年，正是我国电信业的"冬天"，港湾一时之间被冻得喘不上气来。而此时的华为也处在困难阶段，任正非当年发表了著名的《华为的冬天》。

俗话说得好，"强将手下无弱兵"，在华为的那段日子，有任正非这样一个"狼"一样的人的时时熏陶，李一男也不会差到哪去。他成功地应用了华为的战略、战术和企业经营理念，迅速收缩战线，把力量集中到数据通信业务上。中国互联网业务高速发展，网民成倍增长，这为数据通信业务带来巨大的商机；同时，数据通信领域只有思科一家独大，后来者进入相对比较容易。

在李一男的精心经营下，港湾声名鹊起。港湾每年研发经费的投入占整体销售额的12%～15%，研发人员占到员工总数的大半。

高投入结出了累累硕果，2001—2003年，李一男凭借技术天赋，在业界推出了多项顶尖技术成果。港湾声称："这些宽带网络建设中应用最广泛、最主流的产品领先于国内主要竞争对手12—18个月的时间。"

李一男是位技术天才，领导港湾研发的首创性技术连创佳绩，特别是在2001—2003年的三年里发展迅速，2001年1.47亿元，2002年4.1亿元，2003年10亿元，每年几乎以翻番的速度增长。

港湾的迅速发展与当年华为如出一辙，因此港湾也被冠以"小华为"之称。李一男渴望创业成功，并不满足于只做华为的分销商，他怀着更大的雄心，渴望能创出自己的一片天地。

但是，李一男毕竟是一个技术型人才而非管理型人才，港湾在快速发展的同时，也产生了很多问题。

通信业是个砸钱的行业，资金压力是港湾的瓶颈。李一男的"华为背景"，以及带领港湾超常发展的"天才CEO"头衔，深受风险投资的青睐。

2001—2003年，港湾分别从美国华平投资公司和上海实业旗下的龙科创投等数家机构获得总计1.16亿美元资金。

对于李一男获得巨额投资，任正非有些担心，他认为这些西方的基金"不怀好意"："这些基金在美国的IT泡沫破灭中惨败，而后转向中国，以挖空华为、窃取华为积累的无形财富，来摆脱他们的困境。"

让任正非气愤的是，"华为那时弥漫着一片歪风邪气，都高喊资本的早期是肮脏的口号，成群结队地在风险投机的推动下，合手偷走公司的技术机密与商业机密，像很光荣一样，真是风起云涌，使华为摇摇欲坠。"

此时的华为真的算是"摇摇欲坠"。华为重金投入的3G研发只能苦苦等待，甚至在联通CDMA招标中意外失手，忽略小灵通，让老对手中兴缩短了与自己的差距，还惹上思科的"世纪诉讼"。

得到美国风险投资的李一男开始不满足于港湾只是一家分销商，他怀着更大的雄心，渴望能推出自己的产品。港湾成立一年内就迅速推出自己研发的路由器和交换机等数通产品，这意味着港湾从华为的代理商变为华为的对手。

2003年，港湾年销售收入达10亿元，港湾的锋芒甚至一度盖过了华为——李一男曾自负地宣称港湾在多个产品领域先后创造多项国内、业内第一……华为员工一直不服气，认为港湾之所以能迅速推出路由器等网络设备，是由于李一男带走了华为的技术机密、挖走了华为的顶尖研发人才……

但不管怎样，港湾已经对华为形成了威胁，华为与港湾的冲突终于爆发。对于老东家而言，绝不会容忍昔日的伙计威胁自己的地位，打压是必然的。

2003年和美国3COM公司合资，2004年结束与思科的官司，华为终于能够腾出手来了，它要教训一下港湾这位新崛起的"叛将"。

在任正非的带领下，华为内部成立了"打港办"，对于华为的市场人员来说，只要是有港湾参与的竞标，无论多低的价格都一定要成功，否则就自动走人，双方竞争的惨烈程度已经完全公开化。

事实上，双方这种你死我活的竞争也埋下了可能两败俱伤的隐忧。任正非也承认："华为逐鹿中原，惨胜如败。"

进入2004年后，港湾开始出现"成长中的阵痛"：竞争日趋激烈、对手不断挤压、员工离弃。港湾收入增长速度明显放缓，2004年合同销售为10亿元，增长率为零；此外，假账风波和匿名邮件事件也不时袭击港湾，虽然最终被证明都是谣言，却延缓了港湾的上市进程。

2004年对港湾公司来说似乎注定是糟糕的一年。风险投资商最不愿意见到的是，由于面临对手残酷的低价格战，港湾业绩开始放缓甚至停滞。一位投行人士称："华尔街最喜欢编造高速成长的美妙故事，港湾似乎开始与这个故事失之交臂。"

进入 2005 年，华为仍然穷追猛打。对华为"杀敌一千，自损八百"的竞争策略，李一男找不到好的对策，毕竟华为有雄厚财力来实行这种"焦土政策"。港湾依靠 10 亿的营销仅能勉强度日，经营依旧没有起色。

2005 年 3 月，港湾出现了转机的迹象，李一男成功说服风险投资人追加投资，由 TVG 投资携带马锡控股及港湾原股东华平投资、龙科投资再次向港湾注资 3700 万美元。

但对于一家高科技高成长的公司来说，港湾仍然缺钱。港湾逼迫自己必须连续几年的销售保持成倍增长：一方面是为了公司迅速成长，有实力和竞争对手相抗衡；另一方面则是为了完成投资方的销售指标。因为只有实现这个销售指标才能够尽快满足海外上市的要求，投资方才能够尽快地套现。据一位前港湾员工透露，在当初接受注资时港湾曾签下严格的协议，一旦港湾不能够实现持续增长的销售额，那么投资方就会得到更多的股权。

虽然港湾获得了一些投资，但前景依旧暗淡。上市无望、士气低落、遭受着资金吃紧等流言的困扰。

李一男甚至打算把港湾卖给西门子，这是华为不能容忍的。此项收购若能达成，华为将多出西门子这样强有力的对手。西门子利用在中国采购低廉 OEM 设备，在全球电信项目竞标中不断对华为造成威胁。在 2005 年尼泊尔电信招标中，西门子的报价就低于华为；在另一次电信项目竞标中，西门子同样以低报价战胜华为。

更令任正非担忧的是，诺基亚也打算收购西门子旗下的通信业务。如果诺基亚借此机会吞并港湾，那么诺基亚无异于如虎添翼，将极大威胁到华为的全球战略。

不得不说，姜还是老的辣。得知西门子欲收购港湾之后，华为先下手为强，瞄准了最赚钱的语音 IP(VOIP) 业务。在 2005 年 10 月有传闻称，华为以 1000 万元代价挖走港湾深圳研究所一语音研发小组，以致李一男不得不急忙南下安抚军心。

华为还敲山震虎，打算起诉港湾在知识产权方面对华为侵权。2005 年 9 月

2 日，一封信件由华为发出，最终送抵港湾法律部。信件很简单，主体内容不到 1000 个字，但措辞相当强硬，要求港湾公司尽快解释对华为多项产品的知识产权侵权问题，如若不然，不排除诉诸法律。

华为向港湾发出律师函，港湾上市陡添变数，两家公司数年来的竞争公开化。一位业内人士说，不管结局怎样，从商业运行的一般规律看，华为与港湾的发展史、经营、竞争方略等都将在 MBA 教案上留下浓重的一笔。

任正非的策略再一次奏效。知识产权诉讼让西门子放弃收购港湾，西门子此时正在与诺基亚洽谈合并业务，不想因为华为与港湾的官司而让自己节外生枝。

到了此时，港湾的路已经走到了尽头。

任正非以胜利者的姿态向李一男伸出橄榄枝——华为收购港湾。港湾仍有员工对此次收购不满，在北京上地软件园，港湾大楼一片沉闷散伙的气氛，一位员工沉痛地说，他对"男哥"缴械投降表示失望，"他丢失了自己一生中最后翻盘的资本"。

2006 年 5 月 10 日，任正非与李一男在华为 3COM 的总部杭州见面。这次见面促成了华为和港湾的合作备忘录。

2006 年 6 月 6 日，港湾网络与华为联合宣布，就港湾网络转让部分资产、业务及部分人员给华为达成意向协议书并签署谅解备忘录。业内估计，随后的整合中，华为支付了近 5000 万美元的现金，并且调拨了大量资产。这也意味着，华为与港湾在历经多年"恩怨"后，如今又"重归于好"。

之后，任正非在杭州会见了李一男等港湾管理层，诚恳地说："我是受孙董事长委托而来的，是真诚欢迎你们回来的，如果我们都是真诚地对待这次握手，未来是能合作起来做大一点事情的。不要看眼前，不要背负太多沉重的过去，要看未来、看发展。"

任正非甚至于表示了歉意："这两年我们对你们的竞争力度是大了一些，对你们打击重了一些，这几年在这种情况下，为了我们自己活下去，不竞争我们也无路可走，这就对不起你们了。为此表达歉意，希望你们谅解。"任正非同时强调，"如果华为容不下你们，何以容天下，何以容得下其他小公司。"

2006 年 9 月，李一男重新回到深圳坂田华为公司总部，出任"华为副总裁兼首席电信科学家",工号：59056。12月末，华为公司发出内部公告，任命李一男为华为终端公司副总裁。

2007年年末华为传出传闻，李一男将再度离开华为。

2008年10月6日，李一男加盟百度，被任命为首席技术官（CTO）。有接近华为与李一男的人士认为，作为技术天才的李一男，对通讯和IT行业有着非常敏锐的技术前瞻性。李一男离职华为加入百度，是华为收购港湾的一个很理想的结局。加盟与华为没有直接竞争关系的百度，对李一男本人及其恩师任正非来说都无异于一种解脱。

2010年1月18日，百度公司正式在内部宣布，李一男将辞任百度CTO一职。离职后出任中国移动旗下12580业务的运营商北京无限讯奇CEO职务。值得一提的"巧合"是，半个月前，12580总裁兼COO龚宇跳槽百度，出任百度投资的视频公司CEO职务，这让业界对这次双方高管"互换"的背后充满遐想。

据知情人透露，李一男投奔12580的背后，其实折射了华为公司的资本意志。中国移动旗下12580业务运营商北京无限讯奇很早之前就完成了前期的市场化资本运作，并吸纳了华为在内的多家巨头的投资。"很少有人知道华为在12580占据一定股权，有不小的话语权。"该知情人士透露说，李一男加盟12580出任CEO一事，事先很可能得到了华为创始人任正非的认可和推荐。

这也意味着，李一男在两度出走华为之后，将再次回到华为的势力范围。

优质服务击退北电

北电网络是加拿大有名的通信设备制造商。它生产的大型排队机（寻呼台所用的大型呼叫设备）的市场占有率世界第一，它的产品技术成熟，性能稳定，多年来盘踞在中国市场上，"稳如泰山"。

1997年，华为与北电开始正面交锋。华为的产品性能没有明显的优势，但是华为善于明察秋毫，经过仔细研究发现，北电的技术研发全部设在国外，所有的设备都是从国外进口的，设备一旦出现问题需要技术支持时，技术专家很难及时赶到。华为很快抓住了北电的弱点：反应速度慢，不能提供优质服务。

华为抓住北电的这一劣势，针锋相对，建立为客户服务的灵活快捷的反应机制，部署客户战略优势。客户有什么紧急需求，华为的技术人员马上在最短的时间内赶到现场，第一时间给客户解决问题。这样，华为通过为客户提供高效的售后服务，使自己的产品竞争力上了一个台阶。

但是，北电不会善罢甘休，它正在积极准备新一轮的战斗。2006 年，北电 CEO 迈克·扎菲尔洛夫斯基（Mike Zafirovski）走马上任，重新部署了全球布局，在北京、广州增加了研发中心。2007 年 4 月，又在上海建立亚洲第一个全球运营卓越中心，将供应链中心也搬到了中国。2006 年 9 月，北电将 LJMlTS 部门出售给阿尔卡特朗讯，并扬言将备战 4G。

然而，北电的壮志雄心被市场无情地抛弃，华为则趁势追击。2008 年 12 月份华为与爱立信等竞购北电的以太网业务，虽然因为各种原因的干预不了了之，但北电在大约一个月后宣布进入破产保护程序，并开始将旗下业务陆续出售。

2009 年 6 月 19 日，北电与诺西（Nokia-Siemens Network）达成协议，出售旗下的 LTE 和 CDMA 业务给后者。北电扎根北美，CDMA 是其盈利最好的业务，同时北电在第四代无线通信技术 LTE 上有较多积累，是其质量最好的资产之一。作为北电重组计划的一部分，其 LTE 和 CDMA 业务被出售，诺西接手。此时距北电网络（Nortel Network）于 2009 年 1 月 14 日宣布进入破产保护程序整半年。自此，北电基本退出电信设备行业，剩下爱立信（Ericsson）、朗讯（Alcatel-Lucent）、诺西和华为、中兴等巨头。

战朗讯节节胜利

提起那个以一个不规则的红色圆圈做标识的朗讯公司，电信业外的人并不熟悉，但它下面的科研机构——贝尔实验室却是大名鼎鼎，那里曾培养出 11 位诺贝尔奖得主。晶体管、UNIX 系统、C++ 语言、移动电话等至关重要的技术都出自贝尔实验室。

朗讯科技公司的前身是 1885 年 2 月成立的美国电话电报公司（AT&T）。AT&T 公司经过近百年的发展，不断兼并收购，到 1983 年时已经拥有 1600 亿美元资产，雇员达到了 100 万，占有美国电话市场 80% 的份额，成为电信业无与伦比的巨无霸。

AT&T 的这种垄断引起了美国政府的担忧。此时，恰逢美国新自由主义经济思潮抬头。在这种思潮影响下，加上当时美国 1000 多家小公司一直对 AT&T 不满，最终，美国司法部和联邦政府实施反垄断法，AT&T 被迫于 1984 年正式解体。

1984 年 1 月 1 日，AT&T 分解完毕。新 AT&T 公司保留了西方电气公司、长线部和国际公司。原来的 22 个地区性运营公司与 AT&T 完全脱离关系，重新组成 7 个地区公司。分解后，AT&T 继续热衷于收购企业。在首席执行官罗伯特·艾伦指挥下，AT&T 在 1991 年收购了制造计算机的国民现金出纳机（NCR）公司，1994 年收购了制造蜂窝式电话的 McCaw 蜂窝通信公司。

但大规模技术资产的兼并没有给 AT&T 带来盈利，相反因要照顾各种互相矛盾的业务而经常顾此失彼。在这种状态下，1995 年 9 月 20 日，AT&T 再次宣布解体。改组后的 AT&T 公司包括原公司的核心部分，即资产为 530 亿美元的长途电话和蜂窝电话业务。原公司的网络部门，即过去的制造交换设备的西方电气公司，出售给股东，这就是 1995 年 10 月 1 日成立的朗讯科技公司，贝尔实验室从此也划归朗讯公司。

作为老牌的通信公司，朗讯在全球呼叫中心业务方面的市场占有率最高，在中国的非通信市场上也是第一位。在非通信领域，华为还处于起步阶段。

2000年，华为在国内市场上已经占有相当的分量，正面对决不可避免了。

朗讯在技术领域和一些顶级的世界公司保持着密切的合作关系，大多数客户也一直在使用它的产品，华为要想介入是非常不容易的。

2000年，中国银行总行建立全国性呼叫中心，承包商是IBM，朗讯与IBM、中国银行系统有多年的合作关系。在外人看来，中标者当然非朗讯莫属了，IBM怎么会随便接受华为呢？

为了赢得合同，在进行了周密的策划后，华为决定从客户关系方面重点打击对手，以客户关系战略来打击朗讯。华为派出公司的骨干力量在各地进行公关活动。经过艰辛曲折的谈判，华为最终搞定最关键的环节——客户。一名曾经参与此次行动的华为人说："我们找了中国银行总行的行长，做了一些工作，但是这些工作都是可以拿到'桌面上'的。尽管难度很大，但是我们最终还是把总行攻下来了。"

采用这种战术，华为处处紧逼，每一个项目都不放过，结果朗讯在中国市场上节节败退。朗讯在中国的市场被华为大范围地抢占，在上百次的交锋中，几乎都以失败告终。

2006年4月3日，上海贝尔阿尔卡特公司对国内媒体发布消息，称其母公司阿尔卡特和美国朗讯公司已经达成最终合并协议，阿尔卡特公司将以111亿欧元（约合134亿美元）收购朗讯科技公司，双方随后将成立一家新公司。这意味着脱胎于美国老牌电信公司AT&T的朗讯公司从此在世界舞台上消失。

华为与中兴掰手腕

1995年，国家出台了一系列扶持民族通信产业发展的政策。国内企业尤其是"巨大中华"四兄弟并肩作战，夺回了被外国巨头垄断的"半壁江山"。然而，危机解除，四个兄弟开始相残。随着发展，在市场上真正有竞争力的"巨大中华"，在很多合同招标中，最后只剩下中兴与华为两个"冤家"，为了扩大各自的市场份额，双方的"战斗"开始多了起来。

中兴与华为在深圳华侨城安营扎寨，一个在东头，一个在西头。中兴是华为的死对头，两家同处深圳华侨城，彼此虎视眈眈。

两家有着相同的抱负、目标定位和接近的能力，这决定了它们相互竞争的基调。同行是冤家，他们早期的竞争主要在产品层面，最初很长一段时间，中兴处于领跑地位，但到了1995年，华为凭借在万门机上比中兴早半年，开始了领跑的阶段。随后中兴奋力追赶，1998年，在接入网市场上中兴又一度遥遥领先，华为望尘莫及。但是，不到一年时间，华为就占了上风。1999年上半年，华为的HONET以2.2亿元的销售额远远超过了中兴ZXA10的1.2亿元，取得了决定性胜利。

后来，两家又都实施了多元化，向多个领域发展。到现在，它们已经只有很少的一部分领域存在直接的竞争，而在多数领域，两"兄弟"已基本不存在竞争关系。它们的竞争已由具体的某一项产品或某一个市场上升到公司整体规模的竞争。

不过，平时的交锋只是小打小闹，两家真正"交火"是在1998年，华为率先向中兴叫战。

1998年，为了争夺市场，华为搞了一纸"有利于华为却有损中兴"的交换机产品比较书，大量送给目标客户。中兴人得知后，非常气愤，"以牙还牙"，也搞了一纸电源产品比较书。矛盾就这样被激化了。明明是华为"比较"在先，然而，华为却先发制人，抢先一步把中兴告上法庭。中兴也不是好惹的，双方在异地对簿公堂。

1998年7月1日，华为在河南高院与长沙中院率先起诉中兴，状告中兴公司将"中兴电源"与"华为电源"进行引人误解的对比，其中许多重要的事实、关键数据和技术指标失实，侵犯了华为的合法权益，要求分别赔偿损失1200万元与600万元。

中兴也不甘示弱，做出了针锋相对的举动。1998年7月27日、8月19日，中兴以同样的理由在河南与长沙两地提起民事诉讼，状告华为公司及其郑州办事处、长沙办事处为了削弱中兴公司的竞争能力,制作、散发"C&C08与ZXJ10技术对比"材料和"HONET与ZXA10的主要技术性能比较"的材料,有意以对比的形式,对双方不同型号的交换机及接入网产品进行引人误解的对比,贬低了中兴的商业信誉与产品声誉,违反了《反不正当竞争法》,要求分别赔偿1500万元、750万元。

此外,在庭审时,中兴追加诉讼请求500万元,华为提起反诉,反诉标的额2200万元(在河南高院反诉标的为2000万元、在长沙中院反诉标的为200万元)。

对这四起官司,河南省高级人民法院和长沙市中级人民法院相继做出了判决。在河南的官司,华为诉中兴案,中兴败诉,赔偿华为经济损失53万元;中兴诉华为案,华为败诉,赔偿中兴经济损失130万元;在长沙的官司,华为诉中兴案,中兴败诉,赔偿华为经济损失36万元;中兴诉华为案,华为败诉,赔偿中兴经济损失50.5万元。

至今,中兴人一提到这场官司还有隐隐的气愤:"原本是华为最先挑起的嘛,到最后他还恶人先告状。我们只好进行反诉。"结果还算公平,华为被罚得更多,中兴人多少找到了点心理平衡。

有趣的是,有媒体评价此事,还拿掌门人的名字做文章:"侯为贵以和为贵,任正非是非不分。"侯为贵一直想不通,怎么任正非就把他给告了呢?任正非就是想要借打击对手的机会,提高知名度。"借势",任正非理解得很深刻,但搞得侯为贵很痛苦。

针对这几起官司,有媒体做了这样的评论:"中兴与华为之间的是非恩怨绝不是几起诉讼就能一了百了的,诉讼只能加剧双方的对立。降价竞争是中兴与华为矛盾的关键所在,而诉讼大战只不过是双方在市场、宣传、人才等各条战线积怨已久的矛盾总爆发。"

那么,华为为什么要挑起这场战争呢?这源于两家掌门人的性格差别。华为老总任正非和中兴老总侯为贵不同的性格造就了不同的企业文化,不同的文化又造就了不同的企业性格。由于文化差异,两者的摩擦也就不断了。

侯为贵是典型的东方企业家,不过他在积极向西方学习;任正非更接近于西方企业家，只不过他更了解东方人的智慧。

侯为贵一向为人比较谦和，做事求稳。1984年，他和几个技术员来到荒芜一片的深圳创业，吃尽了苦头，才闯出一片天地来。所以，侯为贵一直是想把这个企业做得稳当一些，靠自己过硬的技术来打天下。

任正非看似大老粗模样，大大咧咧，其实他是粗中有细，以军队作风管理华为。他天生就有一个商业脑袋，有一种强烈的危机感，他总是高喊着："华为的旗帜还能打多久？"

不管侯为贵愿不愿意，只要士兵上了战场就要去搏杀。何况是遇到了像任正非这样一个英勇善战的人，想退避三舍也不行。

在华为听得最多的就是"奋斗精神""速度""冲刺""破釜沉舟""活下去""自我批判""脱胎换骨""重新做人"等一些很具刺激性的字眼。在华为规矩很严，一切按制度说话。据说，有一次任正非到公司上班，忘了带工作牌，跟门卫讲了很多好话，就是死活不让他进。为此，任正非感动不已，特别褒奖了那个员工。

在侯为贵的身上，有着知识分子的斯文和工程师的严谨，他温和、不张扬，很得中兴人的尊敬和爱戴。而员工似乎显得更"家居"一些。大家穿着比较随意，说话慢条斯理，整个办公区一派其乐融融的景象。在华为就不一样了，员工大都身着职业装，精明、能干、利索。用中兴人的话来说，华为人的眼睛里随时都放着一种要去抢市场的光。

在市场争夺战中，中兴似乎常常处于被动局面。中兴人似乎更擅长做技术，对做市场缺乏更多应对的招数。在抢夺市场的过程中，华为人则嗅觉灵敏，为了抢客户可谓煞费心机。中兴人讲："有一次，我们国外的客户来了。华为的人不知道怎么得到了消息，就冒充是中兴的人跑到机场去抢客人。幸好我们很快就发现了，也立即冲了上去。"

侯为贵喜欢授权，任正非喜欢集权。所以业界人士讲："如果你看见成群结队的人出现，肯定是华为的人，而如果是单枪匹马，则肯定是中兴的人。"

战场厮杀，定会分出胜负。

从规模上来看，初时两家的差距不大，快速扩大主要在1996—2000年间。2000年，华为的销售额是中兴的两倍多。从2001年开始，中兴开始扭转逆境，与华为的距离越来越小。

两家在技术实力上不分胜负，在销售规模上差距越来越小，还有一样大的"野心"，竞争情绪急剧膨胀。随着两家情分的淡化和对手气氛的加剧，在产品、技术、营销、管理等各个方面都找不到明显突破的情况下，两家便亮出最后的底牌——"价格拉锯战"。

在2003年印度CDMA450招标中，两家相互拆台，最后不得不以在价格上"比谁低"来分胜负，双方因此都受到了不同程度的损失。2005年，在尼泊尔的投标中，两家打得不可开交，最后中兴以390万美元的价格获得了100万线GSM网络建设合同，可真是降到了血本以下。这样打打杀杀，何时才有个终结？

近年来，借助印度电信网络升级改造之机，中兴、华为以价格优势不断攻城略地，到2008年两家公司在印度的销售额均已超过10亿美元，合计拿下了印度电信设备市场份额的1/3。同为发展中国家，印度一直将中国当成直接或间接的竞争对手，中兴、华为在印度的扩张显然让印度感到了压力。

随后，印度拿起了西方常用的"反倾销"大棒向两家企业砸来。

2009年12月8日，印度海关对原产于中国的同步数字传输设备（SDH）征收临时反倾销税。税率以产品进口价格（CIF）计算，其中对上海贝尔征收的反倾销税为29%，华为为50%，中兴更被课以236%的重税。

让人关注的是，印度对中兴、华为认定的倾销幅度差别巨大，前者为236%，后者为50%，华为的应诉结果明显好于中兴。二者都没有获得市场经济地位，且同属深圳企业，在劳动力成本和管理水平上又基本相当，但税率相差如此之大，奥妙何在？

原来，华为中兴一贯实行的价格对垒被印度利用了。

根据案卷资料显示的信息，印度调查机构认为中兴没有配合或者较好地配合调查工作，而华为配合得很好。调查机构要求应诉企业提供相关资料配合调查，中兴对部分资料以涉及重要商业秘密为由没有提供公开版本，只提供了保密版本，而对于同样性质的资料华为提供了公开版本。

作为应诉企业中最重要的两家，中兴和华为之间显然没有默契配合，而这一点恰好被国外调查机构所利用，对包括中兴在内的中国厂商认定较高的倾销幅度。这从另一个侧面反映了中兴、华为之间存在紧张的竞争关系。

中兴、华为之间的价格战早已是公开的秘密，亚、非、拉美都是双方血拼的战场。曾有一位从国外归来的中兴人这样描述中兴、华为的关系："打得一塌糊涂，从价格战已经升级到了无所不用其极。现在外国运营商都学聪明了，每逢招标就叫上华为、中兴，作为压价的棋子。"

多年来，中兴、华为的血拼不仅伤了自己，也影响到国家的产业利益。消息人士透露，商务部以及深圳贸工部已经与各厂商密切沟通，酝酿统一措施以应对，其中重要工作就是协调中兴、华为的关系。

华为和中兴的竞争是"同城竞争"，关于"同城竞争"和打压事件，在中国企业中屡见不鲜，格兰仕与美的，万家乐和万和，海尔和海信，美菱和荣事达等都发生过类似的事件，不惜代价，不择手段，欲除之而后快。但这并不是好事，对对手像狼似的凶狠，对自己也无裨益。同在一城，和平相处，实现共赢才是正道。

几千年前，希腊半岛的雅典和斯巴达，谁都看不惯谁，双方不断交战，严重的内耗大伤元气，结果"鹬蚌相争，渔翁得利"，希腊被马其顿人征服了。"煮豆燃豆萁，豆在釜中泣。本是同根生，相煎何太急。"同在一个城市里，同为兄弟，竞争是必要的，但更多的是要团结互助。两兄弟何不一致对外，共同开拓出一片天地来呢？

第五章

扬帆出海,驰骋世界显霸气

任正非

早在 1994 年，当华为自主开发的数字程控交换机刚刚取得一定的市场地位时，任正非就预感到未来中国市场竞争的惨烈以及参与国际市场的重要意义。果然在 1995 年，中国通信市场竞争格局发生巨变。一方面，国际市场萎缩直接威胁到中国企业在国际市场的拓展；另一方面，由于国际市场需求紧缩，导致国际通信设备巨头把刚起步的中国市场作为其攫取的目标，以此来弥补它们的颓势，这势必给华为等国内企业造成很大的竞争压力。事实上，在 2000 年后，国外通信企业已经开始启用比以前残酷得多的价格竞争来与华为等企业争夺国内地盘。

在这样激烈的竞争环境下，华为的国际化似乎成了"逼上梁山"的抉择。任正非对当时局势的总结是：

我们的队伍太年轻，而且又生长在我们顺利发展的时期，抗风险意识与驾驭危机的能力都较弱，经不起打击……必须趁着短暂的领先，尽快抢占一些市场，加大投入来巩固和延长我们的先进，否则一点点领先的优势都会稍纵即逝，不努力，就会徒伤悲。我们应在该出击时就出击……我们现在还不十分危险……若 3—5 年之内建立不起国际化的队伍，那么中国市场一旦饱和，我们将坐以待毙！

第一站，挺进香港

华为长期"磨剑"，终于扬帆出海，第一站就是香港。香港是世界电信公司最聚集的地区之一，世界许多知名的电信运营商都集中在那里。1996年，华为与李嘉诚的和记公司开展交换机业务，至此华为开始进入国际市场。

当时，香港电信在香港电信行业一家独大，和记公司作为香港的第二大运营商开始与之争夺地盘。正值香港回归之际，李嘉诚也比较倾向于和内地企业做生意，但就是对内地产品的质量和服务不太放心。

结果真的让李嘉诚说中了，华为出师未捷，身先受阻。香港大都用惯了西门子的产品，对国产交换机信心不足。香港电信管理局要对各个运营商进行检查，和记公司如果通不过，就无法取得电信业务经营权。而且制式不统一，国内国际市场差别很大，用户使用习惯、网络间各交换机的信令配合千差万别，这无疑更增加了难度。

面临真正的考验，华为才发现自己问题重重，才体会到寒酸。据当时香港商业网安装建设的负责人、后来为华为硬件部总监的周更生讲，第一次去香港，本来是八点半集合出关，但到八点四十五人才到齐。调试设备时，一名员工发现一处错误，却没有及时通知调试组人员，致使大家都犯同样的错误；明明知道病毒危害严重，但发现病毒后不去处理而是继续调试。

随后，又接二连三发生意外，交换机频频出问题。交换机接通不稳定，时间紧迫，若与和记公司对接出现问题，经营许可证就别想拿了。每个人都感到了可怕的压力，于是不断地从各个角度分析原因，但是问题好像在跟人捉迷藏，就是找不出来。

为了加快进度，顾不得想太多，华为的工作人员就买来睡袋在机房打地铺，大伙轮番调试。同时，内地的工作人员也给予积极支持。每到周末，深圳总部的设计人员都自动放弃休息，协助调试。那一段时间，每当凌晨两三点钟，项目组组长的手机就特别繁忙，不停地传递调试信息。他们艰苦奋斗的精神也感动了和记公司的人员，他们也伸来援助之手，提出各种建议。"人心齐，泰山移"，问题终于解决了。

顺利通过了验收，拿到了电信业务经营权，华为踏上了香港的土地。

此后，华为经过千难万险，终于在香港站稳了脚跟。2008年12月10日，华为为电讯盈科（PCCW）建设的香港地区首个CDMA2000 1X/1xEV-DO Rev. A网络已成功开通。作为香港领先的通信服务商，电讯盈科将利用该网络主要为来自中国大陆、美国、日本、韩国等地的游客提供CDMA网络漫游服务。全球CDMA用户到达香港后，手机将自动切换到电讯盈科的CDMA网络上。

在香港，华为与电讯盈科已经成为了长期的合作伙伴。华为此次为电讯盈科提供的解决方案是以华为第四代绿色多模CDMA基站为核心，兼具"多制式融合、高集成度、全IP、绿色环保"等突出优势。项目在短期内的高效交付、开通也充分满足了电讯盈科对热点区域快速覆盖及网络长远发展的综合需求。

奋战在北极，莫斯科不相信眼泪

华为扬帆出海的第二站是俄罗斯。俄罗斯地处北极圈附近，冬季寒冷漫长，冰天雪地。极地气候很单调，极昼和极夜各占一半。这一次，华为人彻底见识了北极极夜的"漫长"和"严寒"。

早在1994年，华为就瞄准了俄罗斯。积蓄了三年的力量，最后发动了总攻，但是并没有胜券在握的把握。

那时华为在国内已小有名气，但与世界电信设备巨头相比还是小学生。当时俄罗斯经历了痛苦的"休克疗法"，经济动荡，一片萧条景象。俗话说"饿死的骆驼比马大"，俄罗斯虽然"大病初愈"，但并没有放下"老大哥"的身架，从内心里不看好华为。

俄罗斯的市场很冷，有时候半年都见不到客户。1996年，华为高级副总裁徐直军和几名高管一起去俄罗斯，希望能见到客户，以便推广产品。但是在那里待了两周，连客户的影子都找不到。当时一名负责软件业务的俄罗斯某大型企业负责人见徐直军说的第一句话就是："俄罗斯根本不会用任何新的交换机，所以不可能与华为合作。"

1996年6月，第八届莫斯科国际通信展开幕。任正非意识到这里蕴藏着一个巨大的市场——电信普及率很低，而市场需求却很大。尤其是普京政府执政之前，由于俄罗斯卢布贬值及证券、金融等行业的问题，众多早先进入俄罗斯市场的跨国公司都陆续退出，对该市场停止投入。任正非相信此时正是华为的机会——俄罗斯未来一定会成为一个巨大的市场，要坚持对俄罗斯市场持续投入。

华为市场部人士介绍，华为从发展中国家开始拓展海外市场，是基于这样一种认识：发达国家市场较成熟，准入门槛较高，进入难度较大，因此，华为选择俄罗斯作为开始。在这里，华为可以把中国市场的经验，拷贝到这些国家，有一定的借鉴作用。

此次任正非亲自来到俄罗斯为华为做宣传，然而正好赶上中国假冒伪劣商品充斥俄罗斯，这一举动也无济于事。当时负责展会的朱建萍说，那时莫斯科大街上几乎所有的商店门口都竖着一个牌子："本店不出售中国货。"一听说是中国人，展台前的客户就扬长而去。

紧接着，1998年俄罗斯发生金融危机，整个电信业都停滞了。

华为的俄罗斯之路似乎走到了尽头。但是，依任正非的脾气，这样的结果他不能接受，于是，他的执拗劲上来了。

1998年初，李杰还在负责华为的湖南市场，任正非突然一个命令把他调往俄罗斯开拓市场。离开中国的时候，他最大的一件行李是一箱书。当时他只有一个感觉：孤单。

有什么比俄罗斯的恶劣天气更寒冷？现任华为独联体地区分公司经理的李杰告诉我们，是1998年前后的俄罗斯电信市场。

刚到莫斯科时，还没从国内市场的火热气氛中回过神来的李杰信心十足。他对员工说，我们要把俄罗斯的每一个地区都跑一遍，竞争对手吃饭、睡觉、滑雪、和家人团聚的时间我们都用来攻取阵地，一定能够闯出来。

几个月之后，李杰拿到了一个销售合同——这是几个电源模块的交易，合同金额38美金。"高兴中更多的是凄凉"，李杰对《环球企业家》回忆。随后是当时政局不稳引发的一场金融危机。"传来的消息中是有多少运营商即将倒闭，有某某对手退出了市场的争夺，有打官司的，有清理货物的，官员们走马灯似的在眼前晃来晃去。"

华为的当家人任正非向来主张发展中的企业要像狼一样，要具备"敏锐的嗅觉，不屈不挠、奋不顾身的进攻精神，和群体奋斗的意识"。而在1998年的俄罗斯，李杰说，他们这些华为训练出来的狼却都变成了冬眠的北极熊。

整个1998年，华为一无所获——除了告诉俄罗斯"华为还在"。1999年，仍是几乎一无所获。

任正非不信邪，宣布还要继续加大在俄罗斯的投入。在日内瓦的电信博览会上，他对李杰说："如果有一天俄罗斯市场复苏了，而华为却被挡在了门外，你就从这楼上跳下去吧。"李杰只回答了一个字："好。"

为了这一个字，李杰开始了像蜜蜂一样的工作，日复一日地进行着产品推广，并进行了大量的准备工作。华为在当地招聘的人才都送回深圳总部培训，如今这些人已经成为俄罗斯市场的中坚；一支职业的本地化营销队伍建立起来，培训后送往俄罗斯各个地区，以此为基础形成了目前的营销网络；在不断的客户拜访中，认识了一批运营商的管理层，建立了相互之间的了解和信任，最终形成华为的核心客户群。

鉴于俄罗斯政府的一系列特殊电信产业政策，比如要求一定程度的国产化，使得华为公司在1997年6月与俄罗斯贝托康采恩组建合资企业"贝托华为"，生产C&C08数字程控交换机及其他通讯设备。目前已建成了拥有60万线生产能力的自动化生产线，并于 2001 年 4 月获得俄罗斯邮电部认证的俄罗斯国产厂商地位。

贝托华为员工总人数已有 100 多人，其中中方员工不到 10 人，主要负责合资企业运营、生产管理和财务等工作。目前贝托华为生产的交换机已在俄罗斯通信网上广泛开通运行。华为在俄罗斯不仅有市场销售人员、技术支援人员，还在莫斯科有研发机构，已成为俄罗斯电信市场上主要的电信交换设备供应商之一。

回忆起当年的艰苦岁月，李杰用了一部中国人熟知的电影的名字来形容其当时的心情：莫斯科不相信眼泪。2000 年以后，俄罗斯政局越来越稳定，经济持续转暖，而华为在这个市场上坚持到今天，也终于抓住了机会。

经过 6 年的努力和等待，2003 年，华为在俄罗斯实现了超过 1 亿美元的销售额，承建了俄罗斯 3797 公里超长距离 30G 国家传输网，这是华为 6 年来取得的最好成绩。华为在独联体地区名声渐起。2002 年俄罗斯成为华为国际市场最大的出口地区之一，在俄罗斯及周边国家，收入超过了 3 亿美元。

决战亚非拉，重点突破

走出去，华为人才发现："当我们走出去拓展国际市场时，放眼一望，所能看得到的良田沃土，早已被西方公司抢占一空，只有在那些偏远、动乱、自然环境恶劣的地区，它们动作稍慢，投入稍小，我们才有一线机会。"

为了抓住这难得的机会，从 1996 年开始华为人就离别故土，告别亲人，纷纷奔赴海外，不论在疾病肆虐的非洲，还是在硝烟未散的伊拉克；不论是海啸过后的印度尼西亚，还是地震灾区的阿尔及利亚……都留下了华为人奋斗的身影。

许多国际大公司看中欧美等发达国家的市场，因为那里的环境、条件等各方面都很优越，对于落后的亚非拉则不屑一顾。的确，在他们眼里，亚非拉只是世界上的"农村",环境恶劣,局势动荡,犯不上丢了西瓜捡芝麻。华为迅速抓住这个机会,乘机捡起这些"剩下的果实",开始进入"农村"。这些新兴市场电话普及率低,进入门槛低,容易打开局面。

但就是这些国家也不看好中国技术。因此,在初期华为走了许多弯路。那时,只要听说某国的电信运营商有项目招标,华为的销售人员就前去投标,但是胜少败多。

由于文化背景、生活习惯等的差异,遇到了重重困难,华为人虽屡战屡败,但屡败屡战,直到打破零的纪录。为此,华为人遭受了无数的白眼和冷漠。

在"农村"开拓市场也很不顺利。当时负责开拓非洲市场的邓涛讲:"刚到非洲,面对25个国家、4.5亿人口、地盘差不多是中国两倍的一个陌生市场,没有人知道华为公司,甚至都不太了解中国,一切都要从零开始。"许多人不相信中国拥有自己的技术,诧异地问:"这真的是中国人自己生产的产品吗?"他们怀疑这是发达国家的技术,只是在中国加工生产的。

但华为人不畏艰难险阻,在这片富饶的土地上进行了艰苦卓绝的开拓,由此赢得了这些"剩下的果实",建立了"农村"根据地,开始在"农村"生根发芽。从1997年开始,华为进入非洲,为他们带去了质高价廉的产品。

在进军刚果(金)的时候,华为人的经历可谓惊心动魄。

屋外枪响如鞭炮,一粒子弹射进来,弹孔在墙上,弹头掉到锅里,"当"的一声响。

这是2006年的刚果(金)首都金沙萨。由于不接受总统选举落败的结果,副总统本巴的卫队与总统卡比拉的卫队发生了武装冲突。战事最激烈的时候,华为员工所在的宿舍楼被交战双方包围了起来。办事处30多个工作人员来不及撤离,全部被困住了。他们无计可施,只能自祈多福,希望火炮不要打偏了。

事后,亲历该事件的员工还有点后怕,"如果他们稍动歪念进来洗劫,我们30多号人就都没命了。"那一晚,他们听见炮弹在宿舍楼前的一栋烂尾楼里爆炸,觉得时间既恐怖又漫长。

虽然政局动荡,刚果(金)却是一个自然资源极为丰富的国家,铜、钴、金刚石等矿产在世界上占有重要地位。华为之前,刚果(金)电信市场主要的设备供应商是阿尔卡特，其次是西门子。竞争者的先入并没有让市场饱和。以设备融资方式进入的阿尔卡特，用很高的薪水在国际上大量招募短期雇佣军，大量采用工程分包的形式，成本比华为高了许多。由于基础设施条件太差，刚果（金）很多村庄基本上不通公路，加之疟疾横行，对手们的员工通常都难以忍受，待不长久。

一位在肯尼亚及刚果（金）都做过主要负责人的华为前员工说，在非洲现场做物流时，手握几百万美元、上千万美元签单权的都是20多岁的年轻人，他们有超强的忍耐力，也充满了活力，这在国有企业是不可想象的。

在整个非洲，竞争者诺基亚、爱立信、阿尔卡特等本可使电信网络迅速膨胀，但它们没有做到。市场空隙给了华为机会，1999年加速挺进海外的时候，华为的大量营业收入都来自这些最艰苦的地区。

市场开拓的同时也是一个学习的过程。一般认为，华为与沃达丰大规模合作的开始，是2004年价值3400万美元的肯尼亚智能网改造与升级项目。实际上，在这之前还有过一个中途中止的项目，之所以中止，是因为沃达丰提出的要求过于苛刻。不过在这段合作期，华为员工普遍感觉到了很大的提升，合作方（均为英国人）钟表一样的行事风格给他们留下了深刻的印象，他们做任何事情都有计划，并且会不折不扣地执行。比如，双方在开季度工作进展会议前，这些英国人会做出漂亮的计划书发过来，会议的时间地点，讨论的话题都在里面有详细的记录。

后来参与智能网改造与升级项目的人员中，有许多人就来自这个项目组，他们也变得严谨与规范起来，对不同产品的特性都会以文档的形式描述得清清楚楚。比如说软件的补丁该怎么打，有哪些策略，以前用的什么代码，有哪些潜在风险，等等。而在此前，他们并不怎么重视文档。

对于华为来说，无论"国际化"一词出现在多么崇高的语境中，都是年轻工程师们用青春与汗水换来的。当然，他们也获得了一般企业很难给予的信任。

2006年，华为在毛里求斯承建了非洲第一个3G商用局；在尼日利亚承建了南非2005年建设的最长的国内传输网。华为在南非的销售额超过了10亿美元。短短10年，华为已覆盖了整个南非。

打开非洲市场之后，华为开始进入中东地区。

进军非洲需要忍受艰苦的环境，而对中东的文化差异则需要一颗包容之心。在遥远的沙特阿拉伯首都利雅得，呈现于当地员工眼中的华为，也许并不是传说中一家狼性十足的公司。

沙特这个石油资源充足、外汇储备雄厚的国家，有着高福利的社会保障体系，教育、医疗均终生免费。沙特男人的家庭观念很强，他们希望有更多的时间跟家人在一起，不会把工作当作生命的全部，工作起来自然也就没有中国员工一样高效。沙特也是一个纯粹的伊斯兰国家，每天都要做祷告，祷告时间一到，他们会成群结队地去清真寺，直到祷告结束后才回来继续干活。

对此，华为沙特分公司的中方外派人员也都习以为常了，入乡就得随俗。公司一直在大规模招聘当地员工，过去三年中，外籍雇员的增长比例与整个公司人员的增长比例保持了一致的步调。成为一线设备提供商后，华为在沙特的人才市场上有了不错的口碑，只要以市场价或略高于市场价就能招募到比较好的外籍雇员，其中有些还来自沙特最好的大学。

"9·11事件"以后，阿拉伯世界对中国的态度普遍友好，华为在中东地区迎来了一个难得的发展机遇期。就在2007年7月，华为还与沙特科技城签订了谅解备忘录，决定加强双方在电信科技研发和人员交流培训等领域的合作。根据协议建立的通信技术培训中心将借助华为在电信领域的丰富经验，帮助沙特扭转电信市场专业人才匮乏的局面，同时为推动双方在未来的长期友好合作打下基础。偶发事件带来的商业机会虽然不是竞争的常态，但华为证明，它没有错过任何可能的发展机会。

沙特拥有麦加和麦地那两大圣城，一年一度的麦加朝圣是伊斯兰教最盛大的宗教活动。只对穆斯林开放的麦加圣城，每年伊斯兰教教历（回历）12月朝觐期间，在几十平方公里的区域内，有将近300万人会使用国际国内长途通话及短信服务，包括运用先进的3G视频通话技术。巨大的数据传输量无论对硬件设备还是网络服务都是极其严峻的考验，因此这一通信保障项目的难度相当大。

2005年前，朗讯、阿尔卡特、爱立信均承担过这一项目，但最后的结果都不是很圆满。华为于2005年开始接手一部分任务，2006年基本上全部接手，2007年则继续承担。因为圣地不允许非穆斯林进入，华为只能派出中国籍穆斯林员工会同本地员工进入麦加和麦地那的基站。在交换机设备供应、基站建设和网络服务等方面，华为占据了朝觐通信服务领域的绝大部分市场份额。连续三年的出色表现，使沙特电信对华为颇为满意。

近几年来，中东一直是华为的主要"产粮区"。当然，最初的市场开拓同样是艰难的。沙特、阿联酋、卡塔尔这些产油国家（GCC国家，即海合会国家）很富有，运营商选择的空间也大，对于欧美老牌设备提供商有一定的品牌崇拜或者说依赖心理。

成本上的优势当然是赢得订单的传统利器，但更为敬业的员工、比竞争对手更加紧密的贴身服务也是关键因素。一位曾在沙特工作过的华为员工说，"碰到很紧急的项目，大家都是拼死地工作，非常忘我。华为有句话叫'成则举杯相庆，败则拼死相救'，很多时候我们对此感触很深。"

目前，沙特已经成为华为在中东地区最大的销售市场，员工超过400人，其中60%以上是外籍员工。华为的客户除了沙特电信，还包括来自沙特境外的运营商。虽然不能说在所有领域都占据了绝对领先的市场份额，但华为一线品牌的地位已经奠定。

在亚太地区，华为也迅速成为该区域的主流供应商之一，在印度、泰国、孟加拉、柬埔寨和尼泊尔等得到广泛应用。2009年11月，华为与和记电讯在印尼成功部署ngHLR（"下一代位置归属寄存器"）。

华为在南美市场也取得了决定性的胜利。2004年2月，华为成功获得巴西最大的数据和长途运营商Embratel的下一代网络项目，一举签订了超过700万美元的合同。2005年6月，华为技术在阿根廷成功实现商业运营。

2006年，华为在北非战绩辉煌，在西亚旗开得胜，在南美进展神速。

经过一番折腾，华为终于在"农村"找到了根据地，先占领"农村"，并以此为依托，对发达国家市场形成层层包围，为最后进入高端市场准备了条件。

在过去的30年中，作为最耀眼的经济体，中国吸引了世界上大多数老牌的跨国公司，这个市场上的竞争是世界级的。华为的实践则证明了中国式商业思想的价值所在，那种根植于华人内心深处的国民性——忍让，自己吃苦也要款待客人——的特质，使其贴近客户的口号在全球范围内落到了实处。

快捷的服务在法国制造的浪漫

欧洲是爱立信、诺基亚、朗讯、西门子、阿尔卡特等电信巨头的故乡，因此对华为而言，它也是全球最难进入的市场之一。不仅如此，由于欧洲厂商在GSM市场上的垄断，签订GSM合同的难度又大大高于3G合同。但是，即便如此，华为硬是在这块笼罩着"铁幕"般壁垒的领地上撕开了缺口，成功地破解了这一"对后来者的咒语"。

第二次世界大战期间，英美军队从法国诺曼底登陆，集中力量打退了纳粹的进攻，一举扭转被动的局势，取得了反法西斯战争的胜利。半个世纪后，任正非带着他的"狼团队"在法国登陆，开始了"欧洲历险"的征程。

1996年，美国颁布了《电信改革法案》，首先放开了电信运营市场。短短几年内，欧洲各国也陆续放开了本国的电信市场。随着IP等新技术的冲击，一些老牌的电信运营商负担沉重，不能适应新技术的发展，纷纷陷入困境。

一些新兴的中小型运营商负担较轻，它们采用先进的技术，对单一细分市场的客户反应快捷，迅速脱颖而出。

最初，华为进军法国的重要任务就是寻找代理商，首先是与阿尔斯通合作。这家法国系统集成商经常会承揽一些电信的集成项目。作为总承包商，它需要寻找一些性价比高的设备商进行合作。华为当时找到了一家很有影响力的代理商，通过它与阿尔斯通接触。阿尔斯通正好接了一个非电信核心业务的城域网项目，不过这个项目在捷克。阿尔斯通当时还没有找到价格较合适的设备商，就抱着试试看的想法和华为开展了第一次合作。这次合作结果非常令人满意，也正是这次合作，为华为在法国获得胜利奠定了基础。

2001年2月，法国电信运营商NEUF准备在法国全境建设一个骨干光传输网络。成立时间不久的NEUF一开始只面向电信运营商做光纤的基础网络批发业务，后来开始面向企业和个人用户。它制定的计划是：用户每个月只需支付30欧元，就可以享受160个数字频道的电视节目、互联网接入服务和传统的电话语音服务"三位一体"的超值服务。

当时，为了建设这个全新的传输网络，NEUF圈定了一个供应商名单。开始并没有华为，因为当时华为的名气还不够大。后来，与NEUF颇有渊源的阿尔斯通给NEUF的CEO米歇尔·保兰（Michel Paulin）打电话，竭力推荐华为，希望能够给华为参与竞争的机会。

米歇尔·保兰说："一开始我们对华为并没有把握。只是由于这家代理商的竭力推荐，我们才同意让这家从来没有听说过的中国公司试一试。"

为了打开法国的通信市场，华为开出了诱人的条件——将以非常优惠的价格为NEUF建设最初的里昂等两个城市的网络并负责运营3个月，然后交给NEUF进行评估。

不到3个月的时间，华为建成了两个城市的网络，这样的速度很适合NEUF的胃口，而评估的结果也非常令对方满意。华为的快捷服务赢得了NEUF在整个法国的光网络传输合同。

米歇尔·保兰不得不佩服华为："这为我们节约了至少10%的投资，而且我们获得了想要的速度。要知道，几年前所有的市场都是法国电信的，而现在我们已经成了它最大的竞争对手。为什么？无非是我们动作更快一些，更冒险一些；当然，我们的价格也比法国电信便宜一些。"说完这句话，米歇尔·保兰不忘幽默地眨了一下眼睛，"因为我们用的是中国的设备。"

NEUF是一家新兴的运营商，所有的设备和系统都是基于IP的。它们的产品认证不是很烦琐，一般ADSL接入设备的认证只需要四五个月的时间，数据通信产品两三个月就行了。2003年3月初，两家又签订了DWDM国家干线传输网合同。现在，华为已经和阿尔卡特、思科等公司一道进入NEUF的六大供应商之列，并且牢牢占据了第一的位置。

开拓欧洲市场的华为人王冠珠说："华为要想在等级森严的欧洲做生意，

一开始必须找到合适的代理商和合作伙伴，也只有通过代理商才有可能见到运营商。对于在国内与运营商天天见面的华为来说，这种间接的销售方式非常不习惯。但是，这也是没有办法的办法，在欧洲华为必须学会'借力打力'。"

华为法国分公司总经理温群认为法国人与中国人很相像。"法国人就是欧洲的中国人，他们也好美食，也特别讲朋友关系。"如今，温群还取了一个法国名字Patrick，一身法国式的打扮，品尝着法国大餐，结交了一大批法国朋友。

此后，华为把法国作为一个基地进行投资建设。2007年在法国西北郊的塞尔日市建立了第一个研发中心，在法国的员工总人数目前为270人左右，其中60%多是当地雇员。几乎所有的法国电信巨头都已成为华为的客户，其中包括法国电信、布伊格电信和SFR移动公司。

2009年9月15日，华为又在巴黎近郊的伊西市举行仪式，庆祝集研发和市场服务为一体的办公新址落成。新办公地点的启用，主要是为了加强研发能力和更加贴近客户。

办公新址的落成，使得华为公司在法国的研发能力得到了加强。如今，华为公司在法国有了三个研发中心，塞尔日中心负责无线技术的基础性研发，布列塔尼地区的拉尼翁中心负责固定宽带研发，伊西中心负责移动宽带研发。

卓越的品质成就英国的风度

英国人给人的印象是彬彬有礼的绅士风度，没有法国人的浪漫，也没有德国人的古板，更没有俄罗斯人的忧郁。任正非带着他的团队也光顾了这个绅士的国度。

然而，华为刚开始接触英国电信时并非一帆风顺，而是遭到了冷遇，英国人根本不相信中国人能制造出高质量的交换机，华为连参加招标的机会都没有。后来，华为人终于知道了英国电信的规矩：要参加投标必须先经过它们的认证，

第五章　扬帆出海，驰骋世界显霸气

它们招标的对象都是自己掌握的短名单里的成员。

要成为一流的设备商，就要拿下一流的运营商，在全球电信运营商中排名第九的英国电信就是名副其实的"大T"（指全球顶级运营商）。它有严格的市场准入门槛，即使许多西方电信设备巨头也不敢掉以轻心。要成为英国电信供应商，必须通过他们的供应商认证，需要经过严格的程序考核，此认证耗时漫长，覆盖多达12个方面的内容。

为此，华为成立了由董事长孙亚芳为总指挥、常务副总裁费敏总负责的英国电信认证筹备工作小组，涵盖销售、市场、供应链、人力资源、财务等诸多部门，开始进入"紧急备考"状态。

2003年11月，英国电信采购认证团来到华为，对华为进行了为期4天的严格"体检"。这次考核，技术不是首要考虑的，管理体系、质量控制体系、环境体系等才是最重要的，要保障华为对客户交付的产品的可预测性和可复制性。英国电信的考核还包括对华为合作伙伴的运营和信用的考核，对华为的供应商的资信审核，甚至还包括对华为的人权（诸如华为给员工提供的食堂、宿舍等生活条件等）状况的考核。在国际一流水准的专家们面前，华为很多漏洞暴露无遗。

当专家问道："在座的哪位能告诉我，从端到端全流程的角度看，影响华为高质量地将产品和服务交付给客户的排在最前面的5个需要解决的问题是什么？"在场的所有华为专家都张口结舌了。

英国电信的专家在考察华为的ISC的时候，提出了一个问题："华为如何保证产品的及时交付？"回答是："我们有非常严格的产品出货率指标进行考核。"专家很不客气地指出，对于客户来说，关心的是你的及时到货率。

专家进一步指出：华为还没有针对英国电信明确的商业计划，除市场人员外，其他部门的员工还不清楚英国电信对供应商的基本要求，也就不可能为英国电信提供具有针对性的支持和服务。

而一些意想不到的小插曲却偏偏在这个时候出现了。在英国电信专家视察的过程中，生产现场的一位开发人员没有采用任何静电防护措施，就肆无忌惮地从正在调试的机架上硬邦邦地拔出一块电路板，揣在腋下扬长而去；从没料到会出问题的厂房中,偏偏有一摊不知道从哪里来的水迹……这些让华为人感到异常尴尬。

经过 4 天的考察,英国电信专家分十几个单元给华为打了分,每一个单元满分 7 分。除了在基础设施上得到了 6 分以外,其他硬件指标也得到了较高的分数,但是在业务的整体交付能力等软性指标上却严重不及格。

在离开华为之前,英国电信专家留下了一句意味深长的话:"希望华为能成为进步最快的公司。"这句包含着绅士风度的批评,极大地刺激了华为人。

由此,任正非知道公司还存在着严重的不足,他深刻领会到,企业组织的可复制能力与可预测性、体现在一系列流程和内外环境中的模式化力量,已经成为现代规模管理的基础,华为必须跨越这个门槛。

华为决心走向国际化,就必须得到"大 T"的认可。华为花了两年多的时间,耗费了数以亿计的资金学习"大 T"。经过艰难的学习,华为向英国电信"21 世纪网络"确定的"八家短名单"发起了冲击。

崔俊海是华为欧洲投标部的主管。他 1998 年加入华为,1999 年进入国际投标部。几年来在全球各地一共投了多少个标,连他自己也记不清楚了。"但是英国电信这个标今后是怎么也不会忘记的。"他这样说道。

2004 年 6 月,英国电信的"21 世纪网络"第一次发标。数百家大大小小的供应商参加了投标,那场景如同一场盛会。作为上任后的第一个大项目,崔俊海最近一年与英国电信算是老朋友了,光报价就来来回回做了五六轮。

经过艰苦的努力,华为凭借自身的实力,终于在 2005 年 4 月拿到了英国电信交来的"金钥匙",正式入选"21 世纪网络"的优先供应商名单。2005 年 12 月 23 日,华为与英国电信签署正式供货合同,"豪门俱乐部"的大门向华为敞开了。

一位华为高层说:"这已经不仅仅是为了英国电信,而是为了真正接近世界级电信设备商的管理水平。今后都是硬碰硬的较量,取巧不得。所以华为被认证的过程其实比认证的最终结果对我们更有意义。"

进入英国电信的短名单带来的不仅仅是未来在英国电信身上的收益,很多连带的效益在拿到"豪门俱乐部"入场券的时候就已经产生了。2005 年 11 月

21日，固网老大沃达丰给华为送来了"丰盛的午餐"。

得到英国电信和沃达丰这样的"大T"的认同，意味着华为已经拿到了进入欧洲主流市场的通行证。它是华为向世界级企业迈进的关键一步，为华为跻身于世界"巨无霸"的行列准备了条件。

2006年，华为在英国伦敦西南50英里贝辛斯托克小镇上租了一栋楼房，那是一栋"凹"字形的三层楼房，一年前建成，一直空荡荡的。华为租下了这栋6800平方米的大楼的一半面积，而且还准备拿下剩下的一半。华为在英国的大部分员工将会搬到这里，结束华为欧洲总部、欧洲技术支援和培训中心以及英国分公司分居一隅的历史。一个正式的根据地在经历了5年的奋战之后，应运而生了。华为英国队伍中唯一不准备搬过来的人马，此时正在伊普斯维奇。他们正在和英国电信（BT）的技术人员进行紧张的联合实验，以便早日推出"21世纪网络"。这是一个为期5年、总投资额高达100亿英镑的大项目！

说起租房，还有一个有趣的小插曲。当时，一位穿着白衬衫、打着领带、一丝不苟的英国看门老人急切地询问华为的员工："您是从华为来的？能否帮我介绍一下这家公司？我以前从来没有听说过这家中国企业，如今它却要租下我们整整一栋楼！"

这位老人可能不会想到，就是这家名不见经传的中国公司，在英国迅速扎根，成为英国电信部门最重要的合作伙伴。

技高一筹让德国人心服口服

现代商业的成败，在很大程度上已经由细节决定了。大笔的金钱投入下去，往往只为了赚取百分之几的利润，而任何一个细节的失误，就可能将这些利润完全吞噬掉。

德国人素来以严谨认真著称，这也就不难理解，为什么德国会在"二战"

后迅速崛起。但又有很多人认为他们太刻板，有时甚至有点愚蠢。德国人究竟是什么样的人，事实最能说明问题。

坐过上海地铁的人，一定都知道上海地铁2号线的故事。上海地铁1号线是由德国人设计的，看上去并没有什么特别的地方，直到中国的设计师设计的2号线投入运营，才发现德国人"刻板"的背后隐藏着多么大的智慧。

上海地处华东，地势平均高出海平面一点点，一到夏天，雨水经常会使一些建筑物受困。德国的设计师就注意到了这一细节，所以地铁1号线的每一个室外出口都设计了三级台阶，要进入地铁口，必须踏上三级台阶，然后再往下进入地铁站。中国人认为这几级台阶设计得太愚蠢了，给旅客平添了麻烦。然而，就是这三级台阶，在下雨天可以阻挡雨水倒灌，从而减轻地铁的防洪压力。事实上，1号线内的那些防汛设施几乎从来没有动用过；而地铁2号线就因为缺了这几级台阶，曾在大雨天被淹，造成巨大的经济损失。

德国设计师根据地形、地势，在每一个地铁出口处都设计了一个转弯，不会直接通到室外。中国设计师认为根本没必要，想当然地"节约"了很多转弯。当2号线地铁投入使用后，人们才发现这一转弯的奥秘。这一个转弯大大减少了地铁站台和外部的热量交换，从而减轻了空调的压力，使得1号线的电费大大小于2号线。

还有很多细节都让中国的设计师汗颜，不得不承认，德国人的"刻板"体现的是一种大智慧。

华为要进入德国，就必须经得起人家严格的测试，否则，一切免谈。

任正非对华为工作人员说，进军德国意义重大，能不能胜出就在于我们的产品究竟是不是高科技，是不是我们真正用心做出来的产品。

德国电信运营商QSC是德国最大的电信运营公司，能够与它合作，就能占领德国大部分通信市场。2004年年底，QSC宣布将在德国建设NGN网络。

当时，夺标呼声最高的是由詹姆士所领导的某国际通信设备公司驻德国办事处。

QSC总部位于科隆，是一个拥有自己DSL网络的全国性电信提供商。它为商业用户和居民提供丰富的宽带通信业务，包括各种宽带的专线、语音和数据业务及客户企业网。QSC 是代表德国领先的 30 个公共技术公司的 TecDAX 30 的成员。鉴于其用户对于业务极为严格的要求，QSC 在全球范围内全面考察了多家 NGN 制造商。詹姆士所在的该跨国公司与华为公司都先后接受了考察，并按照 QSC 的要求，将各自的设备运送到 QSC，展开了为期四个月的产品对比测试。

作为公司代表，詹姆士与华为欧洲公司的那个负责人虽然表面上都非常客气，但作为同台竞技的直接对手，双方都对自己的任务心知肚明，从一开始就暗地较劲。

詹姆士有足够的理由和信心在这个"小 CASE"中胜出。作为世界顶级的通信设备制造商，詹姆士所在的公司拥有全球知名品牌，在欧洲拥有众多合作多年的客户，在欧洲的"群众基础"和技术的延续性是最大优势。实际上，对于庞大的公司业务来说，QSC 的这个单子并非占据非常重要的位置。此时，詹姆士所在的公司年销售规模是华为的几十倍，在詹姆士看来，华为就是一个乳臭未干的毛头小伙子，热情有余，后劲不足。对于有丰富的国际投标经验的詹姆士来说，这不过是一件喝杯咖啡或者饮一瓶德国啤酒就可以搞定的事情。

但是，命运有时候是喜欢捉弄人的。

2005 年 3 月 14 日，德国下萨克森州州府汉诺威，一年一度的汉诺威计算机及通讯博览会（CeBIT）在这个被称为"世界会展之都"的欧洲小城举行。始创于 1970 年的 CeBIT 展览会，是世界顶尖计算机及通讯企业展示前沿技术、发布最新产品的首选舞台。每届 CeBIT 展会都会出现大批让人眼花缭乱的国际计算机及通讯明星。本届也不例外，思科、朗讯、微软……个个星光耀眼、财大气粗。

然而，这一天，来自中国的企业华为让那些在 CeBIT 展会上一贯信心十足的国际通信巨头大跌眼镜。华为的产品成为本次会展的最大亮点，吸引了无数人的目光。这让詹姆士心里很不是滋味，在世界通信巨头面前，一个名不见经传的中国企业大放异彩，这还是他第一次遇到的事情。

在 QSC 那边，四个月的产品对比测试结束了，QSC 的测评专家给出的报告显示，华为 NGN 解决方案——U-SYS 的业务兼容性、设备稳定性、协议的标准性更胜一筹。

2005年2月,在众多国际巨头惊讶的目光中,华为脱颖而出,独家中标QSC的NGN项目。

QSC的总工程师Frank Thelen表示:"华为公司以其快速响应需求的能力和技术创新能力给我们留下了非常深刻的印象,其端到端的完善解决方案能够满足我们客户化的需求。我们完全相信在NGN领域,华为公司是非常理想的合作伙伴。华为公司表示,华为将以优质的产品和及时的服务履行对QSC的承诺,我们坚信,华为与QSC的合作将成为设备制造商与运营商的合作典范。"

QSC同时宣布,将与中国的华为公司结成战略合作伙伴,共同建设覆盖德国全境200多个城市的NGN网络。该网络将于2005年5月建成,届时QSC将拥有德国最大的VoIP网络,提供语音、数据、视频融合的下一代业务。

"又是华为!为什么不是我们?"距离发布会现场不远,一直把华为作为最大的潜在竞争对手的詹姆士愤愤地说。

事实上,此时,詹姆士还不知道,在接下去的日子里,他将持续地败给这家名为华为的公司。(如果他提前知道这些结果,他会否一早就考虑"归顺"华为呢?)

2007年,华为科技将其欧洲总部从英国迁移至德国的杜塞尔多夫,此外,在慕尼黑、法兰克福、达姆斯塔特等地华为也成立了分部。

华为把欧洲总部迁到德国是具有战略意义的。

首先,德国在研发领域拥有优良的传统。超过27%的德国生产型公司的销售额来自于创新型的高科技产品。同样的比例,在法国与英国却低于16%,芬兰大约在21%,而欧洲的总体水平在19%左右。2009年德国经济研究所的一份调研报告显示,没有一个发达国家像德国那样生产如此高附加值的科技产品。德国公司将超过7%的销售额再投入于研发先进的技术产品。华为完全清楚,德国是欧洲电子通信的前沿,尤其在研发领域是欧洲的先锋。

其次,"德国制造"的品牌效应。德国公司在全球是新技术发展的领袖。长期以来"德国制造"便是高质量与高科技的象征。2007年德国出口的高科技产品达到1140亿欧元,成为欧洲第一,世界第三。2007年Eurostat的一份报告显示，德国有 6 个地区是欧洲 20 个最佳的高科技地区，尤其在高科技领域的雇员方面，德国具有明显的优势。而华为已经选择了这 6 个地区中的 3 个。因为这些地区聚集了从事高科技服务业的工作者。由此可见，华为选择的研发地点也是综合考虑，有的放矢的。

另外，注重创新的华为还瞄准了德国的创新能力。2008 年欧洲专利局统计显示超过 13000 个专利来自德国。德国的专利数量是法国与英国总和的两倍。德国在欧洲是专利申请数量最多的国家。因为德国是欧洲拥有科学家最多的国家——18% 的欧盟科学家生活工作在德国。德国的科学家从事的科研项目遍布全球。同时德国拥有世界顶级的科学研究所：如马克思·普朗克研究所、赫尔姆霍兹研究所以及莱布尼茨研究所等，它们与工业界紧密合作与联系。像马克思·普朗克研究所在全球 108 个国家与超过 5000 个科研伙伴单位合作取得了丰硕的成果。而面向应用的研究所如弗劳恩霍夫研究所集团尤其支持中小型企业，他们拥有超过 80 家研究所 14000 名员工和每年 14 亿欧元的研究基金。

此后，华为为西班牙电信（Telefonica）旗下 O2 完成了德国最大规模的现网升级，华为采用 SingleRAN 解决方案搬迁和替换了 O2 德国的 5199 个基站。根据双方协议，华为另外还将交付给 O2 德国 3000 余个基站，作为其网络扩容计划的一部分。

2008 年 3 月，O2 德国选择基于华为 SingleRAN 解决方部署其德国南部地区的 GSM/UMTS 融合网络，该网络覆盖包括慕尼黑和斯图加特在内的主要城市。

"这是个了不起的成就。签署合同 494 天后，我们完成了 O2 历史上最大的搬迁项目，达到一个最重要的里程碑。"西班牙电信 O2 德国南部地区网络副总裁曼弗雷德（Manfred Kickartz）表示，"那是了不起的团队协作，感谢团队极为杰出的表现。"

"成功完成德国最大的网络升级反映了我们强大的交付能力。"华为德国首席技术官沃尔特·哈斯（Walter Haas）表示，"我们先进的 SingleRAN 解决方案使运营商可简单地将 GSM 和 UMTS 功能统一到一张无线接入网中。这一顶尖水准的网络将显著加强覆盖质量，并满足运营商日益增加的数据流量需求。"

2009 年 11 月，正在中国访问的德国北威州州长吕特格斯（Jürgen

Rüttgers）访问华为在上海的研发中心，和华为签署意向书。华为投资2000万欧元在杜塞尔多夫设立创新中心，招聘200名工程师，并和周边的大学开展科研合作。

华为创新中心选址杜塞尔多夫原因之一，是靠近重要客户沃达丰。目前，华为和沃达丰在杜塞尔多夫毗邻而居。沃达丰总裁约尔森（Friedrich Joussen）也参加了北威州长和华为在上海的会谈。约尔森也表示，华为是沃达丰"重要的，可信赖的"合作伙伴。

汗水浇灌的果实在荷兰飘香

荷兰地处低泽，风景优美，享有"鲜花之都"的美称。鲜花虽美，但生意却不能像鲜花那样美丽地绽放。

华为欧洲总部对价格优势的运用是所有中国企业的共同优势。这种优势对于世界级电信巨头的冲击不小，但毕竟无法支撑华为向主流市场完成跨越。随着"领土"的扩大，华为的能力和野心也在膨胀，而其产品在保持价格优势的同时，技术含量的提高也不容忽视。这让华为从原来的"吃边缘市场"，开始演变成真正的"虎口夺食"。

2004年12月8日，在美丽的荷兰海牙，华为总裁任正非和荷兰Telfort公司总裁佟·安·德·斯戴格共同签署了超过2亿欧元的WCDMA合同。华为荷兰公司总经理陈海军几乎抑制不住自己的激动。在随后两天的时间里，华为总裁任正非连续请所有在荷兰的华为员工吃中餐，平时滴酒不沾的他这次却破了例。酒桌上，任正非甚至表现出少有的豪放。

华为人有绝对的理由为这次胜利举杯同庆，签订这个合同不知道费了多少周折，也让人虚惊了一场。

陈海军亲身经历了"荷兰战役"，他可能是华为在欧洲分支机构的"一把

第五章 扬帆出海，驰骋世界显霸气

手"中唯一持外籍护照的华人。2004年6月，陈海军通过荷兰邮政电信部门的熟人开始与Telfort接触。当时，华为在荷兰连办事处也没有。通过交流，陈海军发现Telfort在2000年7月就拿到了3G牌照，然而却一直没有开展3G服务，他顿时觉得发现了宝藏。一个月之后，他就上门和Telfort进行了第一次3G业务交流。随后两个月的时间，华为与Telfort共同制定了3G商业计划；到了第四个月，华为正式向Telfort提交了一套为其量身定做的分布式基站方案。

Telfort迟迟不开通3G业务是有顾忌的。通过深入交流，华为人很快找到了Telfort迟迟不敢贸然上3G的症结。

荷兰是西欧最发达的国家之一，移动业务竞争非常激烈，虽然只有1600万人口，但却有5家移动运营商在竞争。其他4家公司：沃达丰、Orange（法国电信下属公司）、T-Mobile（德国电信下属公司）、KPN（荷兰皇家电信集团）均为世界级的大公司，它们都有一套提供3G服务的方案。

Telfort考虑到自己实力不足，没有雄厚的研发支持，无法开展有针对性的3G应用。而且还有一个问题：荷兰人口密度非常高，人们非常注重环保。要安装新的基站和射频设备必须经过所在建筑物业主的同意，这样一来，需要支付的费用甚至比设备的价值都要高。

针对Telfort的顾虑，华为开始对症下药。华为和Telfort合作成立了一个移动创新中心，专门研究在荷兰市场适合推出哪些移动服务项目。华为在原来就有的小基站解决方案的基础上提出了分布式基站的解决方案。华为将基站分为两个分离的部分，可以直接安装到运营商原来的机柜中或靠近天线的抱杆或墙面上。这样，Telefort有90%以上的站点可以利用原有的站点，总体成本比常规的方案节省了1/3。

得知华为插了一脚，Telfort的2G设备商爱立信紧急约见Telfort公司CEO、CFO等高管人员，并提出强烈的质询。Telfort的CEO斯戴格以前是爱立信的高管，但让爱立信始料不及的是，Telfort的高管人员突然强硬起来，反唇相讥爱立信为什么以前对Telfort不重视。最后，双方不欢而散。

此后，华为为Telfort公司提供服务。Telfort公司CTO范·德·威尔（Van de Wiel）对华为的解决方案非常满意。华为全力以赴最终在2004年年底拿下了这个项目。"大家都以为华为在这个项目上是靠低价取胜的,其实不是这样的。我们关键是看中了华为对合同执行的承诺和快速的反应能力。至于价格,我可以实话实说,华为其实不是最低的。"威尔透露。

这个项目最终可能成为全球第一个商用HSDPA项目。2005年6月,华为和Telfort完成了首次HSDPA商用演示。这次演示采用了内置高通芯片的华为HsDPA商用数据卡。通过笔记本电脑点播高清晰度的视频节目,下载速率高,界面画质清晰,就好比是DVD和VCD。"到时候我儿子就可以用它来和全世界的玩家一起玩多媒体游戏了。"威尔笑着说道。

华为和Telfort的合作顺利成功,同时华为的各种设备也源源不断地抵达华为荷兰公司。华为荷兰公司的办公楼位于欧洲足球豪门阿贾克斯队的主场阿雷纳球场旁边,这里也是全球高科技企业聚集之地,旁边的一栋高楼就是Telfort公司总部所在地。当集装箱堆满了华为楼下广场的时候,Telfort公司的员工也被震惊了,纷纷跑过来打量华为的设备,这让荷兰的华为员工心里感到自豪无比。

2005年6月29日,更大的机会开始向华为招手。荷兰电信运营商的老大KPN宣布支付11.2亿欧元收购Telfort,这已经引起了KPN的主要供应商爱立信的忧虑,因为此次收购成功,将使得华为有机会向KPN推销自己的全线产品。果然,在KPN的3G网络升级过程中,华为又从爱立信那里分得一杯羹:2006年2月28日,华为与KPN签署协议,成为其核心网设备供应商。

在此之前,华为已经赢得了KPN的一个大单。2005年6月7日,华为与KPN签订合同,成为KPN荷兰全国骨干传输网的唯一供应商,这个项目覆盖荷兰全国各大城市。这让陈海军他们着实高兴了一阵子,因为他击败的是阿尔卡特和朗讯这两家"巨头"。

"我们一开始的目标只是进入供应商行列,具体能拿多少份额并没有在意。"陈海军说,"当听说三家之中只有一家胜利者的时候,我们甚至有些担心。"当KPN同时给三家发出要求,让三家把设备运到KPN的实验室进行测试后,华为的设备从中国运到荷兰海牙,竟然比阿尔卡特的设备还先到。最后,华为如愿以偿地独享了这份大餐。

一位华为员工自豪地说:"在荷兰,我们和移动的老大(爱立信)以及固网的老大（阿尔卡特）都交过手，结果都赢了。"

几个月后的 6 月 24 日，荷兰皇家电信（KPN Telecom N.V.）和华为公司正式签署荷兰皇家电信 CWDM/DWDM 项目独家供货合同，项目覆盖包括荷兰全境的接入层 CWDM 和国家干线 DWDM。KPN 年收入超过 120 亿欧元，是荷兰最大的全业务运营商，在比利时和德国拥有固定网络和移动网络，同时拥有最大的泛欧光纤网络，覆盖西欧全境。KPN 已成为欧洲电信市场的领先者之一，其用户数量在欧洲排名第 11 位，营业额在欧洲排名第 7 位。

第六章

挑战巨人,三分天下居其一

任正非

扫平亚非拉，华为气势如虹；征战欧罗巴，华为披荆斩棘。"农村包围城市"的战略显示出了其强大的威力，对于华为而言，走出国门，出征海外，战绩辉煌。任正非曾经高呼"华为要占1/3天下"，如今已经证实，那不是"口出狂言"，而是马上就要实现了。

"行百里者半九十"，在出征的路上，华为的确已经完成了"九十里"的路程，再有"十里"就成功了。然而，这"十里"路程，华为却经受了千难万阻。因为此次华为要征服的土地，是有超级科技大国之称的美国！

如果说美国这样一个超级科技大佬，单以技术手段与对手拼斗，对手即使输了，也会心服口服。但是，美国在把武艺练得炉火纯青的同时，还披挂了一身刀枪不入的铠甲，这层铠甲就是他们最擅长使用的"贸易保护"壁垒。华为在技术上绝不输于美国，在价格上更是独步天下，然而要冲破其"贸易保护"的铠甲，华为就显得力不从心了。

难道要半途而废？

第六章 挑战巨人，三分天下居其一

前车之鉴，后事之师

众所周知，美国是一个大国，占据着世界 GDP 近 30% 的份额，美国拥有世界上容量和需求最大的市场。从石油到微处理器，再到咖啡，美国市场所涉及的领域几乎无所不包。全世界的公司都希望能在美国做生意。同时它又是世界高端技术的大国，能够打入美国市场，才能学到最新的管理方式，靠近技术创新的最前沿，打响公司的名声。

但是，美国市场是世界上最成熟的市场，也是世界上最难进入的市场。亚洲许多公司都在这个市场上栽了跟斗。台湾的 Acer，过去 10 多年花了 10 多亿美元在美国推销其品牌，但终于因亏损严重而退出了美国市场。由于进入美国市场的艰难，我国国内公司目前主要通过接单生产或 OEM 的方式进入美国市场。比如科龙，其在香港和东南亚的销售打的是它自己的品牌，但在美国和欧洲的销售都是 OEM 的方式，即它出口到美国的产品都以美国公司的品牌销售。比如目前在沃尔玛连锁店销售的 Magic Chef 牌冰箱就是科龙设计和制造的。

想当初，海尔从最初向美国出口冰箱到现在短短 10 多年的时间里，海尔冰箱已成功地在美国市场建立了自己的品牌。1999 年 4 月 30 日，在美国南卡罗莱纳州中部的一个人口为 8000 人的小镇坎姆登（Camden），海尔投资 3000 万美元的海尔生产中心举行了奠基仪式。一年多以后，第一台带有"美国制造"标签的海尔冰箱从漂亮的生产线流下来，海尔从此开始了在美国制造冰箱的历史。海尔成为中国第一家在美国制造和销售产品的公司。目前在美国市场上的中国产品，打出中国品牌的企业，海尔是第一家。

海尔自称其国际化战略采用的是"先难后易"战略,即先进入国外最讲究、最挑剔的市场,占领制高点,然后居高临下进入其他国家市场。但是从海尔进入美国市场的发展线路看,海尔采取的战略实际上是"先易后难"战略。它的策略是首先以一两种产品打入美国市场,站住脚之后再多元化发展。首先它在小型冰箱上基本站住了脚,接下来是扩大战果:销售和生产海尔的其他电器和电子产品。

而另一家公司联想,打入美国市场使用的是另一种方式,它先是经过重重困难收购了IBM的个人电脑业务,然后再逐渐占领市场。但是,这家世界第四大PC销售商虽因中国市场收入大增,导致季度利润丰厚,而在美国的销售却依然疲软。IBM传统是在企业销售方面很强,联想继承并保持了这个优势。但与戴尔、惠普相比,联想对美国消费者的销售相对疲软。当2008年经济危机发生时,企业大幅削减了PC支出,对联想造成尤其严重的影响。Gartner的分析师特雷西说,联想市场份额持续下降不排除是经济大环境的影响,但更主要的原因是他们的品牌还远未得到认可。

相对于海尔与联想,中海油的经历就要惨得多。2005年6月23日,中国海洋石油公司经过几个月的内部反复磋商,正式向美国尤尼科石油公司发出了收购要约。但是,此次很平常的经济活动却被美国政府以种种不合理的借口拒绝了中海油与尤尼科的交易。

毫无疑问,华为是一家高科技公司,也是一家很有"野心"的公司,在把亚非拉欧等市场拿下后,打开美国市场无疑成了公司的头等大事。

那么,华为是如何打算的呢?

华为将目标指向美国市场并非一蹴而就的事。

从某种意义上说,美国市场一直是中国电信设备商的一个禁区。尽管中国政府大力推动本国公司向全球市场扩张,但长期以来,中国电信设备商的扩张步伐仅限于发展中国家。

在2003年以前,华为的主要发展目标是发展中国家,到2004年的时候,其业务已经覆盖全球77个国家。虽然其中发达国家的覆盖也达到了14个,但当时华为的主要收入来源和大单仍集中在欧美以外的市场。而在2004年前后,华为的业务在这些市场的发展已经比较成熟。

华为等中国电信设备商能够打开东南亚、中东、非洲及拉丁美洲等市场的原因不难理解，对于这些发展中国家的客户来说，中国生产的设备在性能上几乎达到思科、北电网络和阿尔卡特朗讯等欧美厂商同类产品的水平，但价格却低得多。

但华为等中国电信设备商的迅速壮大引起了外国同行的注意，思科曾于2002年指控华为侵犯其知识产权，在此之后，中国厂商有意避开美国，而转战西欧市场。

到2007年底，华为在欧洲的业务发展也已经接近成熟，基本上将产品和服务覆盖到了欧洲所有重点运营商。在欧洲市场发展成熟的情况下，2008年以后，华为的工作重点转向以美国为主的北美市场，这也是华为长期战略所必然要走的路径。

与日本公司在20世纪80年代进入美国市场时相似，包括华为在内的中国公司在美国的投资正在迅速扩大。玛丽维尔大学（Maryville University）提供的相关数据显示，目前中国公司在美国和加拿大的投资项目达到3500个，比5年前提高了一倍多。不过对于新进入者来说，进军美国高科技市场仍然非常困难。华为负责美国营销及产品管理的高级副总裁陈朝晖表示，公司有意识地将美国市场列为最后一个开发的大市场，因为需要时间去加强产品质量和打造品牌。他认为，美国运营商的要求非常高。

挑战北美电信霸主思科

华为在打开北美市场之前，早就做了预热的工作。

1993年，华为在美国硅谷建立芯片研究所。1999年，华为在达拉斯开设研究所。2002年6月4日，华为在得克萨斯州成立子公司Future Wei。经过长期的精心准备,华为在美国展开了阵势。

在大举进攻北美市场的同时,任正非也有隐隐的不安,在美国有一个比巨人还巨人的对手——思科。

1984年12月,思科系统公司在美国成立,创始人是斯坦福大学的一对教师夫妇,计算机系的计算机中心主任莱昂纳德·波萨克(Leonard Bosack)和商学院的计算机中心主任桑蒂·勒纳(Sandy Lerner)。夫妇二人设计了叫作"多协议路由器"的联网设备,用于斯坦福校园网络(SUNet),将校园内不兼容的计算机局域网整合在一起,形成一个统一的网络。这个联网设备被认为是联网时代真正到来的标志。约翰·钱伯斯于1991年加入思科,1996年,钱伯斯执掌思科帅印,到现在,他把思科变成了一代王朝。

思科的经营范围几乎覆盖了网络建设的每个部分:组成互联网和数据传送的路由器、交换机等网络设备市场现在几乎都由思科公司控制。由于网络信息每四个月就增加一倍,需要更新、更快的网络传输设备支撑,这意味着思科的市场还在不断膨胀,从而使思科的市场成了最受欢迎、增长最快的公司。

思科系统公司已成为公认的全球网络互联解决方案的领先厂商,其提供的解决方案是世界各地成千上万的公司、大学、企业和政府部门建立互联网的基础,用户遍及电信、金融、服务、零售等行业以及政府部门和教育机构等。同时,思科系统公司也是建立网络的中坚力量,目前互联网上近80%的信息流量经由思科系统公司的产品传递。思科已经成为毋庸置疑的网络领导者。思科系统公司2004财年的营业额超过220亿美元。2008年销售收入395亿美元,在2009年美国《财富》500强中排行第57位。

毫不掩饰地说,思科是硅谷的财富之神,互联网巅峰的化身。它威力无穷,颇有"狮子王"的力量,接连战胜了三代竞争对手:第一代是3COM;第二代是康柏、惠普、DEC;第三代是电信巨人朗讯、西门子、北电、阿尔卡特等。

华为与思科的交锋,早在1999年的中国就开始了。那时,长期专注于电信设备制造的华为第一次推出了自己的数据产品:接入服务器。一年之内,市场攻击性极强的华为就抢到了中国新增接入服务器市场的70%。随后,华为开始延伸到路由器、以太网等主流数据产品。2002年,华为在中国路由器、交换机市场的占有率直逼思科,成为它最大的竞争对手。

路由器、交换机等数据产品,正是思科长期以来最具优势的领域,它在全球数据通信领域市场占有率达70%。随着华为国际化进程的推进,思科感受到的威胁从中国蔓延到全球。

在全球数据产品市场中,美国市场占到了30%,而思科正是这个重镇的当然把守者。

可想而知,遭遇这样一个对手,华为要经受什么样的考验了。

思科很愤怒,事情很严重

2002年6月,美国亚特兰大举行电信设备展,华为产品在美国市场首次正式亮相。华为展示的产品,其性能与思科产品相当,但价格却低了20%~50%。

此次展览结束后,华为的数据产品迅速打进了美国市场。2002年,华为在美国市场的销售额比上年度增长了近70%。与此相比,思科在全球网络设备市场的销售额和市场占有率首次出现下滑。随后在巴西的招标中,华为一举击败了思科和Juniper,收获了一份大单。这更撼动了思科的霸主地位。

华为在美国打出的广告是:"唯一不同的就是价格",广告的背景就是金门大桥,而金门大桥是思科的标志,这一挑衅性的行为更是刺激了思科。

业内有人开始把"思科在你身边,世界由此改变"的广告语,戏改成"华为在你身边,思科由此改变"。美国许多媒体也借题发挥,以"中国的电信巨人华为"为题大肆报道。顿时西方许多媒体一哄而上,纷纷发表带有"华为威胁论"的评论。思科忍无可忍,2002年,钱伯斯将华为列为思科在全球范围的第四代对手。

随后,思科在公司内成立了名为"打击华为"工作小组,其内部网上设立专门主页,供其全球员工讨论如何打击华为。在此之前,思科还曾设有"打击

Juniper(思科另一个主要竞争对手)"小组。3COM 的 CEO 布鲁斯·克拉夫林(Bruce Claflin)后来回忆说："那个时候，思科公司的高层人士已经表示要对华为公司'下手'，他们曾在多个公开的场合表示有可能在美国起诉华为公司。"

大雨欲来风满楼

其实在通信设备展览尚未结束的时候，美国市场就有人开始怀疑华为的技术背景。在一家行业网站上，有人将华为与思科产品进行了比较，发现在外观、产品编号、功能上，两家公司的产品极为相似，甚至连思科工程师培训过的用户，不用再培训也可以直接使用华为的产品。一位美国的分析人士称，多年以来，即使不留意的观察也能发现华为的 Quidway 路由器产品与思科的型号及技术特征都有类似。与此同时，思科表示在华为的软件中发现了自己的软件中存在的缺陷。

2002 年 12 月中旬，思科的全球副总裁从美国来到华为，正式提出了华为侵犯思科知识产权的问题。思科提出的要求包括：承认侵权、赔偿、停止销售产品等。而华为认为可以停止在海外销售涉嫌有争议的路由器产品，但拒绝承认在软件方面的侵权指控。

华为的新闻发言人傅军告诉《中国企业家》说："最初，我们只是抱着'息事宁人'的态度。"但显然，这不是思科的目标。经过近 1 个月的沟通，双方谁都不承认理亏，最终未能达成协议，不欢而散。

思科全球副总裁来华为总部交涉无果而终，扫兴而归。很快，双方都明白，这次交涉只是激烈交锋的一次预热，交锋绝不可能到此为止。一场更激烈的暴风雨已经在酝酿之中了，真正的较量就要开始了。一个是国际巨头，一个是来势凶猛的挑战者，双方绝对不会轻易做出让步。在谈判桌外，华为和思科开始积极准备，双方纷纷收集对自己有利的证据和外部资源。

华为立即展开了对自己产品的"体检"。同时，在与思科进行协商的过程中，负责华为研发的副总裁费敏就开始带领技术小组，开始对产品进行修改的技术攻关。"这么做只是为了表示我们解决问题的诚意。"费敏解释说。

与此同时，华为还对自己的其他可能出现类似纠纷的产品进行了全面检查。检查结果显示，华为的产品是没问题的。"当时并没有律师参与，只是我们自己内部对产品技术层面的检验。"费敏说。

在交涉的过程中，华为开始在美国撤回了已经销售的十几台涉嫌侵权的路由器产品。但在《华尔街日报》随后的报道中，华为主动从美国撤出产品的举动，被当作认定其侵权的证据。"它认为你全身上下都是黑的，双方差距太大，根本没法继续谈。"费敏说。

而思科也开始了诉讼前的最后准备。离开中国之前，思科全球副总裁专门拜会了深圳市政府、信息产业部等相关政府部门，向其表明了思科准备诉讼的决心，并寻求理解与支持。

中国许多企业喜欢息事宁人，怕惹上官司。但是，在国际市场上退避三舍是没有用的，只能说明我们很自卑，因此应该挺起腰板据理力争，方可赢得认可。

思科向华为"出招"了

2003年1月24日，一场酝酿已久的"倾盆大雨"终于降临了。思科在美国得克萨斯州东区联邦法庭对华为侵权提起诉讼。在长达77页的诉状中，指控涉及专利、版权、不正当竞争、商业秘密等21项罪名。这是华为首次"碰壁"，也是海外进军遭到的重创。

自思科副总裁从华为总部无功而返后，任正非对这场诉讼就早有预料，但没有想到来得这么快。任正非曾幽默地说："这是思科送给华为的一个意外的春节礼物。"

但是谁都知道，如果思科胜诉，华为就长时间不能进入美国市场，苦心孤诣的经营成果就会毁于一旦。不但如此，整个中国产品在美国市场上都会严重受挫。在这样的压力下，参与讨论的华为高层甚至半开玩笑而不失疯狂地为这场官司"出招"，将整个源代码公开，供业界共享！这当然是一种双输结局。

此时此刻，才是考验一个企业家是不是真正地具有战略智慧的时候。任正非没有被疾风骤雨吓倒，也没有被自己人"疯狂"的言语所干扰，他为华为如何应讼定的指导思想是十个字："敢打才能和，小输就是赢。"

任正非也明白，和解获取赔偿不是思科的真正用意，其真实目的是通过诉讼打击华为在市场上的竞争力：遏制华为，保住思科一家独大的地位。在诉讼前，华为主动将有嫌疑产品退出美国市场，迎来的却是讥讽和嘲笑。这次，如果再过度依赖和解，华为会很被动，不但蒙辱，下场还会很难堪。

因此，任正非从三个方面对应诉进行布置：一是法律应对的方法策略；二是按照美国人的方式做事情；三是官司涉及中美两国最知名的两家公司，舆论传媒领域的战斗也是重点。

随后，华为成立了由郭平、费敏、洪天峰等数位副总裁领导，知识产权、法律、数据产品研发、市场、公关等部门共同参与的"应诉团队"。

春节之前，华为常务副总裁郭平、徐文伟等抵达美国。几天后，李杰与华为负责国际法律事务的陈树实等也随后赶到。

郭平是此次诉讼的总指挥，他离深赴美时走得很匆忙，随行只带了两件衬衫。没想到，这一去就是半年。

就这样在美国，华为和思科开始了一场长达一年半的官司。

在 2003 年 3 月 17 日第一次开庭前，法庭之外的公众舆论是双方争斗的主战场。这场官司是一场全方位的较量。

一开始，具有主场优势的思科完全表现出咄咄逼人的气势——要取得完全的胜利。与钱伯斯的张扬截然不同，任正非则十分低调。在从前的华为看来，自己没有上市，公司上税、守法、对客户和员工负责就可以了，华为不需要抛头露面，针对外界的各种说法华为也从不解释。

在诉讼前夕，思科已经做好了舆论准备。思科公布了一项在全球投放 1.5

亿美金的广告计划，这一举动耐人寻味。钱伯斯出色的外交才能和能言善辩的本领，赢得了强大的舆论支持。不仅在美国，甚至在中国，思科的公关能力也是一流的，中国不少知名媒体都明显地站在思科一边。钱伯斯来华，经常得到中国高层领导的接见，也很容易得到中国政府的支持。

与思科相比，华为的舆论支持大打折扣。在美国公众看来，中国制造根本没有核心技术，中国公司绝不可能制造出高科技产品，即使有也肯定是靠侵权起家的。美国几家最著名的财经媒体在官司一开始，就对华为侵权做了确定性报道。它们甚至怀疑华为如此大的一个公司竟然没有上市，一定有不可告人的股权安排。3COM前首席执行官布鲁斯·克拉夫林说："这起案件引燃了烟，虽然并未酿成火势，但你需要知道烟从何而来。让我们来看清楚，大多数美国人都认定思科是对的，而华为是错的——因为有先入为主的观念去接受这种误导。"华为在中国也没得到多少支持，中国政府表态明确，不给华为提供任何政治帮助。

面对强大的舆论，这起官司令华为长期以来远离媒体和公众、保持低调的做法付出了现实的代价。

市场上的造势也很激烈。每当法庭有对华为不利的消息，思科在全球的新闻发言人就会在第一时间将其公布给媒体，它的客户经理则以最快的速度告知给全球客户，并威胁它们不要购买华为的产品，否则可能会带来连带赔偿的麻烦。为此，很多欧美客户暂停了与华为合作的项目。除此之外，华为在美国的公关公司和代理律师对此也存在偏见，认为华为有错。

在较量之前的造势中，思科已经取得了压倒性的胜利，华为则处于被动挨打的局面。

合纵连横，构建防线

2003年正是华为拓展欧美市场的关键时刻，很多欧美客户因此暂停了与华为的项目。如果不争取主动，输掉官司，华为在海外的一切努力将会功亏一篑。

此时，被强迫性地推向全球媒体的聚光灯下的华为，不得不抛弃过去躲避开放的做法，主动展示自我。虽然华为在国际市场有自己的公关公司，但思科同时也是这家公关公司的广告客户。郭平做的第一件事就是决定换公关公司。华为找到以擅长危机公关的美国海陆律师事务所（Heller Ehrman）为主的两家律师事务所，请美国知识产权诉讼领域的顶级律师罗伯特·汉斯拉姆（Robert Haslam）代理华为诉讼，他曾代理过微软垄断案的诉讼，在业界享有盛名。令人沮丧的是，即使罗伯特·汉斯拉姆，当时也对华为存在偏见，怀疑华为的确侵犯了思科的知识产权。

郭平亲自去两家事务所，告诉他们什么是真实的华为。接着，又把律师请到中国，让他们参观华为的研发基地，讲解华为的技术实力。

律师全面检查了华为的研发过程和技术实力，建议在"私有协议"上下工夫，以攻击思科利用"私有协议"搞垄断为策略进行反击。私有协议是指在国际标准组织实现网络互联互通而制定标准和规范之前，某家公司产品先进入市场而形成的标准。凭借私有协议，思科垄断了市场，保持了高额的市场利润。

此次思科诉讼华为侵权的焦点，一是源代码侵权，二是技术文件及命令接口的相似性，思科认为，华为在开发这些产品中采用了其申请私有协议保护的技术。

同两家事务所的交流，也让华为学到了很多东西，首先要打破自我封闭，主动走上前台展示自己。

华为一方面努力和美国政府保持沟通，另一方面又跟有影响力的民间团体接洽。他们通过一家由美国退休高官成立的Lobby公司，试图消除美国政府和业界对华为所谓"军方背景"的误解，并让他们了解思科是在通过诉讼来阻止竞争。同时，华为也与《财富》《华尔街日报》等媒体记者主动沟通。当对方听到从1998年开始，华为就请国际一流咨询公司为自己做财务、研发流程、审计等服务时，再结合他们对普华永道、摩托罗拉、IBM等公司的咨询等，开始对这家公司有了新的认识。

2003年3月在美国和德国举行的两场电信设备展，华为本来没有计划参展的。但是现在以正面、积极的形象和姿态出现在这样的国际场合,对华为来说显得非常必要。华为临时决定参展,向所有的客户展示他们对国际市场的决心。

当然,华为也不是完全孤立无援的。早在 2003 年 1 月,当思科给经销华为产品的英国代理商发函,要求其停止代理华为产品时,遭到了对方的强硬回应:"思科对我们和华为的所作所为是毫无根据的,华为从未窃取思科的技术,思科的表现只能说明其对竞争的恐惧。"这位经销商甚至称要向欧盟及英国政府投诉思科。

但是这些零星的支持在思科的强大攻势面前显得相当软弱,思科是势在必得,一定要把华为赶出北美市场。

开庭之前,在律师的引见下,华为将第三方专家,即斯坦福大学教授、数据通信专家 Dennis Allison 请到华为,请他参观研发流程,对思科 IOS 和华为的 VRP 平台两个版本进行对比分析。结果是,华为的 VRP 平台有 200 万行源代码,而思科的 IOS 则用了 2000 万行,华为 VRP 旧平台中仅有 1.9% 与思科的私有协议有关。

2003 年 3 月 17 日,法庭第一次听证会,华为紧紧围绕私有协议答辩。

通过法庭和传媒,华为集中攻击思科利用私有协议垄断市场的做法。随着公开亮相,外界对华为的了解逐渐加深,偏见开始消除,报道也逐渐趋于客观,为华为扭转被动局面准备了条件。

全面出击,逼和为胜

思科产品的高市场占有率,使其在几个关键问题上凭借私有协议,阻止竞争对手的进入,使其在垄断地位巩固的同时又保证了高达 70% 的毛利率(这个数字对于一家硬件厂商来说是惊人的)。思科仅在美国和澳洲申请了私有协议,这在美国的法律中是受到保护的。思科在路由器的产品上的私有协议不公开,也不接受其他人付费授权使用。在美国，思科正是凭借不公开的私有协议，不断巩固其市场垄断地位。一位美国的电信专家分析说，无论美国还是海外，很多公司都认为，逼近思科的最好方式就是开发类似于思科的命令接口。

美国时间 2003 年 3 月 17 日，法庭第一次听证会，华为的答辩就紧紧围绕私有协议。最后，华为的代理律师总结说："作为全球电信网络设备制造企业的领先者，思科害怕与华为竞争，因此发动了'一场散播错误信息的运动'。"

华为通过法庭和传媒，集中攻击思科利用私有协议垄断市场并阻止竞争的做法。华为还与公关公司制定了媒体计划，争取令公众了解思科诉讼的本质。华为在随后的声明中称："思科的行为除了遏制竞争之外别无他图。"

看过武侠小说的朋友都知道这样一个情节，每当主人公遇到危险的时候，总会有人从天而降，不是救走了主人公就是为他解了围。这样的情节看得多了，有人就认为作者脑子进水了，老是使用这样的桥段，现实中哪有那么巧的事情。嘿嘿，你还别不信，这样的事情还真的会出现。

在第一次答辩之后，华为的劣势还是很明显的，然而，一个对华为极为有利、堪称此次诉讼一大转折点的事件发生了。那就是华为和 3COM 的合资公司于 3 月 20 日宣告成立。这家合资公司共同经营数据通信产品的研究开发、生产和销售业务。3COM 与华为的联手，让那些关注此次事件的人都大吃一惊。他们纷纷猜测这是华为为了争取官司胜利可能做了某些妥协而与 3COM 进行合作。无疑，华为与 3COM 的联手对思科形成了很大威胁。思科也明白这意味着什么，面对联合的力量，它该做出让步了。思科也很明白，华为和 3COM 合资成功对这起官司意味着什么。据某媒体报道，在听到该合资公司成立的消息后，思科的执行副总裁查尔斯·吉安卡罗 (Charles H. Giancarlo) 表示，他非常恼火，以至于 3 天不想说话。

说到这里，再来看一看 3COM 是怎么回事。

3COM 公司也是美国一家老牌的电子公司，主营交换机业务，创建了以太网标准，其具有前瞻性的渗透性网络理念，受到了全世界的广泛认同和支持。从创办到现在，3COM 公司的发明者和工程师团队共获得了 917 项美国专利，正在申报的其他专利技术多达 873 项。2001 年，3COM 公司在所有批准的美国专利排行榜上名列第 76 位，明显超过了其他主要网络竞争对手。3COM 公司以雄厚的知识产权为基础，推出了一代又一代的创新产品，始终保持着市场占有率领导者的地位。

当思科出现后，3COM 公司受到了很大的冲击，并逐渐演变成了水火不容之势。1994 年的夏天，对于科技公司而言，大环境可谓是坏到了极点。当时的 3COM CEO Eric Benamou 聪明、优雅，但缺乏作为科技公司 CEO 所必需的警惕性。他表示，思科的时日已经不多。为了统治市场，必要时 3COM 可以并购任何一家科技公司。1994 年 7 月，3COM 和思科的市值均为 90 亿美元。但是，由于决策上的失误，3COM 做出了一些愚蠢的并购行动，如 US Robotics，这在很大程度上影响了公司的利润。而思科在钱伯斯的带领下一步步地发展壮大，然后把 3COM 远远地甩到了身后。

3COM 在思科面前，已经越来越渺小，因此，它急需有一个强有力的伙伴联手抗衡思科。恰在此时，华为踏上了北美的土地，两家公司不谋而合地逐渐靠近，在华为与思科的官司之前，双方已经就合作的事宜达成了一致。

对于明显和思科无法对抗的 3COM 来说，此时和华为走到一起联手抗击强大的思科而不是抛弃这桩合资，也应该是对它利益最大化的选择。事实上，在成立合资公司之前，3COM 对华为技术、管理等各个方面都进行了考察，华为到底是一家怎么样的公司，3COM 心里是有底、有判断的。

3 月 24 日，华为再次提交答辩。这次，华为请来了 3COM 公司 CEO 克拉夫林出庭作证，他以自己的名誉担保华为的技术和实力是值得信赖的。在法庭之外，克拉夫林还告诉美国传媒：“华为的工程师都具有相当天赋，他们在宽大的办公室里操纵着最新的设备和软件，他们拥有我所见到过的最先进的机器人设备。"

正式开庭后，华为前期的工作和策略开始在法庭上显现。在双方反复举证，并进行两次听证会后，6 月 7 日，法庭驳回了思科申请下令禁售华为产品等请求，拒绝了思科提出的禁止华为使用与思科操作软件类似的命令行程序。但又颁布了有限禁令：即华为停止使用有争议的路由器软件源代码、操作界面及在线帮助文件等。

这样一个看似折中的方案使双方都认为自己获得了胜利。在思科副总裁兼法律总顾问 Mark Chandler 看来，这样的裁决认定了华为对思科专利公然抄袭的特殊性；而华为公司表示，相对于思科诉状提出的 8 大类、涉及 21 项侵权指控，有限禁止令无疑意味着胜利。思科副总裁兼法律总顾问 Mark Chandler 就宣告："这对思科来说是一个重大的胜利。"美国几大媒体也以《思科在对华为的知识产权诉讼中获胜》等为标题，庆祝思科的胜利。

不过，整个官司仍然没有结束，消除了私有协议争议之后，双方产品源代码是否雷同成为判定华为是否侵权的关键。对此 Mark Chandler 信心十足："我们期待着首次审查华为的源代码。"

在公关公司的帮助下，华为与媒体的积极沟通取得了进展。随着双方举证的不断深入，越来越多的媒体开始重新认识华为，对官司的报道也越来越客观。英国经销商的强硬反击；私有协议的讨论；华为开辟"第二战场"的传言；3COM 公司 CEO 的证词；斯坦福大学教授的结论以及法庭驳回思科禁售请求等，都开始影响着思科对华为的认识及对官司的态度。

然后，戏剧性的情节发生了，思科私下开始与华为接触，并有了和解的倾向。在华为聘请的两个美国律师事务所中，有一组专门负责和解谈判。

2003 年 10 月 1 日，双方律师对源代码的比对工作结束，那是官司真正的转折，结果证明华为是健康的。此时，大家的心全部落了下来，因为在此之前，双方谁也没有看过对方的源代码。10 月 2 日，思科与华为达成初步和解协议。2004 年 7 月末，双方签订了最终和解协议。

至此，一场火药味十足的官司以体面的方式结束。

在外人看来，华为无疑取得了一场大胜，是值得放焰火庆祝的。不过，在整个官司中立功的英雄们，并没有获得提升或者额外奖赏。但是，出人意料的是，任正非又一次表现了他的低调，没有让英雄们出现在媒体面前。据华为有关人士说，这符合了任正非的"英雄观"："管理层要淡化英雄色彩，实现职业化的流程管理。即使需要一个人去接受鲜花，他也仅仅是代表，而不是真正的英雄。"

而思科方面认为，这个结局看起来也是一场胜利。不过，美国一位接近思科的人士表示，思科在公司内部承认，华为的确在这场官司中获得了比思科更多的商业利益和市场机会。来自美国媒体的消息称,其实在此之前是否起诉华为的问题上,思科内部就有很大分歧。

这是一场大名鼎鼎的官司,震惊全世界。通过这场官司,华为因祸得福,名声大振,迅速提高了知名度,加快了向海外进军的步伐。它向世界宣布,中国还有一个华为敢与巨人中的巨人较劲。同时也告诉国内企业,打"价格战"是立不住脚的,海外市场拒绝机会主义,要拿实力来说话,只有独立开发自己的核心技术才是根本。

前进道路上的障碍一旦除去,华为的脚步就轻松而愉快了很多。

2003年7月,华为生产的路由器和交换机等数据产品,通过3COM公司的销售渠道进入美国市场。官司之初对华为产品充满犹豫和怀疑的欧美客户,又开始继续曾暂停的华为产品订单。即使是思科长期以来的盟友,EDS(电子数据系统公司)也在2003年12月与华为签订协议,在美国销售华为3COM合资公司的设备。

用美国的方式,在美国打赢官司

从表面上看,华为与思科的官司是一场关于知识产权的纠纷,暴露出了我国企业在知识产权领域的弊端和漏洞,但实际上这场官司全方位地考验了两家公司整合资源与能力的水平。它们在媒体、客户、合作伙伴、政府资源、技术、法律武器组成的整个链条上,展开了一场针锋相对的较量。

实际上,这场官司反映了中西文化的差异,进入国际市场就要按国际规则办事。就像任正非说的"你到别人家做客,就不能抠脚丫子",通过这场官司,华为学会了按照游戏规则参与博弈,"用美国的方式,在美国打赢官司"。

这场"世纪之讼"是华为全球化战略的转折点,不能硬打硬拼,走间接路线,寻找同盟者是最好的选择。

另外，这件诉讼案给华为，或者说给经验尚缺的所有中国企业上了生动的一课：究竟该如何面对未来可能发生的知识产权纠纷。

首先要加强知识产权保护意识。这方面，华为做得非常好。从1996年就瞄准国际市场的华为在知识产权的保护方面，是做得比较早的，很早以前它专门成立了知识产权部，建立了相应的知识产权管理体系。

其次要加强合作伙伴建设。华为的有关人士在谈到此次诉讼案的体会时，对合作伙伴的作用给予了充分的肯定："简单地说，跟美国人打官司就要派美国人去，而且必须在美国；你在德州打官司，你必须是德州的律师才能到德州打官司。就好比北京律师不能到深圳去打官司一样，要提前做好应对准备，要有一些合作伙伴。"

再次要舍得花钱请最好的律师。在思科诉华为一案中，华为的原则，是在美国请最好的律师事务所来应对官司，换句话说就是"用美国的方式，在美国当地打赢官司"。据相关媒体透露，其所聘请的著名律师开价高达每小时630美元，但最终的结果证明华为的钱没有白花。

最后一定要以实力证明自己。据了解，业内人士将这一和解的结果归结为华为能够理性地用实力证明自己。据介绍，华为每年拿出10亿元来搞研发。倪光南先生在总结思科华为一案时指出："在信息领域来讲，核心技术，大量的知识产权非常重要。之所以华为的知识产权技术能够站得住，就是因为自己开发了整个的软件系统，所以可以在这个产业里边不至于受到人家的压迫，赢得最后的胜利。"

永不熄灭的战火

经过激烈的较量，虽然思科占了上风，保住了霸主的威严，但是华为此次对它造成的冲击波很大。虽然官司结束了，但是市场上的硝烟永远没有熄灭。

官司只是两家展开较量的信号和序幕。

通过与思科的官司，华为的名字开始在国外叫响。这一案件并没有使华为受到多大的负面影响，国际市场销售和业务量翻番增长。Communications Networks Architects 战略咨询专家弗兰克·祖贝克谈道："如果思科有一个全球市场的噩梦，那一定是华为。"

经过一场殊死较量，思科不得不重视这个后来者。虽然 2005 年钱伯斯访问华为，打破了僵局，但是未来激烈的竞争是必然的。钱伯斯不止一次地强调，未来的竞争对手可能来自亚洲，特别是中国。在钱伯斯看来，思科最大的竞争对手已经不是原有的市场巨头，而是以华为为代表的新型公司。

思科与华为从电信领域到企业网，在传统网络产品中展开了全面竞争。自从华为与 3COM 联盟以后，思科在中国市场上多了不少羁绊，只能反复强调自己的技术优势，打出"给用户带来总体价值提升"的牌。对于华为的强劲势头，思科大伤脑筋。然而，华为的野心不断扩张，不仅在中国市场上，还跑到国际市场上和思科较劲，思科更是煞费心机。

在拉斯维加斯召开的思科合作伙伴大会上，钱伯斯以幻灯片的形式清点了思科的新老对手，并预测，思科未来最强劲的对手是 Google、微软、阿尔卡特和华为。身为行业大亨的思科绝对不会善罢甘休，它要遏制挑战者。华为初生牛犊不怕虎，绝不甘于仅仅局限于狭小的生存空间，任正非要做世界级的企业，要把华为带向世界。随着世界电信行业的竞争愈演愈烈，世界霸主思科和本土老大华为的冲突在所难免。

2006 年 8 月 15 日，华为赢得了 Leap 无线在爱达荷州博伊西、内华达州里诺和华盛顿州 SPOKANE 的 3G 网络合同。这标志着，这个来自中国、主要在发展中国家攻伐的电信设备制造业的后起之秀，正式进入美国市场。

2007 年，华为与美国移动运营商 Leap Wireless 达成第一次合作，帮助 Leap Wireless 在美国华盛顿州、爱达荷州、内华达州等西北部地区部署 CDMA 3G 网络。同年 7 月 11 日，华为又获得了 Leap Wireless 的 CDMA2000 网络合同，为其全资控股子公司 Cricket Communications（Cricket），以及 Denali Spectrum（Denali）在美国选定城市部署 CDMA 3G 网络。

这个破冰之举很快带来了连锁反应。2008年10月20日，加拿大运营商Telus和贝尔（Bell）共同授予华为UMTS/HSPA网络合同。根据合同，Telus和Bell将采用华为第四代基站建设面向HSPA+/LTE演进的下一代无线接入网，整网在2010年完成了交付。

曾经一度，华为停止了在北美的拓展，因为这个成熟的市场难以渗透，但是现在到了突破美国市场的最佳时机。原因在于，老牌的设备商因为金融危机元气大伤，在大家都缺钱的情况下，华为的低价优势显得极具吸引力。

华为虽然打开了一个缺口，但目前也仅占据1%的份额。据统计，2008年这一区域的领导者摩托罗拉市场份额为46%，阿尔卡特朗讯21%，北电网络13%，爱立信为10%。

任正非没有泄气，他表示，既然有了机会，华为就不会放过。于是华为开始紧锣密鼓地招兵买马，在领导层中聘请了大量美国本土员工，并将雇员数从200人增至500人。

在华为努力开拓疆土的时候，3COM这个危机时刻伸出援手的伙伴出了问题，因为种种原因不得不出售其主营业务。3COM认为，如果能够被华为收购，就是最好的结果了。

2007年9月，华为联手国际私募资本贝恩以22亿美元现金收购3COM。根据协议，贝恩资本将收购3COM超过80%的股权，华为收购其余股权，并与3COM建立商业和战略合作伙伴关系。华为将持有16.5%的3COM股份。3COM董事会批准了收购协议。据3COM递交给美国证券交易委员会的文件显示，如果交易在某些情况下未能完成，3COM公司需要向贝恩资本和华为支付不超过2000万美元的费用，若交易因某些情况而终止，收购方也需要向3COM支付6600万美元。

本来是皆大欢喜的事情，却有8名美国议员提出了一项议案，认为3COM收购交易威胁到了美国国家安全。原因是美国情报部门向美国海外投资委员会提交了一份威胁评估报告，称贝恩资本和华为联合收购3COM交易对美国国家安全造成了威胁。美国政府一直担心其敏感的通信网络被国外所控制。在3COM的产品中包含一项入侵检测技术，可以帮助客户抵御黑客的入侵，美国国防部正是 3COM 的主要客户之一。

华为拟收购 3COM 公司的交易遭遇了政治反对，终告失败。

2008 年 3 月 21 日，贝恩资本宣布，正式终止与 3COM 签署的收购协议，这也意味着，从 2007 年 9 月与华为联手提出高达 22 亿美元的收购计划以来，这一全球关注的电信领域并购最终失败。美国国内业内在为这一收购失败惋惜的同时，暗示出美国在国家安全方面一贯的紧张和神经质。

虽然遭遇不幸，但华为并没有气馁，它更加努力地做着自己该做的事。

2009 年 3 月 30 日，在美国达拉斯，华为全球销售与服务总裁胡厚崑和 Cox 无线业务副总裁 Stephen Bye 的手握在了一起。华为被美国电信运营商 Cox Communications（"Cox"）选中，为其提供端到端的 CDMA 移动网络解决方案，这对于华为来说是个里程碑式的事件。它不仅是华为第一次成功打入北美电信运营设备供应市场的标志，也为华为 2009 年 300 亿美元的订单目标贡献了一笔。

华为在美国的路，还很长！

第七章

植入狼性基因,用
狼性精神征服世界

任正非

在华为成为行业新的统治者后，人们在惊讶华为的另类的同时也开始探究其中的缘由。任正非所倡导的狼性文化很快就抓住了很多人的眼球，把这一经验视为企业管理的法宝广为传颂，恰巧一本叫作《狼图腾》的小说适时地面世并迅速走红，这本书和华为的狼文化一时都被一些企业家视为达到成功的灵丹妙药。一些企业大量采购此书发给员工学习，并针对华为的做法展开研究，结论就是要做狼，要像狼一样去争夺生存空间。一时间，狼赫然成为很多中国企业和企业家的图腾，到处一片狼啸，杀气四起。

"狼性文化"是企业文化中一枝独秀的创举，是一种带有野性的拼搏精神。没有显赫背景，初现江湖的华为顽强而执着地进行着"狼性"的发展，为自己争夺领地，把传统的游击战术发挥到极致。颠覆秩序，挑战行规，以弱胜强，以小博大。任正非率领这支队伍在市场上纵横驰骋，困境求生，成功打开一片新天地。

敏锐地感知商机

没有竞争就不会有动力，没有竞争也不会有发展。现代社会面临的最主要问题就是竞争。一个企业要有自己的竞争之道，不然，等待自己的肯定是淘汰。

狼拥有敏锐的嗅觉，距离2000米远就可以嗅到被捕猎动物的味道。狼的态度也很单纯，对成功坚定不移地向往。狼的耐心总是令人吃惊，它们可以为一个目标耗费很长时间而丝毫不感到厌烦。凭借敏锐的嗅觉、专一的目标、锲而不舍的耐性，狼总能获得成功。

任正非能摸准产业脉动，并能做出正确的战略判断，像"狼"一样，对市场近于"血腥"的利润或"血腥"的寒冷都能提前嗅到。

任正非，用"狼"来形容真是再恰当不过了，他有着敏锐的嗅觉，能嗅出常人不能嗅出的味道。早在华为成立之初，做产品代理就使他看出了通信市场潜藏着的巨大商机，他毫不犹豫地"扎"了进去，研制出C&C08机，"农村包围城市"，开始在市场上崭露头角了。

任正非坚信适当领先的技术可以带来机会和利润，因此华为瞄准革命性的主流技术，实现质的飞跃，20世纪90年代，任正非已经嗅出了市场的味道，咬紧牙关把所有的鸡蛋都放在一个篮子里，依靠集体奋斗，日夜攻关，重点突破，研制出第一台数字程控交换机。

1995年，任正非凭着敏锐的嗅觉大胆预期新技术带来的无限机会，把研发目标转向第三代移动通信技术。任正非坚信基于GSM的WCDMA的技术方向，集中精力攻关。虽然，当时中国3G牌照迟迟不发，但是总会有发放的一天，那时华为将引领中国的移动通信技术前沿。

1999年，华为最先和中国移动一起做神州行预付费业务。当时他们已经提前觉察到这个将要出现的市场，私下做了技术储备。中国移动一提出需求，就立刻全力响应。一期工程全国铺了25个省市的点，只有华为一家承建。结果业务推出后，中国移动尝到了甜头，在二期招标时一次性给了华为8.2亿元，这是华为有史以来最大的一笔合同，且利润率远高于其他产品。之后别的厂家见有利可图，也纷纷跟进，但是，他们落后了，如今该工程项目的价格只有当初的1/5了。

近年来，下一代网络又成为业界关注的焦点。华为凭借着发达的嗅觉，嗅出了这股味道。它静悄悄地完成了从试验、试商用到商用的转化。2003年10月，华为在日内瓦国际通信展上推出了一整套下一代网络解决方案。

2004年12月25日，国家发改委、信息产业部、科技部、教育部、中科院、中国工程院等联合宣布，中国下一代互联网的示范工程核心网，CERNET2主干网在北京正式开通。在这一工程的设备招标中，三家中标单位中就有华为一家。由于华为对下一代网络技术给予了很大的关注，拥有得天独厚的优势，成了中国下一代网络规模商用的"领航人"。

敏锐的嗅觉带来了非凡的洞察力，也给华为带来了无限的商机。任正非带着"狼群"总能赶在前面，先发制人，引领着前沿技术，这也使得华为生生不息，始终保持着强大的生命力。

快速的反应速度

狼在寻找猎物的时候，一定是找它自己非常熟悉的对象。为了这一点，狼会不断地积累经验，通过不断观察来了解猎物。狼眼犀利是公认的，一旦发现目标，必定死死盯住决不允许它们在眼前消失。成功者也一定具备了狼的敏锐目光，才能用独到眼光去审视市场，发现危机与机遇；还要有快速的反应速度，才能牢牢抓住转瞬即逝的机会。在市场的运行中，随时会出现新情况，哪怕是最微小的动态也都会影响整个策略的进行。狼族兄弟知道，运用好敏锐的目光才能很快找到猎物，并向着有利于自己的目标快速前进，进而占领"主战场"，才能创造出一流的业绩。

在盛大年轻主帅陈天桥身上，我们看到了狼奔跑的速度。2003年，陈天桥突然蹿上《福布斯》中国富豪榜首富的位置，惊艳亮相之后，东奔西突；突袭新浪、垂青网络电视、结盟百度，速度之快令人叹服。

任正非虽然比陈天桥年纪大，但反应速度绝不比他慢。华为的最大优势是，快速响应客户需求。摩托罗拉亚洲区总裁高瑞彬说，用户总觉得华为的反应速度快，机房一有问题，华为就能派人连夜赶到，立马修改。

华为"狼团队"反应速度之快令国外同行都竖起了大拇指。华为曾经在45天内就完成了泰国AIS智能网的安装测试和运行工作，而在国外电信设备商看来，这至少要半年。

1996年，香港和记电信获得了固定电话运营牌照，但是它面临着一个难题：必须在3个月内完成所有移机不改号的工作，和记找了许多欧洲的设备供应商，但是它们最快的也得6个月，而且开出的更是天价。就在这"节骨眼"上，有人推荐了华为，华为在不到3个月的时间内就圆满完成了任务。这让和记的老板李嘉诚喜上眉梢，遂决定与华为展开更有深度的合作，转战海外。

1997年，天津电信的人提出"学生在校园里打电话很困难"的问题。华为中研部副总裁方惟一回忆说，任正非当时紧急指示："这是个金点子，要立刻响应。"华为两个月后就做出T 201校园卡，推出后市场反应热烈，很快推向全国。等其他公司反应过来时，华为已做了近一年时间。实际上，这项新业务只需要在交换机原本就有的200卡号功能上进行"一点点"技术创新，但就是这个小小创新，使华为在市场上变劣势为优势，最终虎口夺食，占据了40%的市场份额。

2000年春节，黑龙江的一个本地网交换机中断，网上运行着多种机型，不知道问题出在哪个厂家的设备上。华为的技术人员在一天内从深圳赶到黑龙江，发现问题不在华为。偏偏出问题的厂商又迟迟没有回应，华为只好将自己的接入网改接到另一路由器上，通话才恢复。

2003年6月中旬，华为员工刘彦玲接到去阿塞拜疆开局的任务。她刚刚在家前后不过一个小时，就赶快整理资料，经过20个小时没合眼，又匆匆办理签证，26号抵达阿塞拜疆。当时的阿塞拜疆经济不佳，很像20世纪80年代的中国，商品短缺。刘彦玲在那里熬了两三个通宵，开局圆满成功。7月31日回国的她终于可以美美地饱餐一顿了。但是8月19号，又突然接到通知，俄罗斯通信设备出现问题，呼叫不通，她又开始了艰苦的攻关。10月1日，刘彦玲飞抵莫斯科，10月9日，升级活动开始，升级第二个局和第三个局就大费周折了，业务没跑起来，也没法定位问题出在哪里。她和几个同事开始认真研究协议，找问题，反反复复，终于找出了点眉目，随即开始修改代码，迅速将方案修改完毕。接着升级，每一次呼叫，华为人心都怦怦跳个不停，呼叫终于开通了，大家欢呼起来。

2008年10月，根据中国电信CDMA网络一期项目招标的结果，华为将负责承建全国范围内36个大中型城市的CDMA网络。仅仅过了两个多月，华为已经向中国电信成功交付了广州、深圳、西安、苏州、宁波、天津、乌鲁木齐等30个重要城市的CDMA网络。北京、无锡、厦门等6个本地网的工程割接及优化，也已经于春节前完成全部主体工程。

截至2008年12月20日，华为以每月1万套基站的产能，顺利完成了一期项目2万多套基站的发货工作，成为本期工程到货最快的厂家。华为在接受任务后短短3个月内共计完成14000多套基站和310套核心网设备的割接入网，成功实现中国电信的年度交付目标。例如，华为仅21天就完成了广东省广州、深圳、佛山等7个本地网共计4100多个基站，以及9个地市的核心网超过1000万线的割接入网，连续刷新交付纪录。优化后的新网络各项KPI指标都优于原网，满足中国电信建设精品网络、为广大用户提供高质量服务的要求。

在国际市场上，相对于欧美老牌电信设备提供商来说，华为的快速反应是优势之一。华为负责海外市场的副总裁邓涛以自己的亲身经历说，欧洲企业普遍反应较慢，用户提出一个修改建议，他们往往要一年甚至一年半才能改进。而中国企业，只要用户有需求，总是能加班加点，快速反应。一个要一年才改进，一个只要一个月就能改进，优势自然体现出来了。

法国 Neuf 公司是目前仅次于法国电信的第二大固网运营商。自 2002 年该公司首次采用华为的光网络设备以来，仅两年时间，华为就成为该公司的 5 大设备供应商之一，目前华为光网络、IPDSLAM、媒体网关等设备广泛运行在 Neuf 公司遍布法国的网络上。谈到与华为合作的原因，Michel Paulin 先生说：

"他们的技术很好，我多次到华为在中国的总部参观。他们的生产线绝对是世界一流的。更重要的是，他们能够快速做出反应。不管我们提出什么样的需求，他们总是能够在第一时间做出反应。华为的快速反应能力令人惊讶。"

2009 年 3 月 12 日，华为同印尼电信（PT Telkom）签署建设 Mataram-Kupang 海缆系统 MKCS 的协议。这条海缆连接印尼东部五个岛屿，总长度 1200 公里。印尼电信是印尼最大的国有电信运营商。该公司表示华为海缆公司大大降低了这条海缆的建设成本，他们同时对华为的快速反应和专业印象深刻，这也是他们选择华为公司的主要原因。

果断决策抓住时机

为什么狼那么小，却能把比自己高大的牛猎为囊中之物，成为自己的美味佳肴？这是因为狼要生存，要吃饭，于是就有了力量和动力，想办法去找猎物。饥肠辘辘的狼群碰到了猎物，它们会毫不犹豫地做出决策，果断决策让狼抓住了最好的时机，向猎物发动突然袭击，美美地饱餐一顿。唯有这样才是自己的出路。

华为创立的时候，正是中国商品短缺的年代，巨大的需求和有限的供给矛盾突出。但是中国电信市场被跨国巨头垄断，价格昂贵，巨额的利润都装进了外国人的钱袋。由于没有独立的技术产权，政府只能花巨资引进国外的先进技术。技术被外国电信运营商垄断了，中国企业要立足，拥有自主技术是关键。

1992 年，全球数字交换机的技术已经成熟，空分的模拟交换技术处于被淘汰的边缘。此时，华为面临着一个决定生死的选择：搞自主研发风险大，等于找死；不搞技术研发，就是等死。任正非在关键时刻成了指路人，果断做出决定：死也要死得轰轰烈烈，搞技术研发。

任正非孤注一掷地将宝押在C&C08数字交换机上。C&C08研发成功后，华为迎来了无限的光明。

从1994年起，华为开始进入无线业务。中国电信决定采用新的制式——GSM制式，华为的ETS450制式已经过时。当时华为人担心产品最早也得1998年才能上市，那时国外厂商早已分割完市场了。经过一番研究后，1996年，任正非果断敲定：挥师GSM业务。华为常务副总裁徐直军后来在接受《财经》杂志采访时也表示，现在来看"当时的决策是正确的"。华为的这一决定为进入3G市场培养了后备军。

在进军美国市场前，任正非曾经与钱伯斯有过接触，并向他表达了友好合作的愿望，但是思科根本看不上这个"无名小辈"。钱伯斯提出干脆思科兼并华为得了，最终双方不欢而散。后来"老虎嘴上拔牙"，任正非提出"敢打才能和，小输就是赢"。最后，以体面的方式与思科和解，华为名声大振。

2002年，我国57位院士上书国务院，呼吁"建设我国第二代互联网的学术性高速主干网"。次年8月，国务院正式批复由国家发改委、中国工程院、信息产业部、教育部等8部门联合启动"中国下一代互联网示范工程"。专家介绍说："它以每秒10G的传输速率（相当于每秒传送15个VCD光盘存储的信息）连接全国20个主要城市的核心节点，速度是2009年以前的互联网的1000倍；为全国几百所高校和科研单位提供高速IPv6网络接入服务，高速连接国内外下一代互联网。通过下一代互联网，人们将进一步享受到网络带来的好处。网格计算、高清晰度电视、强交互点到点视频语音综合通信、智能交通、环境地震监测、远程医疗、远程教育等都将得以真实实现。"

发展下一代互联网，是国家解决IP地址短缺危机、升级信息产业的必然选择。下一代互联网新技术的出现，使世界各国站在同一起跑线上，为我国设备厂商提供了跨越式发展的难得机遇。

任正非认为这又是一个展示华为实力的机会，他马上把工作重心转移到"下一代互联网"中。2005 年，华为参与了"支持 IPv6 的宽带接入设备产业化项目"以应对 CNGI 网络可运营可管理的需求。2006 年，为开发高速无线数据传输专用芯片，推动和加快国内芯片设计公司及通信设备厂商在高速无线数据传输研发及产业化的目标，华为参与了"宽带无线接入终端的射频及基带处理部件设计和实现"项目；为了满足网络带宽爆炸性快速增长对设备容量的需要，华为参与了"高性能核心路由器项目的开发"；为了满足 IPv6 安全应用的需要，华为参与"IPv6 安全网关平台研发及产业化"项目，推出了 IPv6 安全网关。

华为在高性能核心路由器上的突破最令业界惊异。华为参与了 CNGI 核心路由器项目后，一举突破国外厂商对高性能核心路由器垄断的局面。2008 年 4 月 29 日，华为在伦敦发布了全球首家支持 10T 商用集群系统核心路由器，因此进入全球业界 3 家核心路由器供应商之一。

古人云："当断不断，必受其乱。"任正非深知这一弊端，当机立断，果断决策，争取到了最好的商机，使华为一帆风顺地走下去。

执行力提高竞争力

纵观当今中外市场，诸多企业中，为什么有着相似策略的企业结果却相反？为什么有着聪明才智的经营者最后以失败告终？为什么无数拥有伟大构想的企业成功的却寥寥无几？我们再看，为什么市场上众多的咖啡店只有星巴克一枝独秀？为什么在众多的超市中只有沃尔玛、家乐福能够成功？同样做 PC 机为什么只有戴尔独占鳌头？所有那些失败的企业都有着不同的失败原因，所有那些成功的企业之所以成功也有着诸多的原因，但有一点是相同的，这一点就是强有力的执行力团队。

狼体型如狗，与魁梧的肉食动物相比显得有些微不足道，但是狼却是动物世界里的强悍者。狼能够将体型和力量比自己大得多的牛置于死地。甚至敢于与强壮的狮子叫板,连素有"群兽之王"称号的虎也惧怕群狼三分。狼之所以有这样的威力,关键在于它惊人的执行力。

日本软银公司董事长孙正义谈道:"三流的点子加一流的执行力,永远比一流的点子加三流的执行力更好。"中国民营企业大多数寿命都很短,很大原因是工作效率低,执行力度不够。要提高竞争力,执行力是关键。

在短短十几年的时间里,华为取得了如此巨大的成绩,在高速飞奔的道路上没有出现过执行力模糊、团队模糊的危机,很大程度上归功于强大的执行力。

一只幼崽从出生后,就不断地学习老狼的捕猎本领,练习奔跑,学习擒获动物的本领,通过不断地学习,就会增强本领。而华为在新员工培训中,除了培训员工各项技能外,还有一条铁的纪律:"穿皮鞋、西裤、衬衫、打领带,一个都不能少。"在进入公司的第一天起,就将被仔细检查,不合格者立即改正,否则就有可能被退回。许多人习惯了随意的休闲装束,对这种要求感到"浑身不自在",而华为却坚决执行这一规定,因为这是完成学生向职业转变的标志。

任正非认为,执行力就是竞争力。军人出身的任正非深知,要保证战斗力就必须有强劲的执行力。华为也染上了浓重的军事色彩,在军事化管理中,公司强调:不合理的制度只有修改后才可以不遵守。任正非也明白,公司的规章制度是有不合理之处,但是他为了保证执行的效率和速度,宁可犯一些错误。

经过这种熔炉式的锻炼,华为的员工个个精明强干,随时准备着冲到战场上拼搏一番。

1999年4月,员工汪宏被派遣到肯尼亚,负责ETS450项目的工程实施。这是华为在非洲的第一个项目,任正非希望把它做成样板工程。为了尽快了解现场,做好前期准备工作,汪宏来到距肯尼亚首都80多公里远的工程现场奈瓦夏小镇(Naivasha),迅速开展工作。一天深夜,用户打来电话说华为设备所在的机房有异味飘出,汪宏紧急奔赴现场,原来是其他厂家的电流模块被烧掉了,正散发出难闻的味道。为保证安全,他接连测试各项设备,直到凌晨3点多钟。经过9个月的艰苦努力,经过测试,合作方对结果非常满意。

在埃塞俄比亚开局更能显示出华为人的超强执行力。那里的基站建在一座海拔近4000米的山上。一路上都是土路,早晨8:30出发,11:00才能到机房。

为争取更多的时间，员工中午只能留在山上，饿了就啃面包。基站上气温低，风力大，架设天线困难。但他克服了重重难题，圆满地完成了任务，顺利通过了验收。

华为今日的成功，正是依靠着华为人强大的执行力才完成的。华为贯彻执行力只有一个原则：万众一心。方法、手段只是形式，重要的是统一思想，使上下级相互认同，真正走出执行力实现难的瓶颈，实现共赢。

不达目的誓不罢休

对于狼，它们为了猎物可以不惜牺牲自己的生命。狼为了生存，它可以和马去较量，但马高大无比，可狼只要抓其一点，就会将其捕为囊中之物，有时会有生命危险，一只狼一旦抓住马的脖子，马也会不惜一切想尽办法甩掉狼，把其拖在地上跑，可狼也紧紧抓住不放，直到马没有力气为止。狼是难缠的，不达目的永远不会罢休，它会想尽各种招数，实现自己的目的。在一个企业就要培养员工的这种顽强拼搏和锲而不舍的精神，只有这样，不管员工遇到多大的困难都会去克服，去战胜，找出办法寻求企业的发展。

同行们都称华为是"难缠的狼"，令对手坐卧不安，很有道理。

华为研制出自己的交换机以后，承接的第一单业务是浙江义乌试验局。对于刚刚起步的华为，没有打广告的经济实力，更没有认知度，大多数业务都是赊销。因此，义乌是华为展示自己、获得生存权的一次最重要的机会，一旦失败了，华为就要倒下。一位曾经经历了那场惊心动魄的苦战的华为人说："如果那次真的出了什么错，没有搞成，就没有今天的华为了。"带着公司的希望，华为人奔赴义乌，前后整整四个月，大家不分昼夜，连续开工，与机器吃住在一起，经过反复的调试，完成了第一个试验局。

1992年，华为决定开发C&C08万门机，方案一确定，就立即组织了一批技术骨干开始研发。为了尽快研制成功，科研小组从周一到周日，早出晚归，一心扑在机器上，连正常的休息日都投入到工作中。

负责软件开发的刘平已经几天没有睡一个囫囵觉了，这天他在公司吃完午饭，正想美美地睡一觉，就被李一男叫走，进行联合调试。忙碌一番后，李一男在一个模块上拨号，另一模块电话振铃响了起来，两人欢呼起来。李一男好像突然想起了什么："刚才做试验时，是不是设置了'永久连接'？"刘平检查一下果然是。去掉永久连接后又不通了，软件还是有问题。经过反复的琢磨和试验，电话终于打通了，而一天的时光也溜走了。

在开发窄带电话网信令网这一技术的过程中，华为人遇到了一些难以克服的技术难题，设备运行不稳，很容易死机。马上邮电部就要派人去测试了，问题还是没有找到，大家都快要急死了。经过反复检查，发现是某个部件出现异常高温导致的，但一时想不出让部件降温的方法。在测试当天，大家的"鬼点子"来了，在那台机器后面放了一台台扇，总算蒙混过关了。

邮电部人员刚走，他们就马上又开始忙了。大家把设计图纸和各部件都检查了一遍，但死机的问题就像一个调皮的孩子一样，兴致勃勃地跟大家玩起了捉迷藏。"就不信找不到你"，大家心里憋了一股火，干脆鏖战。一次偶然的机会，终于找到答案了，原来一个电容焊反了，调整过来就正常了。等到故障排除时，技术人员在机房已经住了一个月了。

正是靠着这种不达目的不罢休的精神，华为人不断攻破一个个难题，为华为的发展立下了汗马功劳。

打造一支众志成城的"狼团队"

狼猎食时通常不会单独行动，而是依靠群体的力量共同奋斗。

一群狼每次觅食，都会协同作战，尤其是要捕获强大的猎物，就得靠团队精神，否则就会空手而归。狼有着极强的团队精神，只要有了捕猎对象，他们便群起而攻之，一只狼只要抓住猎物的一端，其他狼很快就会去配合，从各个部位抓住猎物不放，直到把猎物捕获，然后才去分享食物。众狼一心，众志成城，狼群的阵势，就是凶猛的猎豹也要退让三分，狼的团队精神震慑四方。

任正非的"狼团队"之所以有着强大的攻击力，也是源于强大的团队合作。他认为，英雄是一个群体，个人要抑制英雄情结。

华为在产品研发过程中，遵循国际上最规范的软件工程化设计方法。这种方法需要群策群力，每个人都必须开放自己，形成一个良好的团队，使集体智慧得到最好的发挥。

宁夏之战堪称典范。1996年，张爱东从浙江大学毕业不久，来到华为，就接到H产品急需的T120协议的研究任务。1998年，H产品进入生死关头，硬件单板开发出来没有进行过一次升级，软件面临着与国外产品互联互控的问题，整个系统运作稳定性极差。中研总部对H产品线进行了重新调整，张爱东开始负责软件工作。至此，华为集中所有精英开赴宁夏，集中作战，圆满地完成了任务。

回深圳后，在华为4号楼的一个房间里，张爱东和同伴们又开始了艰苦的攻关。十来个人分为开发与测试两组，大家切断与外界的一切联系，过起了集中营般的生活。期间，大家学习软件版本库，进行版本控制，首次提出了"虚拟MCU""虚拟终端"等大网组建思想，并一一付诸实践，解决了福建、云南等地的组网问题。但是H产品在市场上仍然是屡战屡败，华为人却屡败屡战。

挺进俄罗斯时，华为遇到了麻烦。2002年的一天，喻建华等3名华为员工匆匆来到俄罗斯，他们肩负着艰巨的任务：要在短短两个月时间内，在莫斯科开通华为第一个3G海外试验局。这是华为派去的第二批技术人员了。此时关于3G标准的争论仍不见分晓，3G的泡沫愈演愈烈。莫斯科这家运营商对此也犹豫不决，以前另一家公司曾在这里栽过跟头，这次与华为合作，他们心里也没底。

运营商摇摆不定，让华为吃尽了苦头。没有核心机房，大批试验局物料滞留在海关，运营商不同意华为使用他们的内部传输网。"山重水复疑无路，柳暗花明又一村。"就在这时，机会来了。国际电信联盟和ＧＳＭ协会在莫斯科举办了一个研讨会，华为终于有展示的机会了。时间限定3天，华为人迅速安装好基站，装好软件。但是天有不测风云，兴致勃勃却又扫兴一半。控制器和基站就是接不通，数据业务也有问题，视频点播速率太慢，还有最后一天时间，大家可急坏了，感觉就像末日要来临一样。

他们在机房架起会议电视，通过宽带接到互联网，一直连接到遥远的上海开放实验室，同时通过长途电话与总部联系，就这样，三地的技术人员进行现场沟通，共商对策。经过一个不眠之夜，故障终于排除了。在运营商的带领下，专家们和有关部门官员在奔驰的测试车上，饱览了莫斯科街景和市貌。此外还在手机上，一眨眼工夫就下载了一段"懒猫伸腰"视频流，在场的俄罗斯人都惊讶了。

这是一支战无不胜的队伍，在一系列的技术攻关中，他们团结一心，共同排除故障，依靠集体的力量取得了一次次的成功。拥有这样的队伍，华为能不成功吗？

在管理上，任正非也认识到靠一个人的决策难免会出问题，所以管理决策需要一个班子，要靠集体的智慧。

尤西姆说："管理团队的能力比一把手的领导能力更重要，管理团队更能有效预示公司的绩效。"

IBM前CEO郭士纳的战略决策多来自企业中的高级幕僚，如接受原IBM高级副总裁丹尼·韦尔什向IT服务转型思想的建议；与丹尼·韦尔什反复讨论酝酿发展电子商务的决策等。美国通用电气公司(GE)CEO杰克·韦尔奇在听取了顾问的建议后，推行六西格玛，最终超越了摩托罗拉。

2001年之后，任正非开始着手改变领导集体，他任命洪天峰为公司的COO，负责公司的日常业务。此后，华为成立投资决策委员会，由资深副总裁费敏担纲。

2002年，华为成立营销工程部，郑宝用担任总裁。郑宝用病后由徐文伟接任。

2004年，任正非痛下决心，正式将公司战略与营销职能统一划归营销工程部，任命徐直军为部门总裁。

2004年11月，华为又做了一次重大调整，将公司层面的日常最高决策层重组为执行管理团队（Execute Management Team，EMT），主要业务部门经过重新组合,组建了市场和服务、战略和市场营销、产品和解决方案、运作和交付四大部门,分别由胡厚坤、徐直军、费敏和洪天峰负责。加上财务、策略和合作、人力资源三大部门,被重组成七大部门。

目前华为已形成在董事长孙亚芳领导下,常务副总裁徐直军、财务总监纪平、产品总裁费敏、销售与服务部门总裁胡厚坤、资本与人力部门郭平、首席运营官洪天峰等"六大金刚"各司其职,协同合作的新气象。

让每个员工都成为冲锋陷阵的"狼"

华为自诞生之日起,就遭遇了一连串的险情,如果不是他们同心协力,把所有的力量凝聚起来,那么,我们就不会看到现在这个叱咤全球的通信巨头。

当年08机开发成功后,如何取得市场突破成为摆在任正非面前的下一个棘手问题。国际电信巨头大部分已经进入中国市场,华为要与这些拥有雄厚财力和先进技术的巨无霸正面对抗简直是以卵击石。由于国内市场迅速进入杀价竞争阶段,国际电信巨头依仗雄厚财力也开始大幅降价,妄图以此将华为等国内新兴企业扼杀在摇篮里。

此外,华为还面对着诸多国内同行的竞争:邮电部与比利时贝尔在上海合资成立了上海贝尔公司,这家企业在管理与工艺装备上与国际接轨,达到了世界一流水平;04机的市场占有率迅速增长;大唐电信有着多年国家级科研打下基础的雄厚技术储备;同处深圳的中兴公司直接与华为比肩,市场开拓扎实,工作成效高。

任正非坦言:华为在"在自己的家门口遇到了国际竞争,知道了什么才是世界先进。我们是在竞争中学会了竞争的规则、学会了如何赢得竞争"。生活的磨炼和事业的挫折使得任正非对企业面临的危机特别警觉,他用三个字描述了华为的根本目标——"活下去"。华为首先要生存下去,而生存下去的必要条件就是必须拥有市场份额，否则就没有一切。

为此，任正非要把大家的力量凝聚到一起。华为召开员工大会之前，经常号召大家唱《团结就是力量》《解放军进行曲》等革命歌曲以鼓舞士气。为了增强员工的生存意识和生存能力，任正非不停给员工们灌输各种概念："活下去是硬道理""为了市场销售增长所做的一切都不是可耻的""狭路相逢勇者胜"等信念。

任正非说，所谓"狼性"，就是"哪儿有肉，隔老远就能嗅到，一旦嗅到肉味就奋不顾身"。后来他把狼的优点总结为三条：一是敏锐的嗅觉，二是不屈不挠、奋不顾身的进攻精神，三是群体奋斗的意识。因此他提出"胜者举杯相庆，败者拼死相救"，不一而足。这些鼓动性很强的概念，经过任正非富有煽动力的讲话，使一线年轻员工很容易进入大无畏的精神状态，以舍我其谁的气势在市场上与竞争对手展开贴身肉搏。正是这些凶悍的企业文化，使华为成为连跨国巨头都寝食难安的一匹"土狼"。华为从上到下对竞争对手同仇敌忾，全体员工目标明确、士气高涨。

企业创始人的主张和行为往往决定了企业的文化，这些主张和行为一旦被企业员工普遍认同并加以执行，企业文化就初具雏形了。由于任正非的强调，这种狼性被深深地印在华为所有员工的心里，并成为华为的标志文化。而由于华为的成功，"狼性"迅速成为中国企业乃至社会热捧和仿效的观念，被人视为华为文化的核心和华为成功的原因之一。

华为的人力资源配置做到哑铃式的"两头重，中间轻"，非常适应市场发展快、变化快的特征。其中研发占40%，市场营销占35%，生产占10%，管理占15%。外人最能接触到的就是华为的营销人员，而华为的营销人员数量之多、素质之高、分布之广、收入之高都是绝大多数中国企业前所未有的。

华为一开始并没有充足合适的人才储备来做市场，任正非下令本着"矮子里面挑高的"，先将事情干起来，不能裹足不前，贻误商机。他强调只要方向对，干起来，成功只是时间问题。华为的销售队伍大部分是国内名牌大学的毕业生，他们不一定是通信或营销专业出身，有的甚至是文史哲专业毕业，任正非和华为就要冒着朽木难雕的风险，花上宝贵的时间耗费大量的培训资源，硬是逼着一个个通信盲经过魔鬼训练之后投入到市场第一线,让他们成为华为的产品代言人,去冲锋陷阵。

尽管设备出来了,但业界知道华为的人仍然很少,了解华为的人更少。华为的市场人员屡败屡战,一年内跑了500个县,他们背着机器在各地跋涉,努力敲开客户的大门,有时打着解决华为电源等老产品问题的旗号设法和客户接上头,有机会就介绍华为的情况和企业文化,邀请对方到深圳参观华为,有时把整个单位上下几十号人都请过去。

华为建立了一支善于打硬仗、业绩突出的业务队伍,一线主管人人骁勇善战、身先士卒,对业务订单死缠烂打,对客户无微不至,与运营商建立利益同盟关系。这种模式带来的业绩和问题都很明显:市场突破能力强、短期见效快;员工长期高负荷工作,战略协同能力弱,员工升迁,论功行赏。任正非对一线人员期望极高,希望一线的人永远充满激情和活力。他提出"只要有1%的机会,就必须花100%的工夫促其成功"。而在华为的销售人员当中,刚出校门的学生往往比有经验的人做得更成功,也许这就是激情的作用。

合纵连横打天下

狼和秃鹫是一对很好的搭档。它们都很喜欢吃动物的腐肉,但狼在陆地上活动,眼睛所能看到的范围有限。秃鹫在高空飞翔,观察的范围就比较大,容易发现动物的尸体,但是它不能撕开动物厚重的皮毛。所以,秃鹫就找狼帮忙,分工合作就可以共享可口的食物。狼对食物很珍惜,总希望独享,然而它明白,如果没有秃鹫的引领,自己是绝对不会轻松地找到食物的,因此狼对秃鹫满怀感激,愿意与它共享食物。

在我国通信领域还被"七国八制"所控制的时候,"巨大中华"迅速崛起,但只有华为一家是民营企业,与国有企业相比,它的竞争劣势是明显的。最初,华为在各地建立办事处进行销售。这种销售模式迅速打开了市场，但弊端也随之暴露出来。办事处主任紧盯订单，短期行为严重，市场关系不稳定，人员调换频繁，开支庞大。

为了建立稳定的市场关系，尽快了解客户的需求，任正非开始探索新形式：与客户"联姻"，建立合资公司，形成利益共同体，以此巩固市场，拓展市场。

由此，华为的第一个合资公司——华为电气诞生了。1995年，华为莫贝克电源公司（华为电气前身）将18个省邮电管理局的直属企业作为自己的股东。

1996年，招商银行开始与华为合作，推出买方信贷业务，允许邮电部门从招商银行贷款购买华为的设备，华为再从银行提取货款。

1997年，任正非首次提出与用户建立合资公司，让利赢得客户的信任。这既促进了销售，又疏通了长期客户关系。"合资企业要办30个，如果华为在海外上市，合资企业也要打包上市。"随后，华为与铁通合资建立北方华为。

从1998年开始，继北方华为之后，又在辽宁、河北、山东、四川、北京、天津等地，与当地政府电信局等共负盈亏、共担风险，成立了合资公司。

其中，与辽宁的合作遇到了一些波折。任正非亲自到辽宁，与辽宁邮电局高层进行了一年的频繁接触。后来，他找到负责该项事务的李玉琢说："在辽宁要办一个合资企业，采用职工集资的办法，我已经和辽宁省电信局孟局长说好了。"谁知来了沈阳，孟局长已调到人大，接任者对此事反应冷淡，集资也没人响应。后来经多方努力，1998年2月，沈阳华为成立了。当年，华为在沈阳全省14个地市的销售额就有两三亿元。

此外，华为还积极与外国公司进行合作。

1997年4月，华为在"亚欧分界线"的乌拉尔山西麓的军事重镇乌法市与当地企业建立了贝托—华为合资公司，由俄罗斯贝托康采恩、俄罗斯电信公司和华为三家合资成立。华为把合资企业作为平台，以本地化模式来开拓当地市场。

2003年3月，经过长达9个月的艰苦谈判，华为和美国3COM公司达成协议，组建合资公司。又经历了8个月的漫长等待，合资公司才正式在香港成立，并在杭州和北京两地挂牌。在等待批准的期间，3COM中国区与华为数据通信部门的团队就开始进行整合了。合资公司中原3COM的员工只留下了不到50人，而华为则有1500多人加入。两家公司有着截然不同的文化和背景：华为的人初生牛犊，生气勃勃；3COM的人则温文尔雅、谦虚谨慎。一个是在新兴的中国市场通过拼杀成长起来的民营企业；另一个则是以太网的发明者和拥有全球5万多家渠道的老牌跨国公司。

通过此次合作，华为在北美市场站稳了脚跟。2003年年底，合资公司一系列面向企业用户的路由器产品闪亮登场，华为和3COM借助各自原有的技术积累，准备联起手来大干一场。

2004年2月12日，西门子和华为正式宣布成立TD-SCDMA合资公司。该公司总投资超过1亿美元，西门子占股51%，华为占股49%。华为公司无线产品线总裁徐直军表示，新合资公司的实质意义在于TD-SCDMA技术标准的具体应用和产品业务层面，而对TD-SCDMA基本专利的分配没有任何影响。

2003年9月16日，德国英飞凌科技公司总裁兼CEO舒马赫来到华为，与董事长孙亚芳亲切握手，在3G领域华为又多了一位朋友。英飞凌是全球第六大半导体厂商，在2G、3G芯片和全套解决方案上技术成熟。双方在北京共同宣布，合作开发低成本的WCDMA手机平台。此次合作对于快速研发WCDMA商用手机平台，迅速占领市场，实现共赢提供了条件。

截止到2005年，华为已经先后与德州仪器、IBM、摩托罗拉、朗讯、英特尔、SUN等大公司展开了合作。

借助一系列的对外合资项目，华为在企业技术积累和国际化战略上能实现更深层次的目标。

通过与客户建立合资公司，华为迅速稳定了市场，双方分工合作，各取所需，互惠互利。这些合资公司与一般的合资企业不同，这些企业的作用只是签单走账。当地运营商和政府的投资甚至可以先由华为垫付。这促进了华为的销售，也疏通了长期客户关系。

当初，华为内部就建立合资公司这个问题分歧很大。特别是1999年，各地的合资公司业绩普遍不佳，有的甚至出现亏损。围绕这一问题，华为内部大辩论，"公说公有理，婆说婆有理"，最后以支持的一方获胜谢幕。

在今天看来，合资公司对华为拓展市场、树立企业形象起了积极的作用。

2002年，华为实行改革，按地区划分，注册子公司，合资公司也被纳入其中。至此，大大小小的合资公司寿终正寝。

华为就是一匹"狼"

在"企业文化仿生学"日益成为时尚的今天，国内企业界掀起学习狼性文化的热潮，在管理方面，一样需要借鉴狼的智慧，尤其是头狼的管理智慧。狼性文化已被众多企业认同并引入到经营管理体制上来。实践证明，狼的智慧、狼的韬略以及狼的团结协作精神对于指导企业的运营和发展起到了极大的推动作用。然而，任何事物都是一把"双刃剑"，狼性文化也不例外。我们在充分利用狼性文化优点的同时，绝对不可忽视其所存在的弊端以及带来的危害。

任正非提出"狼性文化"，可以说是对几千年来中华文明的传统的叛逆，为滞后的农耕文化注入了新鲜的血液，是对传统的振聋发聩的批判。

但是，任何事物都离不开它的时代，"狼性文化"也是时代的产物。任正非当初选择"狼性文化"是时代的必然，尤其是在改革开放的20世纪80年代，他推出"狼性文化"无可厚非。"狼性文化"是中国传统社会向现代文明转型的产物，是市场经济初级阶段、不规范的体制和刚刚起步的企业发展的产物。

20世纪80年代，改革开放启动，刚经历了"文革"的创伤，各项制度都有待于完善。为了迅速摆脱落后的状态，实现中华民族的复兴，中国政府给予外资企业许多优惠条件，这些外资企业在中国享受着"超国民待遇"。本来"家底"就"殷实"的外资企业一拥而入，迅速占领了巨大的中国市场，形成市场垄断，攫取着高额的利润。

中国改革开放必然要发展自己的经济，培养扶植自己的经济团体，因此民营企业开始成长。然而，就在"家门口"，它们就遭到了外资企业的强势"围剿"，若与之正面硬抗，无异于"鸡蛋碰石头"，只会落得个被歼灭的下场。而且由于两者的地位差别，竞争一开始就不是站在同一起跑线上的，本来起跑就晚了，还要突破重重障碍，生存更是举步维艰。于是，它们要想生存，就需要有"狼的精神，要有敏锐的嗅觉、强烈的竞争意识、团队合作和牺牲精神"。因此，它们自然会选择"狼性"，不大讲究规则。

20世纪80年代是冒险的时代，也可以说是中国资本的原始积累时期，没有"狼性"，畏首畏尾，企业根本就不会成长起来。

在西方资本积累时期也存在这一现象。在原始资本积累时期，疯狂的殖民掠夺和奴役，"一切人反对一切人的战争"，"践踏人间的一切法律"，铤而走险……所以，马克思在《资本论》中写道："资本来到世间，从头到脚都滴着血和肮脏的东西"，"资本原始积累的历史是用血和火的文字载入人类编年史的"。

华为其实就是一匹狼。它的冷静、清醒、韧性和团队的协调作用再加上任正非大会小会时时灌输的危机意识，与国内其他企业取得一丁点成绩时的张狂、自大形成了鲜明对照，因而，它能一路绝尘也就不奇怪了。

与TCL李东生遭遇国外并购碰到的挫折再进行深刻反思不一样的是，任正非好像一直与生俱来就有忧患意识，不管企业取得多么辉煌的业绩，他的眉头一直紧锁而没有舒展开的时候。

难道他体内的基因就是危机吗？瞧，出现在媒体中的任正非始终是一张不苟言笑、冷峻深沉的脸，说老实话，如果是不熟悉的员工和客户，看见这张脸还真有些诚惶诚恐和敬畏。

"狼性文化"使华为人具有深重的忧患意识，时刻保持警惕，积极捕捉战机、果断决策、蓄势待发、有效执行、团结协作，不达目的誓不罢休。正是由于不起眼的"狼团队"奋力拼搏，华为才得以生存下来，并保持着旺盛的生命力。这种文化，为华为的成长立下了汗马功劳。在一定程度上可以说，如果没有"狼精神"，或许华为就活不下来，也就走不到今天了。"狼性文化"是时代的产物，它也必然会随着时代的改变而改变，这是客观的事实。

要"狼性",更要"人性"

在一次创业阶段,"狼性文化"为华为的成长壮大立下了汗马功劳。但是,随着华为走向国际,"狼性文化"的弊端日益暴露。"狼性文化"是市场发育不完善、体制不规范的产物,随着市场逐步成熟,各项规则会逐渐完善,为有序竞争创造了环境。

说到底,"狼性文化"是战争文化,给华为自身也带来了不少麻烦,"狼"跑到哪里,都会引起对手的高度警惕。思科首先开始遏制,华为招来了令人头疼的官司;欲收购马克尼公司,遭到了英国政府的拒绝,生意泡汤,爱立信得手;欲在印度投资办厂,又遭到印度政府以国家安全为名的强烈反对……一连串的麻烦使华为在海外的扩张受阻,虽然包含着一些歧视,但是也不能忽视"狼性文化"的影响。

华为那些过度的硬性管理在创造辉煌的同时,也给华为的明天带来阴影。华为是一家非常讲求"狼性"的企业,与万科那样的温情文化相比,华为的文化强硬和激进,可以看一下公司的内部刊物《管理优化报》上的标题,全是攻击性的:"我们能够丢什么?""核武器的按钮能随便按吗?"

从近年来华为暴露出的管理问题也说明,华为正在经历一种文化变革的考验,内部文化过于强硬、人性化不足,家长余风严重等,时时困扰着今天的华为发展。

另一方面是一种人性的缺失。多年来在华为一直奉行高强度劳动,曾经一直是6天工作制,最后改为5天半,后来是两周一大休一小休,最后是一个月有一周是6天。但即使如此,员工依然感觉到压力像一座大山一样罩在头顶,有人甚至因此结束了生命。

为了华为的发展,任正非的身体健康每况愈下,糖尿病、高血压、颈椎病都有。由于狼的无情竞争,华为内部气氛紧张。紧张地加班,拼命地工作,未老先衰……更重要的是"狼群"内部开始出现不和谐,许多人开始走出去创业,甚至成为老东家的竞争对手。

对于华为遭遇的这些难题，任正非也已经意识到"狼性文化"需要转型，"狼性"只是手段，人性才是根本。著名经济学家毛仲强说："现代企业管理的重大责任，就在于谋求企业目标与个人目标两者的一致，两者越一致管理效果就越好。"这就是人性化的管理，关怀员工，激起他们的工作热情，企业才能更快进步。

做企业确实需要有点狼性，时刻有危机感，处处行动要领先，但是"狼性"也要遵守规则，有秩序的竞争。"狼性"最终还要回归人性，只有散发着人性光芒的企业才能基业长青。

企业凭借强大的执行力、战斗力和凝聚力跃过了生存线，开始了向大企业迈进的过程，这就需要减少文化中的刚性，这是企业保持长久活力的关键。华为已成功完成了一次创业，现在正在向二次创业过渡，人性化成为转型的关键。

近年来，任正非身体力行，逐渐放弃《华为基本法》，废除"加班文化"，实现管理与国际接轨，"狼性文化"正在经历着艰难的转型。

随着社会的进步，和平共赢成为时代要求，人的作用和价值日益彰显。华人企业领袖施振荣曾说，创业的三十年实际上是在经营人性。这一人性化管理使宏碁人才辈出，迅速成长为全球大企业。

华为在由狼性向人性转变的时候，任正非把华为的文化上升到了一个更高的层次——兼容并蓄。

"海纳百川，有容乃大。"对跨国大企业而言，需要有一套全球化的标准和规则，在制定和执行的时候就要考虑到文化的包容性和共生性。在一个地方成功的经验，在另一个地方可能会导致失败，所以必须尊重差异，做到兼容并蓄。

要做世界级企业，就要有世界级企业的气魄，兼容并蓄。要真正成为一个国际化的大公司，首先就要有一种兼容并蓄的大企业文化。任正非要做世界级企业，国际化是成就这一目标的关键。走出国门，在国内一度成功的"狼性文化"就面临着一个门槛，带有鲜明个性的华为特色就需要转变。

企业跨国经营，要实现商业目标需要融合三种文化：企业文化、自己国家的文化、目标市场国家的文化。近年来，华为国际化进程明显加快，淡化华为文化，考虑到跨文化的差别，发展兼容并蓄的文化也日益迫切。

不同文化背景的员工，在价值观念、思维方式、习惯作风等方面差异很大。一次，在华为印度研究所，一个项目组在讨论技术方案时双方争执不下，国内去的员工相互拼命叫嚷，争吵场面激烈，这时一位印度经理悄悄把一方拉到一边，说："你们不要那么大声，如果你很愤怒，就使劲握着拳头，等平静下来再去讨论。"

文化融合是引进海外人才的关键。华为海外研究所招募外籍员工很困难，因此必须破除狭隘的企业文化和民族文化。2000年以后，任正非对"狼性文化"的宣传逐渐淡化，华为文化开始整合西方文化，逐步建立具有普遍价值的商业文化。"狼性文化"在完成了它的使命后将逐渐淡出，华为文化逐渐有了更多的包容性，更有了大企业的气派，随着华为向国际大公司迈进，任正非已在有意识地淡化"狼性"，遵循国际共同的商业价值取向，与国际巨头为友，有了真正的"绅士"风度，人性越来越浓。

第八章

任正非

人才兴企业兴，以奋斗者为本

企业发展最重要的是什么呢？是资金？技术？还是市场？其实都不是。资金不足，可以通过融资解决；没有技术，可以引进；市场有限，可以逐步开拓。一言以蔽之，一个企业要取得长足的发展，最缺乏的不是别的，正是人才！

当今世界，人们越来越认识到企业间的竞争归根到底就是人才的竞争。人才是企业的生命之源，人才是第一资源、第一资本、第一动力。谁掌握控制了尖端的人才，谁就在竞争中获得了主动权与制高点。

21世纪是知识经济的时代，高素质的人才成为企业的"顶梁柱"，体现着企业的核心竞争力。在高科技产业中，人才更是有着举足轻重的地位。正在扩张的华为会聚了大批的人才，这些人才为华为的崛起提供了源源不断的动力。

任正非的人才战略与众不同，不唯学历不唯经验，而是看能力和潜力，完全是西方式的人才管理理念，这形成了华为的一大特色。

不重经验重潜力

经验至上，以经验论资排辈，这是我国大部分企业至今还奉行的圭臬。许多公司招聘都很注重工作经验，有经验者优先。但是华为却不同，它最注重的是员工的整体素质和发展潜力。任正非始终认为："一个有创造性的人才可以为公司带来更多的客户。"

任正非注重人才的素质和潜力，在李一男的身上表现得最明显。在很多华为人的记忆里，1998年前的李一男是个集科学天才和处世弱智于一体的大男孩形象。当时，27岁的李一男已经是华为主管技术开发的副总裁。高强度的工作，加上长期缺乏体育锻炼，李一男又黑又瘦，戴着一副高度近视镜。技术出身的他说话总是直来直去，书生气十足，没有什么为人处世的概念。曾在华为研究院工作的一位员工说，李一男少年得志，很少对人假以颜色，对其他副总也是态度粗暴，和任正非很相像。这可能源于他的单纯，不知道去了解如何做人，或许压根是不屑于了解。但是，李一男对技术发展趋势、对产品走向具有惊人的敏感度和准确的把握能力。这是任正非曾经想将李一男作为接班人的重要原因。华为给李一男的舞台不可谓不大，李一男在华为不可谓不得志，不可谓不风光，可谓前景光明，前途无限。

胡红卫则是另一个典型代表。在胡红卫看来，进入华为既是机缘巧合，也算得上是幸运女神的眷顾。

1991年，胡红卫通过招聘考试，成为华为的一员，工号是31，即华为的第31名员工。虽然顺利进入了华为，但胡红卫仍旧有点忐忑不安，他在中国科技大学学的是精密仪器专业，华为主要做通讯，专业不太对口，有一定的压力。

胡红卫自最基层干起，以技术员和助理工程师起步，逐步做到工程师、项目经理，参与了华为第一代程控交换机的开发，其后又先后担任了生产部经理、制造部总经理、计划部总经理等多个职务。1995年，胡红卫升任华为副总裁。

这时，华为进入了高速发展阶段，但落后的管理，成为进一步扩张的掣肘。1996年，胡红卫被任正非点名筹建华为管理工程部，出任第一任总监，这是一次企业长期发展战略的前瞻性调整。1996~1998年，胡红卫担任华为管理副总裁，期间的主要使命是主导华为管理体系建设，包括ISO9001体系、人力资源管理、企业资源管理系统（ERP）的实施、研发和营销业务流程重组、财务管理体系以及后来影响深远的《华为基本法》的起草工作。为了强力推行业务流程重组（BPR），任总授予胡红卫"尚方宝剑"，对阻碍变革的人可以"杀"！

胡红卫由一名"外行"成长为副总裁，华为看中的就是他的发展潜力。

2000年，重庆邮电大学电信专业一个毕业班40余人，39人被华为招走。东南大学无线电专业当年30余人毕业，有25人进了华为。这种整班成建制招人的盛况，自1996年华为进入大发展阶段后经常上演。华为如此热衷于招毕业生，是因为任正非乐意重用刚迈出校门的大学生，他们单纯执著、充满激情、不怕吃苦、最肯牺牲，而且，在他们的身上都具有很大的潜力。

华为每年从大学校园中招聘许多大学生，为了让他们得到锻炼的机会，就把他们都送到社会大熔炉里去，首先让他们去做市场。"销售是一段刻骨铭心的经历，没有做过销售的人生是不完整的。"华为市场人员经常把这句话挂在嘴边。

在华为的销售人员当中，刚出校门的学生往往能比有销售经验和丰富人生经历的人做得更成功。一线销售人员通常以3年为限，也许还没等到3年，就被调离这个岗位。期限满了，想接着干也不行。任正非说："我要保证一线的人永远充满激情和活力！"

华为内部有一个规则：一旦出现职位空缺或设立新职位，就利用内部招聘信息栏征召，对报名的人现场召开竞聘大会，每个竞聘者做15分钟演讲，然后评委和听众当场提问，公司高层和专家智囊团组成评审委员会，根据竞聘者递交的竞聘报告、提出的方案质量、现场表现等进行综合评价,现场评分,当场任命。

任正非这种"不拘一格降人才"的做法,激活了华为的发展活力,增强了员工努力工作的信心,为华为的发展注入了生机。

花大本钱培训员工

为了最大限度地挖掘潜力,华为还对新员工进行有针对性的培训。

著名的企业管理学教授沃伦·贝尼斯说:"员工培训是企业风险最小、收益最大的战略性投资。"

由于新员工经验不足,潜力需要通过培训来挖掘,因此华为每年在员工培训方面的开支非常庞大。华为在全国各地甚至海外都建立了培训基地,除了基地培训以外,还有员工之间的相互培训,此外还建立了思想导师制度。

随着计算机网络的发展,普通个人可以起到超乎寻常的影响,一个小数点的错误,就可能导致类似苏联切尔诺贝利核电站的核泄漏悲剧。普通员工组成一个团队,要重视员工的素质。因此,任正非强调实行"低重心"培训策略。"要重视普通员工、普通岗位的培训。要苦练基本功,培养过硬的钳工、电工、厨工、库工……工程师、秘书、计划员、统计员、业务经理……每一个人、每一件工作都有基本功。"

鉴于此,华为建立了完善的员工培训体系。华为员工培训体系包括新员工培训系统、管理培训系统、技术培训系统、营销培训系统、专业培训系统和生产培训系统。培训的主要方式有:课堂教学、案例教学、上机操作、工程维护实习和网络教学等。

在华为,不但员工上岗前要进行培训,还有在岗培训和下岗培训。适时培训,使员工能及时跟上瞬息万变的需要,更好地为公司发展做贡献。

新员工培训的大致过程是:第一步是接受企业文化及相关的制度法规等综

合性培训，这一环节是教怎样做人。通过普通员工和高层领导的现身说法，"让你知道公司的理念，公司的做人方式"。下一步是技能培训，教怎样做事。做市场进入培训一营，不是教授销售技巧，而是教授产品，从通信原理开始，直到工厂参观。光让新人知道技术还不行，3个月后，把新人派到用户服务前线去、到地方和用户服务工程师一起干，切实把握客户在想什么，干完3个月调回总部。进入二营，学习市场和客户服务，观看影片和VCD，详细听老师介绍，彼此交流，还被放到客户服务展厅，向客户讲解产品，还会根据不同的岗位接受不同的考验，等等。

在整个培训过程中，新员工主要是学习，仅这一项培训投入花费就很可观。

华为不轻易裁员，对于不合格的员工进行下岗培训，合格后再上岗。2000年7月的一天，员工葛剑开始了一段下岗培训的岁月。正当他自认为小有进步的时候，收到了培训通知。彷徨后，他接受了这一决定。在众多辅导老师的帮助下，他认识到了自身存在的问题，又到工厂参加了5周的生产，在师傅手把手的帮助下，进步很快。培训结束后，他又回到工作岗位，工作效率迅速提高。

华为的培训对象很广，不仅包括本公司的员工，还包括客户方的技术维护、安装等人员；不仅在国内进行，也在海外基地开展。同时，还建立网络培训学院，培养后备军。

华为主动为客户提供技术培训，既提高了客户的自我维护水平，也为华为占领了更多的市场份额，可谓"一箭双雕"。

通过全方位的培训，华为人的潜力被挖掘出来，工作效率迅速提高。巨大的耗资看似浪费，其实"磨刀不误砍柴工"。

为人才创造发展环境

任正非认为华为一无所有，只有靠知识、技术、靠管理，在人的头脑中挖掘出财富。华为唯一可以依靠的是人,指的是奋斗的、无私的、自律的、有技能的人,而如何培养造就这样的人,是十分艰难的事情。任正非乐意重用刚出校门的学生,因为他们单纯执著、充满激情、不怕吃苦、最肯牺牲,并真诚地相信华为的产品是最好的。

自1996年进入大发展阶段后,华为年年大量招人,员工数量急速膨胀。1988年仅14人,1991年20多人,1995年800人,1997年5600人,1999年1.6万人,2003年2.2万人,2007年6万多人。

华为在招聘过程中最注重员工有无发展培养的潜力,其次才是经验。任正非说,华为待遇标准仅是中国业界最佳的80%,这使那些仅仅为了钱的人不愿来华为公司,而那些为了干一番事业的人就想来,也有利于华为队伍的建设。一些外资企业员工涌向华为公司,因为在外资企业不容易进入核心决策层,而在华为极有这种可能。

1998年华为展开第一次大规模招聘活动,在北京、上海、西安等地的主要媒体上大做广告,在著名高校里召开招聘专场,共从全国招聘了800多名毕业生,还与竞争对手中兴在清华校园里上演过针锋相对的"招聘战",华为凭借有竞争力的薪酬待遇胜出。此后每年都有大量高校毕业生进入华为,1999年2000名,2000年4000名,2001年更是挨个到全国著名高校招聘最优秀学生,工科硕士全要,本科的前十名也全要,任正非希望这些毕业生能为2001年销售400亿、2002年销售600亿做战略储备。虽然这一目标在现实面前推迟了数年才实现,但这种气魄却着实震慑了社会各界。

借助这次全国最大规模的招聘,华为实际招聘了6000多人,也因此声名鹊起。数以千计的陌生面孔突然出现在华为,引起了不小的波澜。毕竟每三个老员工身边就出现一位新人,这种消化和带动的成本很高昂。

为了把一名刚出校门、缺乏经验的学生培养成可以独当一面的成熟员工,华为投入了大量资金,新员工的工资、长年设置的负责培训的干部员工费用、各种培训费用支出、培训场所的建设维护等都是大笔开支。新员工要上四门文化课程,每门课程的教材都很厚,包括各种文章和案例,由专门老师教授。

很多年里,对就业者,特别是刚毕业的大学生而言,华为是大多数人向往的公司。之所以如此，源自华为不惜血本为员工所创造的发展环境。

首先是平台效应。华为按公司组织目标与事业机会的要求，依据制度性甄别程序，对有突出才干和突出贡献者实现破格晋升。公司对每一个员工都提供了一个展示才能的平台，只要你去做并做得出色，华为不考虑你的工龄，马上就会得到升迁。当确定一项新技术开发后，华为会不惜代价地以最高薪酬、最好的工作条件，在最短的时间内将最尖端的人才"挖"过来。结果就是，华为在很多项目上拥有国内最高技术水平的专家。

其次是集体氛围。华为园区的设计像一座新人们所熟悉的大学校园，为知识型员工们搭建了一个充满朝气的工作与学习环境，使新员工从校园到企业转换身份时的不适应降到最低。公司为员工修建了几十栋花园式公寓，现代物业管理和舒适的居所营造了良好的居住环境。

对于华为来说，如何教育这些没有受过严格的职业素养训练、个人价值观强的80后一代独生子女，确实是一个新的难题。任正非回答提问时对新员工的建议是："自我批判、脱胎换骨、重新做人，做个踏踏实实的人。"

在我国，有一个现象很特别，那就是裙带关系，所谓"一人得道，鸡犬升天"。但是，这一现象在华为是坚决不允许出现的。在华为迅猛发展的时候，许多人都希望通过关系将亲戚朋友塞进华为。任正非在给人力资源部负责人讲话时说，华为要坚决杜绝裙带关系，是否录用完全由你们把关，出现问题的话就一定是在人力资源部。有了如此明确的指令，人力资源部就敢于严格把关，结果很多领导推荐的人因为面试不合格被挡在了华为的大门之外。深圳市政府曾希望华为多招收一些深圳大学毕业生，但华为却始终坚持自己择优录取的原则。华为专注于人力资源储备，将国内高材生"一网打尽"的战术，换来的当然是华为稳步前进背后强大的人力和智力支持。

新员工进入华为报到后第一件要做的事就是进入"华为大学"学习，时间长达5个月，不仅限于企业文化培训，而是分为军事训练、企业文化、车间实习、技术培训、市场演习等五个部分。这5个月的生活就像炼狱，"生存"下来的人会有获得"新生"的感受。先进行2周军事化训练和企业文化培训，早晨6点半起来跑操，迟到要扣分，而且还要扣同宿舍员工的分，以此培养团队精神，不能让新员工像在大学一样各自为政。此后再进行3周至4周的劳动生产实习，根据不同岗位设置实习内容。这段时间的学习有6次至7次考试，连续两次考最后一名的学生将推迟到下一期学习，如果再不行就很有可能被辞退。新员工出营后先被派往华为的各办事处了解一线的销售情况、熟悉市场，然后调往所在部门。如果遇到问题需要帮助，整个公司的人都会提供帮助。

只有进入华为的人才能体会到，这次培训带给他们多大的收获。放眼国际国内的所有电信设备商，没有一家能够针对一个新人做为期数个月的免费的专业培训，同时还按照正式员工支付工资，但是华为可以做到。华为敢于在人的培养上投入，换来的当然是丰硕的收获。在这样一个高技术的企业里，人超越其他资源成为公司最重要的财富。

华为是一家高科技企业，员工85%以上拥有较高的学历或职称，是知识型员工。公司不断追求和探索针对员工采取合适的激励措施，并取得了许多有华为特色的成果。新员工往往有工作热情，但技能不足，为了让他们能够融入团队，认可华为文化，新员工到部门报到的第一件事就是集中谈话，帮助其树立工作自豪感和责任感，树立共同的目标和愿景。各个部门根据自身所提供产品和服务的情况，通过例会、学习会和公告牌等形式，向新员工宣传本部门取得的业绩以及未来的发展前景，使他们意识到自己正在从事着一种有意义的事业，产生骄傲和自豪感。华为的新员工和朋友交流的时候，往往会提到自己工作的意义，并由此充满了成就感。

在华为，工作的环境是非常宽松的，员工有充分的自由去运用他们的创造力，选择他们喜欢的方式来解决问题。华为努力为员工提供成长和发展的机会以激励员工。公司为员工提供了大量的培训、参观和学习的机会，员工不再被看成是雇员，而是公司的主人，随公司的成长而成长。

为了使经验能够积累下来，华为开发了导师制，正式工作后每个新员工都要配一个老员工担任导师，在新员工成为正式员工的三个月里导师要对新员工的绩效负责，新员工的绩效也会影响到导师本人的工作绩效。导师在公司文化、技术、生活等方面都要全方位地对学员进行帮助，定期进行沟通，让员工在有经验导师的传、帮、带下迅速成长，宝贵的经验和知识得以扩散和利用。

任职资格制度的变迁

1998年之前,华为对员工职位等级的划分和其他中国企业一样,十分繁琐。例如副处级高级工程师、正科级业务主管等,即在具体职位前面加上了相应的行政级别,这样一来地位和待遇等级都可以一目了然。但同时也会造成一些困惑,譬如发布会议通知的时候,先要规定一下参会人员的级别范围,如科级以上或者处级以上等。不论你是管理人员还是其他专业人士,只要符合相应的级别要求,就都必须参加。如果有人不清楚是否符合参会条件的话,可以先去问一问自己的上司。

伴随着华为的进一步发展,华为也涌现出技术、营销、制造、采购、财务以及人力资源等方面的专业人士,这种"官位"做法有了一定的改进,但却仍然脱离不了"官位"这个圈。任正非将这归结为华为发展不够快、无法与美国同规模企业比拟的内部原因,而这个内部原因明显地也影响到公司对人才的招揽——在一个带着政治色彩的环境里,要求员工时时事事以客户为中心显然是行不通的,而员工本人也很难做到如鱼得水。

1997年,华为就与英国国家任职资格委员会(NVQ)合作,着手任职资格制度的建设。

概括起来看,华为的任职资格制度主要包括三个方面的内容:职业发展通道设计、职业能力等级标准制定和职业等级认证。

首先说职业发展通道设计。即华为员工只有具备了某个专业级别二级资格之后才可能成为三级管理者,这也意味着除少数"空降兵"之外,管理者一般都是从优秀的专业骨干中选拔产生的。在这个多通道晋升模式中,每个员工至少可以选择两条职业发展通道。技术人员在获得二级技术资格之后,既可以选择管理通道发展,也可以选择技术通道发展。而一旦成长为资深技术专家,即使不担任管理职位也可以享受公司副总裁级的薪酬与职业地位。这样也就解决了"万众一心奔仕途"的问题,企业也得以充分保留一批具有丰富经验的技术人才。

在这个通道模式中,任职资格标准是以行为举证为核心的。因为员工持续产生高绩效所需要的关键行为,最能体现任职者的胜任程度。正面的证据可以支持,反面的证据可以否定,由此形成的评价标准既客观,又具有很强的操作性。

其次再说职业能力等级标准制定。事实上,如今流行于许多企业中的以绩效为标准的评价体系,存在着很多偶然性。华为认为,行为是产生绩效的最直接因素,所在行为能力评价中的举证,综合考虑了员工的累积绩效结果以及在完成工作中的过程行为。这既避免了评价中的偶然因素,符合职业行为需要持续一贯的原则,也摆脱了传统的论资排辈。

最后说一下职业等级认证。认证可以分为初次认证与周期性认证两种。职业发展等级资格标准规定了职业发展路径上不同能力等级的要求,初次认证就是按照不同员工的能力级别,为他们找到符合自己的岗位。在这一阶段,员工的实际行为能力决定了其职位的高低。

初次认证之后,将来每隔一两年华为的人力资源部都会对员工的职业发展状况进行周期性认证,并根据认证的结果将其调整到适合的职位。这里的"适合"有三种情况,一是提升到了更高的职位,或者原地不动,或者被降级。

任职资格制度的推行与业务流程变革起到了相辅相成的作用。在任职资格标准的设计中,不仅仅会对工作的最终结果提出要求,同时也会对是否制定工作计划、计划制定的水平做出具体的规定。这样也促使华为员工重视工作计划的制定。在任职资格标准中,不仅仅要求工作质量,还会看是否符合相应的标准规范,是否能够有效地利用各种资源并一次性做好,这样也有助于改变不规范的"狼性文化"。

华为的职业化与引进集成产品开发等流程变革是一个大方向上的两条线,虽然开始的时候任正非并不一定清晰地知道这两条线之间的关系,但是这两个变革的同时发生却客观上帮助华为把一个几乎很难成功的历史性企业制度与企业文化变革进行了下来。

对于任正非而言,任职资格体系建设的另外一个目的,就是通过组织群体能力的提升,让企业摆脱对个人的依赖。

任职资格是人才群体成长的组织保障机制,通过任职资格体系的建立和应用,逐步实现组织人才的有机增长,由此形成企业内部"能人"的批量生产。华为虽然最终也没有像任正非当年所期望的那样,诞生出 100 个李一男,100 个郑宝用,但是却培养出了成千上万个素质整齐、做事职业、凡事能打 80 分的员工。这是华为能打国际仗的最重要基础——"众人划桨一样齐"的能力。

"鲇鱼效应"的极致运用

但凡了解一些人才管理的人都知道这样一个名词:"鲇鱼效应"。

西班牙人爱吃沙丁鱼,但沙丁鱼非常娇贵,极不适应离开大海后的环境。当渔民们把刚捕捞上来的沙丁鱼放入鱼槽运回码头后,用不了多久沙丁鱼就会死去。而死掉的沙丁鱼味道不好销量也差,倘若抵港时沙丁鱼还存活着,鱼的卖价就要比死鱼高出若干倍。为延长沙丁鱼的活命期,渔民想方设法让鱼活着到达港口。后来渔民想出一个法子,将几条沙丁鱼的天敌鲇鱼放在运输容器里。因为鲶鱼是食肉鱼,放进鱼槽后,鲇鱼便会四处游动寻找小鱼吃。为了躲避天敌的吞食,沙丁鱼会自然地加速游动,从而保持了旺盛的生命力。如此一来,一条条沙丁鱼就活蹦乱跳地到达渔港。

这种被对手激活的现象在经济学上被称作"鲇鱼效应"。

一个企业的人才管理也是这个样子。无论是传统型企业还是自我管理型企业,时间久了,其内部成员由于互相熟悉,就会缺乏活力与新鲜感,从而产生惰性。尤其是一些老员工,工作时间长了就容易厌倦、懒惰、倚老卖老,因此有必要找些外来的"鲇鱼"加入团队,制造一些紧张气氛。从马斯洛的需求层次理论来说,人到了一定的境界,其努力工作的目的就不再仅仅是为了物质,而更多的是为了尊严,为了自我实现的内心满足。所以,当把"鲇鱼"放到一个老团队里面的时候,那些已经变得有点懒散的老队员迫于对自己能力的证明和对尊严的追求,不得不再次努力工作,以免被新来的队员在业绩上超过自己。否则,老队员的颜面就无处存放了。

而对于那些在能力上刚刚能满足团队要求的队员来说，"鲇鱼"的进入，将使他们面对更大的压力，稍有不慎，他们就有可能被清出团队。为了继续留在团队里面，他们也不得不比其他人更用功、更努力。

正是出于这个原因，任正非在华为引进了"鲇鱼效应"。1996年1月，任正非做出了令业界震惊的举动：市场部所有正职干部——从市场部总裁到各个区域办事处主任，所有办事处主任以上的干部都要提交两份报告：述职报告和辞职报告。公司采取竞聘的方式，根据其表现、发展潜力和企业发展需要，只批准其中一份报告。在竞聘考核中，大约有30%的干部被替换下来。这就是震惊整个中国企业界的大事——市场部干部集体大辞职。

华为创业初期，产品技术含量低，市场结构单一，销售靠"土狼"的拼命精神就可以做好市场。1995年以后，华为交换机研发成功，进入了以开发、销售自主产品为盈利模式的高速发展阶段，技术和服务摆在了首位，因此传统的销售方式亟待转变。

任正非为什么要使出这么"狠毒"的一招呢？那些可都是曾经跟随他创业的老部下，没有功劳也有苦劳。对于他们来说，这样做是不是有点不近人情？任正非说："华为在初期的发展，是靠企业家的行为，抓住机会，奋力牵引；而进入发展阶段，就必须依靠规范的管理和懂得管理的人才。"

在华为，市场部是最风光的部门，掌握着丰厚的利润。市场部的每一位干部都是经过"摸爬滚打"过来的，打江山的就应该坐江山，这是中国的传统观念。没有市场部员工们的兢兢业业，就不会有华为的辉煌。很多人在那里干了好多年，付出了很多心血，这一突然的决定真让人有点接受不了。但每个人都知道任正非的脾气，一言九鼎，而且每个人也都佩服他的超前思想，任总这样做肯定有他的道理。

作为老前辈，市场部总裁毛生江也参与了这场大运动。毛生江刚进入华为不久，就担任了销售C&C08交换机的开发项目经理，参加研发，之后转做市场。他跟人谈的第一桩生意是东北第一台容量超过两万门的交换机项目，合同金额1000万元。1995年11月，毛生江开始担任市场部代总裁。这个突然的决定意味着他辛勤经营的成果将有可能付诸东流。刚开始他无法接受，但经过短痛之后，他重振精神，一切从零开始，开始了脱胎换骨的转变。2000年1月18日，毛生江被任命为华为执行副总裁。

任正非有一句话："烧不死的鸟才是凤凰。"华为许多人私下里都称毛生江为"毛凤凰"或者"毛人凤"。有位高层领导曾开玩笑问毛生江，你是不是一只烧不死的鸟？当时身心俱疲的毛生江回答："世界上根本就没有烧不死的鸟。"2002年，毛生江辞职，到尚阳科技担任负责市场营销的副总裁。

副总裁张建国也是这场运动中感触很深的一位。得知公司要进行辞职再上岗的消息，他心里很不是滋味，好不容易打出了一片天下，又要退下来，无奈只好忍痛割爱了。后来他被调任人力资源总监，以后又不断提升。2000年，张建国离开工作了10年的华为，去麻省理工大学学习人力资源管理。镀了金的他，带着这份宝贵的经验，回国后在深圳创立了益华时代管理咨询有限公司。

2000年1月，任正非在"集体大辞职"4周年纪念讲话中，高度评价了这一运动。"市场部集体大辞职，对构建公司今天和未来的影响是极其深刻和远大的。任何一个民族，任何一个组织，只要没有新陈代谢，生命就会停止。如果我们顾全每位功臣的历史，那么就会葬送公司的前途。如果没有市场部集体大辞职所带来的对华为公司文化的影响，任何先进的管理，先进的体系在华为都无法生根。"

集体大辞职，再竞聘上岗，任正非很好地利用了"鲇鱼效应"，重新激活了市场部的活力，为华为朝气蓬勃地走向未来做了准备。

高薪酬是第一推动力

在知识经济时代，人才是核心竞争力，拥有优秀的人才是企业的一笔巨大的财富。确立合理的薪酬体系，既能留住现有的优秀之才，又能招揽新的人才，成为企业管理者慎之又慎的决策。

西门子全球总部人事副总裁高斯曾坦诚地说："我们西门子这么大的公司能凝聚在一起，凝聚力主要有两个原因，一是金钱，二是人力管理。"

任正非崇尚知识的力量，"坚持人力资本的增值大于财务资本的增值"，实行"知本主义"——把知识资本化，认为知识创造技术，技术造就产品，承认知识创造财富，给创造财富的知识以合理的回报。这种"知本至上"的薪酬体系既吸引和留住了人才，更激发了他们的工作热情，驱动着华为不断地进步。

在华为，薪酬的构成是：基本工资、股票、福利、加班费、补助和奖金。粗略算来，基本工资和股票占薪酬的一半，奖金占到薪酬总数的近1/4。华为对是否给员工增加几十块钱工资丝毫不犹豫，它的高薪比起同行来要显得很"大方"，它以相当于普通企业数倍的薪水"囤积"人才。

1992年底，李一男刚到华为，经理告诉他说，华为骨干工程师的收入有希望在两年以后达到西方普通人的水平，李一男听了很兴奋。然而，速度比想象的还要快，一年后他的收入就达到了西方普通人的水平。2001年，当他走出华为时，已经拥有数千万了。事实上，很多在华为工作了十年之久的高管或技术骨干，离开时都有上千万的身家。目前在华为，身价达到数千万元的员工有可能在百人以上，达到百万元的则不下上千人。

2000年，华为到南开大学招聘时就承诺"月薪不低于4500元"。据一位华为人提供的2002年的工资情况是：大学本科毕业生5000元/月，研究生6000元/月。而另一份资料则说早在2000年时，学士学位的员工的月薪达7150元，年终还有10万~16万的分红；双学士7700元/月，硕士学位8800元/月，博士10000元/月。这个水平比深圳一般公司高出15%~20%左右。

一位辞职的华为人说："华为对技术开发人员的确很够意思，像我1995年刚进公司的时候，他们就开出了6500元的月薪，后来慢慢涨到了12000元，加上其他的补助，拿到手上的数字还要高一些。"在办好一切辞职手续后，他意外地发现自己还拿到了一大笔年终分红，吃惊之余"几乎都有点后悔当初离开华为了"。

1996年，华为曾经以10万美元年薪，聘请一批"海归派"来搞技术研发。一位从事芯片研发的工程师，华为开价年薪40万美元，等他到位以后，华为发现他有更大的价值，立即涨到了50万美元。

1998年10月，中兴和华为在清华园进行了一次招聘"大战"。10月中旬，本来是中兴先来，但是院领导不大同意，只好先开"见面会"。

11月中兴再来，已被华为占了上风。原来华为10月27日就"杀"了进来，以高薪为诱饵，"后来者居上"，原先与中兴签约的十有七八倒向了华为。

华为如此的大手笔，令许多大公司都心生畏惧。

2004年5月22日，华为到TCL的大本营——广东惠州举办现场招聘会，或许是出于无奈，李东生只好组织本部的主要技术、管理骨干和全体研发人员前往南昆山旅游。

一位摩托罗拉的管理人员称："摩托罗拉要挖华为的人很难，可华为要挖摩托罗拉的人就容易多了。"

最近几年的校园招聘中，华为的展位面前都被围得水泄不通，而华为也能够屡屡得手，从国际巨头手中抢人才，大量招聘国内各所名牌大学优秀学生，完全得益于它的"杀手锏"——起薪点高，福利可观。用华为人自己的话说就是为人才提供了"有竞争力的薪酬待遇"，每一个被录用的人都为此自豪。

华为的高薪主要是来源于总裁任正非的企业精神。《华为基本法》第六十九条："华为公司保证在经济景气时期和事业发展良好的阶段，员工的人均收入高于区域行业相应的最高水平。"

近几年，华为内部股改为期权后，新来的员工收入要少一些，但达到年薪15万元也不是难事。在华为，年收入在50万元以上的以千人计；年收入在100万元以上的以百人计；其他人，虽没有年薪10万元，绝大多数也不会少于年薪5万元。

在高薪的诱惑下，一批又一批的通信人才涌入了这个本来就人才济济的地方。很多业内同行指责华为利用金钱"囤积"人才，是对通信人才的极大浪费。对于"浪费"一说，华为的总裁任正非颇不以为然，他认为，任何一家企业都离不开人才，华为能走到今天，取得如此的业绩，就是大批优秀人才努力的结果。

另外，光基本工资就高出别的企业好几成的华为自然不会在福利待遇等方面输于别人。任正非在制定华为的福利政策的时候，就从员工真正想从福利中获得什么出发，在给员工比同类企业高得多工资的同时，还包括了一系列诸如培训、分红、职工小区等其他待遇。可以说，除了一般的福利政策以外，华为还创造性地提出了很多企业都没有的、吸引人才的特殊福利。

对于那些已经和华为签订就业协议的毕业生，来公司报到时的路费和行李托运费等可以享受实报实销，包括从学校所在地到深圳的单程火车硬卧车票、市内交通费（不超过100元）、行李托运费（不超过200元）、体检费（不超过150元）。上述费用所有票据在报到后的新员工培训期间统一收取、报销，并在报到的当月随工资发放。虽然仅仅是报销报到费用，每个人只有几百块钱，但一次性招聘数千人，也是一笔不小的开支，国内绝大部分公司都很难做到。

并且，华为新员工在正式上岗前的为期几个月的内部培训期间，工资、福利照发不误。

为了提高员工的积极性，华为福利一个最直观的体现就是将其货币化，打到职工的工卡里。深圳关外为1000元/月，国内其他地区800元/月。这笔钱每月定期打入工卡，可用于购买车票，在公司食堂就餐，在公司小卖部购物。

在华为，发放额度最高的福利分别是交通补贴、出差补贴和年终奖。交通补贴只有深圳总部员工享有，国内其他分支机构没有这笔补贴。由于深圳总部的园区离深圳市区很远，许多家住市里的员工上班都要花不少的交通费用。因此华为给员工们每月支付800～1000元的交通费用。交通补贴每月都直接发到员工的工卡里，不得取现。在每年年底高于一定数额或离职时可以一次取现，扣20%的个人所得税。

出差补贴分国内出差补贴和海外出差补贴，根据职位、出差地的艰苦程度、危险性等标准计算，标准乘以实际出差的天数，就是可以拿到的补贴。一般在出差回来后报销时领取。具体来说，华为员工国内短期出差补助标准为100~200元人民币/天，交通费、住宿费、通信费实报实销。技术支援或市场部人员在国内常驻外地，补助标准按地区艰苦程度分为几档，一般50～100元/天，住宿费用另外计算，如果住宿在当地的办事处则没有住宿费用。研发人员如常驻外地研究所不享有该项补助。

员工在海外连续工作3个月的可以享受海外出差补助，标准为50～70美元/天，香港为300港元/天。常驻海外的员工，根据当地情况，补助标准分为几档，一般50～85美元/天，当地越艰苦、越危险，补助越高。2004年，华为的海外补贴降低了标准，一般国家降到税后30美元/天。公司还会替员工交纳社会保险基金，按照每月基本工资15%的比例划拨，员工离职时可一次性提取，扣20%个人所得税。

在华为的薪酬体系里，年终奖的数量几乎占到了所有报酬的1/4，华为公司每年7、8月份都会有一个规模非常宏大的"发红包"活动。那时公司的高层几乎全部出动，根据员工的贡献、表现、职务等分股票发奖金，一般员工在1万～3万元左右。一般来说，市场系统、研发系统的骨干最高，秘书、生产线上的工人等做重复性工作的员工最少。

华为给员工最大的回报是丰厚的股权。可以说，相当一部分大学毕业生在最初选择去向的时候放弃中国移动、摩托罗拉等知名企业而远赴深圳，很大一个原因就是冲着在同业中久负盛名的华为股权。

试想一下，让一个大学毕业没两年的新人拥有几十万的股权，在离职的时候还能不费任何力气、很容易地对其进行套现，相信没有几个人能经受得住这样的诱惑。

有了以上的高薪和各种福利措施，华为等于是给了员工极大的面子、极多的银子。在深圳这样一个男女比例严重失调的城市，有很多人愿意为华为的小伙子做红娘。因为在外人看来，是华为的员工就能买得起私家车，中高层的干部更是将目光锁定在VOLVES80、BMW等汽车上。

众所周知，一个好的薪酬结构体系将有效地保证企业发展中的动态合理性，并促进企业的竞争力与提升员工的成就感。能否在士气上与员工的归属感上创造价值，是一个好的薪酬体系的评价标准。在华为高薪政策的推动下，员工们基本都能心无旁骛地投身工作，同时也避免了人才流失带来的损失，形成了"华为人力资源大厦"。

绝不让"雷锋"吃亏

雷锋,新中国成立前是一名孤儿。新中国成立后,在党和政府的关怀下他入学读书。参加工作后,多次当选为劳动模范。1960 年参军,两年多的时间里,立功三次,还被评为模范共青团员和节约标兵。1962 年 8 月 15 日因公殉职。1963 年初,他的优秀事迹公开报道。1963 年 3 月 2 日,《中国青年》杂志中首先刊登了毛泽东"向雷锋同志学习"的题词。从此,学习雷锋的活动在全国展开,而且不管政治形势如何变化,雷锋精神却经久长存。

雷锋不单单是一个名字,他还是一个勇于探索的创造者,他总是把实现崇高的理想落实到本职岗位上,说到做到,表里如一,全心全意为他人服务,为了自己的事业无私奉献。他坚持理想与现实相一致,干一行,爱一行,钻一行,甘做一颗永不生锈的"螺丝钉"。

在现代企业里,也有一大批"雷锋"式的人在默默地工作着、奉献着。任正非认为在高度发达的信息社会中,按劳分配要看劳动中的知识含量,按资分配正在转向按知识分配。有许多出身贫寒的人往往由于过去的缺憾太多而形成了对财富的贪婪,不会也不愿和别人分享,但任正非并非如此。任正非懂得对知识的尊重和回报,坚信高工资是第一推动力,因此他提出"不让雷锋吃亏",赚了钱乐于同大家分享。

任正非之所以说出这样的话,是因为在 1994 年,华为碰到了一个难题。两名业务员分别被派往上海和乌鲁木齐销售一种电信设备。在乌鲁木齐的那位销售得很成功,而在上海的那位销售量只有几台。若按照以前销售越多奖金越多的分配政策,被派往乌鲁木齐的销售员可以获得 20 多万元的奖金,而去上海的销售员只能获得几千元奖金。但是这样会很不公平,因为面临的市场不同。

随着华为市场队伍越来越庞大,任正非派副总裁张建国着手建立合理的薪酬评价体系。

张建国等人商讨的华为薪酬结构为:知识能力(投入)、解决问题(做事)、应负责任(产出),提倡实行内部公平和外部竞争的原则。内部薪酬的公平,就是要求公司内部做出相同贡献的人薪酬相当。外部的竞争力则主要是通过薪酬的调整与支付来进行分析。具体的评价标准是：第一看是否能有助于实现企业战略，第二看能否帮助提升企业战略，最后看能否促进组织成长。简言之，华为的标准就是以绩效目标为导向。

从2002年开始，华为股权实行"虚拟受限股"，企业员工不能只靠"吃老本"，而要靠自己的努力。华为按照责任与贡献来确定任职资格，再按照任职资格确定员工职能工资。奖金分配与部门的绩效和个人绩效挂钩，其他福利分配也依据工作表现拉开差距。

在薪酬考核部，绩效考核和报酬管理二位一体，他们的一个信念是："绝不让雷锋吃亏。"绩效考核与报酬分配要保证使这种奉献得到合理的回报。另一个信念则是："通过5%的落后分子促进全体员工努力前进。"

在华为，不同的贡献就有不同的回报。同样是副总裁，贡献不同，收入就不同。1996年，同是市场部的副总裁，主管营销的月工资是20000～22000元，而主管职能部门的是10000～15000元。同样是客户经理，表现优秀的配股可能是15万股，表现一般的就在10万股以下了。

一个好的薪酬结构体系能有效地保证企业发展中动态的合理性，同时促进企业的竞争力，提升员工的成就感，在士气上和员工的归属感上创造价值。

改革股权分配制度

经过融合之后，华为来了个华丽的转身，迅速跻身于通信行业的上游。如果将华为比喻为富丽堂皇的泰坦尼克号，那么2003年年初的思科诉讼案，似乎还只能算是它出海后遇到的冰山一角。尽人皆知，外患只能造成重创，而内忧才真正致命。但谁也没想到，华为的"内忧"这样快就浮出了水面——华为的股权分配制度遭遇了挑战。

在即将跨入 21 世纪的时候，员工持股已经成为一种国际化趋势。20 世纪 90 年代末，英国约有 1750 家公司、200 万员工参加了政府批准的员工持股计划。法国工业部门企业员工持股率超过 50%，金融业中有的企业已达 90% 以上。德国把实施员工持股作为吸引员工参与管理、挽留人才、促进企业发展的一项基本制度。日本绝大多数的上市公司实行了员工持股制，就是在新加坡、泰国、西班牙等发展中国家，员工持股也十分流行。

但从当时中国的现实看，"员工持股"更像是所有者们——无论国企还是民企——画的一块馅饼。以员工持股的先行者"华为"为例——"员工持股"曾给华为带来了迅猛发展——任正非曾对追随者说：只要我们的领地做大，会有你们各自的份额的。这正是华为最初推行全员持股的原动力。然而，当攻陷下来的阵地越来越大时，士兵们隐约发现自己实际上并没有得到承诺中的嘉许，越来越多的员工开始疑惑和躁动，从而导致了一起又一起的股权纷争。

2003 年，正当华为与思科的官司处于吃紧时期，原华为创业元老之一的刘平一纸诉状将华为告上了法庭，诉讼的主要内容就是股权问题。

这是华为遭遇的第一宗股权纠纷案。2003 年 5 月 27 日，深圳中级人民法院正式开庭审理此案。刘平还只是一个开始，随后，黄灿、王金甫等创业元老也相继通过诉讼就股权问题向华为发难。华为的股权问题所存在的矛盾一下子大规模地爆发了出来。

从 1987 年任正非以两万元注册资本创立了华为后不久，华为就开始实行全员持股。华为的全员持股其实质就是内部股，是由华为根据能力、贡献、潜力分配给员工的数量不等的股票，由员工出钱购买。也可贷款购买，在 2001 年以前，华为的内部股一直是 1 元 1 股对员工出售。

这种开中国企业内部管理先河的内部股最大的优势就是在华为资金紧张的时候成了企业最关键、最可靠的资金链，同时由于邮电部门的很多职工也购买了华为的内部股，所以无形中就帮华为的产品打通了一条巨大的销售通道。而在华为资金严重紧缺的 1997 年，国内各电信局又纷纷为华为向银行贷款提供担保，帮助其渡过资金难关。在这个过程中，华为内部股所起的微妙作用显而易见；由于股权的数量随着工作年限以及工作成绩累加，既调动了员工的工作积极性，又增强了员工的"主人翁"精神，而且华为每年的内部股分红，不是像有些上市公司那样将在股市上圈得的股民的钱给员工分红，而是将企业的净利润分给持股的每一个员工。

到了2000年，华为的发展以几何式进行着，它创造了一个神话，公司的财富以几亿、几十亿、上百亿的速度增加。而此时公司员工原先对于财富分配的愿望却没有得到满足，尤其是当深圳比亚迪、联想造就一串千万、亿万富翁的故事四处流传的时候。

望着远方天空上演绎着的财富神话，华为人还只能浮想联翩时，金色的光圈突然开始罩向华为电气的上空。2001年新年刚过，华为与爱默生电气签下秘密协议，将发展不错的非核心业务华为电气以65亿元人民币的天价卖给电气大王爱默生，改名安圣电气。

爱默生看中了华为电气的一群精英员工，为了防止华为卖一个空壳给自己，因此协议约定华为电气所有员工在4年内保持稳定不动。华为电气是华为与各地电信管理局合资成立的控股子公司。在清理员工股权时，华为最初提出以1∶1兑现，结果遭到以张群为首的华为电气员工的强烈反对。华为电气员工全体行动，提出了按1∶7兑现的条件。双方几经拉锯、交涉，最后的结果是以1∶4比例在4年内逐步兑现。

此时华为技术员工都恨自己为什么不是华为电气的人。

华为一部分创业元老们更是为手头1∶1的兑现感到气愤难平，进而拿起了法律武器，这其中就有原华为北京研究所总经理刘平。

1993年2月，刘平进入华为公司，学技术出身的刘平一路从软件工程师、交换业务部副总工程师开始，一直做到北京研究所并担任总经理，并成功地推出了一些很有卖点的系列产品。华为由此建立了一条完整的数据通信产品链。

2002年1月，刘平以"内部创业"的形式"体面"离开华为，同时要求领取自己在华为多年来以业绩与奖金购买的股权。华为按照1999年刘平持有的股数354万股以1∶1的比例计算退股，兑给刘平现金是354万元。

但是刘平感觉很委屈，自己把青春和心血都献给了华为，为华为的发展壮大做出了不可磨灭的贡献。俗话说得好，水涨船高，当初是1∶1，到现在还是这个比例显然是不合理的。他认为354万股的股权在他离开时的现金兑现只等于他的股权数，而他期望的要比这个数要高得多。毕竟十年来，华为的注册资本从7005万元增加到32亿元，总资产达到近100亿美元（按2000年高盛对华为的评估）。刘平无法接受华为的滚动发展以及股权的增值与自己无关的这个现实。

刘平和华为的官司正值华为和思科的官司难解难分之时，刘平的这一举动被许多人指责为落井下石。

虽然此案应华为要求不公开审理，但几位元老的举动在华为员工心中仍掀起了巨浪。因为案件所涉及的股权问题，一直是华为的最高级机密。据说华为内部真正了解股权结构的人，包括任正非在内可能也就两三个人。

而这个问题的"适时"爆发也反映出了华为在股权问题上的先天性缺陷。任正非意识到，成立初期的内部股权制度，现在已经成为华为巨大的负担。

2002年IT泡沫的破灭，对华为构成了严重的打击。之后华为的成长便开始减速，2002年华为销售额为255亿，仅比上一年增长16%，内部股分红减少，华为倡导的期权激励机制也开始面临新的考验。

2003年，华为动用了30亿元的内部股权，再次给予80%以上的员工股票购买权，这样不仅可以向银行申请股权抵押的贷款额度，缓解华为当时由于3G业务推迟所带来的资金紧张问题，而且有利于稳定核心员工队伍。但是，如此巨大数目而分散的股权融资，一旦未来三年企业经营出现问题，公司必将面临严峻的兑现风险。

在这种情况下，任正非想到了上市。相比之下，上市集资非但可以有效避免由于业绩不理想而可能导致的内部股挤兑潮带来的风险，而且可以把内部股这个包袱让资本市场来消化。因此，华为不用再担心因为员工去留问题而对公司的资金造成太大压力的风险，对于公司长期的发展也绝对有利。

为此，华为实施了大规模的清理股权运动。华为把当年邮电系统职工购买的股权全部按比例兑现，注册成立"华为投资控股有限公司"，将员工过去持有的隶属于"华为工会"的"华为技术"的股票全部置换成"华为控股"的股票。这样一来，即使华为的股票以后上市，华为的员工也不会是股票的直接持有人，而只是通过"华为控股"来获取"华为技术"这一块的盈利收益和企业的净资产增值。新的期权制度也使得期权的额度缩为原先内部股的 1/3，且每年只能行权 1/4。

股权清理，使一直背负在华为身上的厚重外壳逐渐减轻，有效控制了公司收益的急剧减少；而且由于配额制度的降低以及期权额度的减少，使得新老员工的分配体制日渐平等，有效地抑制了已经被惯坏的老员工对于红利的胃口；以往期权制度按资分配的天然缺陷也因此减轻了很多。这次进一步的股权回收工作无疑为华为日后顺利上市打下了良好的基础。

任人唯贤，而不是任人唯亲

近年来，关于华为接班人的问题一直是社会各界关注的焦点。在华为内部，关于任正非接班人的猜测，实际上从 2009 年末就开始愈演愈烈。任正非既是华为的创始人、CEO，也是中国民营企业家的一个标杆。华为这家如今年销售额高达上千亿元、净利润也超过 180 亿元的中国通信企业龙头，谁来接班，自然备受外界瞩目。

2010 年 10 月，有媒体报道称华为技术有限公司创始人、总裁任正非欲将其子任平立为董事做接班人，女儿孟晚舟接任 CFO，但遭到部分高管的反对，从而引发华为高层动荡，部分创业元老酝酿出走。

此前不久，华为的最高管理机构——经营管理团队（EMT）已经开始"换血"。在国庆节前一次华为例行的经营高管团队（EMT）会议上，任正非提出要将任平引入 EMT 成为董事，但是遭到董事长孙亚芳等高管的反对。华为 EMT 的成员包括总裁任正非，董事长孙亚芳，副总裁费敏、洪天峰、徐直军、纪平、胡厚崑、郭平、徐文伟、彭志平等。在会上，大多高管对引入任平提出了异议。知情人士透露，支持任正非的包括郭平、徐文伟、彭志平，胡厚崑并未表态，但是孙亚芳率其余高管代表投了反对票，由此引发了会上诸位高管与任正非的正面冲突。事后，反对派基本上被休假或离职。

孙亚芳与任正非共事 16 年，二人长期合作默契，业界一直有"左非右芳"之美誉。孙亚芳担任华为董事长长达 12 年之久，更被认为是接替任正非的最有力人选之一。孙亚芳离职赔偿可能接近 9 亿元，还有一说是 14 亿元。

10 月 27 日，华为相关人士就媒体报道称华为有高层变动传闻发表声明，该传闻为凭空捏造并非事实，且称是对华为的恶意中伤，华为一切正常。

任正非本人在回应此次华为接班人传闻的内部讲话中也强调："华为从创立那一天开始确立的路线就是任人唯贤而不是任人唯亲的路线。从股权的结构设计上来看也是运用了这样的方法。"

面对外界对于华为接班人的质疑，任正非一再反复说明：虽然儿子任平和女儿孟晚舟均为华为董事会成员，但"所有家人永远不会接班华为"。他一再声明，华为能把十几万员工团结起来就是有一种文化，这种文化的基础就是任人唯贤，而不是任人唯亲。华为一贯的文化，就不是走家族发展的文化。华为公司有近 7 万的员工持有虚拟的受限股，他们将集体决定公司的命运。

有人说，若把华为比作一条船，那么任正非就是这条船上经验老到的船长，为华为探方向、定航道。任正非之后，谁带领华为续写传奇？对于 1944 年出生、现已年过七旬的任正非而言，接班人问题已是华为当下最紧迫的问题。

抛开私心，相信每一位企业创业人想得最多的是：怎样的传承才能让基业长青？对于家族企业而言，它更负载着家族的荣誉和使命。对于华为来说，它正试图为我国改革开放以来迅速崛起的民营企业接班人问题探索出一种可行的模式，让后来者多一个参照，从而走得更稳妥，更有底气。

华为拒绝"富二代"

2014 年 11 月，深圳，淅淅沥沥的雨滴拍打着窗外的草坪。此情此景让任正非多了一丝忧虑。年过古稀的任正非不得不考虑接班人的问题。在很多场合下，任正非都表示，自己的子女不会接掌华为。

谁来接管华为？谁能引领华为？成为任正非不得不面对的问题。因为任正非知道，此刻的华为接管人，就如同一个"富二代"，让其创业无疑会增加华为倒下的风险，特别是最近在微信圈中流传一篇名为《如何搞垮一家资产上百亿的企业》的文章，更让任正非忐忑不安。

这篇文章谈到，山西前首富李海仓之子李兆会因为热衷于资本经营而忽视实业把海鑫钢铁搞垮了。

2003年，李兆会的父亲意外身亡，李兆会中断了在澳大利亚的学习，回到山西海鑫钢铁集团，接替父亲李海仓苦心经营的海鑫钢铁，担任集团董事长兼总经理。当时李兆会只有22岁，毫无管理和经营经验。在这样的情况下，稚嫩的李兆会一夜间成为掌管一个市值拥有40亿元资产的企业集团的掌门人。

可以说，接管海鑫钢铁的李兆会，是一个名副其实的"富二代"创业者，尽管在家族纷争中，始终有家族成员鼎力支持，但是由于追求大目标、大格局、大境界，在投资上热衷于资本经营，对钢铁行业则认为其是"小农意识，没有远大追求"，羞于启齿。

到了2014年，因钢铁行业遇冷，企业转型失败，海鑫进入全面停产状态，银行紧急叫停贷款，债主闻风上门讨债，近万名工人面临失业，面对这一系列变故，掌门人李兆会却选择逃避，最终在接盘方要求下，海鑫钢铁向法院申请破产清算。

宁波家业长青接班人学院的名誉教授、知名经济学家高连奎在谈到李兆会事件时表示："在中国的民营企业创业者后代中，有五成人其实是不适合接班的。主要原因有二：一是创业者后代的成长环境与父辈有很大的差别，他们更倾向于从事新兴的职业；二是因与父辈之间存在明显的文化差异，担心二者在企业之后的经营管理过程中频繁出现分歧，影响家族感情。"在高连奎看来，李兆会属于第一种，李兆会热衷于资本经营与其在澳大利亚的求学有关。

在如今的企业接班中，"富二代"不得不面临再次创业。企业要发展下去，在投资和经营上，必须要慎重，而且要科学合理。在任正非看来，这正是其忧虑的事情。于是在内部讲话中告诫华为人，切记不要"富二代"创业。

在华为，任正非通常把华为全体成员产生的效率低下、好高骛远的现象戏称为"富二代现象"，该现象的主要表现为如下：许多业务主管没有精打细算的经营意识，动不动上来就是追求业界大目标、大格局、大境界。在投入上往往讲究大手笔，如果短期内要实现盈利则被认为"小农意识，没有远大追求"，羞于启齿，"散个步都恨不得铺铁轨"。

在任正非看来，这种"富二代现象"产生的根源主要有以下两个原因：

第一，公司确实底子厚了，资源丰富了，一些人对于小生意看不上了。

第二，现有的分配和激励机制，使得主管对人均效率提升没有任何动力。

基于上述两种原因，任正非告诫下属说，管理者在工作中首先要避免有"富二代"思想，不要盲目铺摊子，自身在效率和费用上要有约束；同时企业一把手在解决此类问题时，治标更要治本，找到问题根源，建立合理的机制从源头上解决。

第九章

任正非

以市场为先导，以客户为主导

华为的营销之道颇具特色。在华为，全心全意为客户服务是宗旨，"客户比天大"，一切为了客户，在最短的时间内响应客户需求，成为华为市场制胜的法宝。

华为是以客户为中心的，"我们必须以客户的价值观为导向，以客户满意度为标准，公司的一切行为都是以客户的满意程度作为评价依据。客户的价值观是通过统计、归纳、分析得出的，并通过与客户交流，最后得出确认结果，成为公司努力的方向。"任正非如是说。

走出国门，看看中国能被世界公认的国际化品牌，无论是快消品还是工业品确实很少。而从国际市场销售量、营销队伍数量、知名度及影响力来看，华为是中国本土真正意义上成长起来而为数不多的国际化品牌。华为国际化的成功离不开营销的成功！

在短短 20 年时间里华为从无到有、从中国本土到全球、从民营企业演变成年产过百亿美元的国际化品牌，华为的营销理念、模式、策略及手段等都是值得中国本土乃至跨国企业学习的。

第九章 以市场为先导，以客户为主导

与普遍客户搞好关系

国际上有一种公认的企业定律，叫"马特莱定律"（Pareto principle），又称"二八定律"。它包含的范围很广，其中有一条叫"二八营销定律"，即经营者要抓住20%的重点商品与重点用户，渗透营销，牵一发而动全身。

大部分企业都极为推崇这个定律，它们认为给自己公司带来80%利润的是20%的客户。按照这个原则，如果能把这20%的客户找出来，提供更好的服务，对于公司的发展和业绩的增长无疑是最大的帮助。虽然大众传媒娱乐的主力消费者是最大多数的普通消费者，但这不妨碍"二八定律"的应验。首先，面向大众的产品，其收益的80%来自20%的客户，这在传媒业界是个常识。其次，80%的收益来自20%的市场，如北京、上海、广州三地购买力比重就超过全国50%。再次，面向20%的大客户的媒体价值很高，如探索品牌就位居全球十大品牌之列。

但是，华为不完全认可"二八定律"，而是面向普遍客户。顾名思义，普遍客户是相对于关键客户而言的。华为提出的"普遍客户"的概念，旨在告诉所有员工：客户不分大小，职务不分高低，只要是和产品销售有关的人员，必须全面攻克。

在任正非看来，任何一个不起眼的细节和一个不起眼的角色都有可能决定在某一个项目中华为的去留。所以华为规定：在处理客户关系的时候，必须一视同仁，不能轻视订单量小的普遍客户，不能只重复地接触个别的高层领导，对于其他的一些中层领导甚至是普通员工都要"奉为上宾"。

为什么要这样要求呢？在2000年《华为的冬天》中，任正非给出了解释：

创造一种合同来源的思维方式是多方面的，就像下围棋一样，不能单纯地只盯住那一个棋眼。去年，我和一个部门接触，我对他们很不高兴，我发现他们工作有问题。他们把工作面缩小到针尖那么大，搞来搞去似乎决策的就那么一个人，处级干部、副总裁级干部什么的都不考虑了。这是战略性、结构性的错误，所以那时我就提出要搞好普遍客户关系。

我认为普遍客户关系，华为公司在近一两年进展情况是很好的。小公司只搞一个两个关系，最关键的关系，成本最低。但是现在决定事情的时候，也是要大家讨论的，也不可能逆水行舟。在中国现在的政治环境下，谁敢逆水行舟？即使本来自己是问心无愧的事情，也不敢逆水行舟，就包括我。我在华为公司这么长时间，问题讨论不出来就下次再讨论。我心里怎么想的，嘴上也不说。最后大家说的和我想的一样，我就说也赞成这个方案，最后是大家的。现在的决策体系，个人霸道地决策已经不存在了，这个环境不存在了。想不想都得开个会，开会后，周边环境都会有很大的影响。我们有二百多个地区经营部。有人说撤销了可以降低很多成本，反正他们手里也没合同，我们还要不断地让他们和客户搞好关系。我相信这就是我们与西方公司的差别。我们每层每级都贴近客户，分担客户的忧愁，客户就给了我们一票。这一票，那一票，加起来就好多票，最后，即使最关键的一票没投也没有多大影响。当然，我们最关键的一票同样也要搞好关系。这就是我们与小公司的区别，做法是不一样的。

任正非不仅要求华为市场销售人员要重视普遍客户关系的建立，而且还要求他们必须有长远眼光。因此，华为确立了每一个客户经理、产品经理每周要与客户保持不少于5次沟通的制度，并注意有效提高沟通的质量。

任正非一再告诫大家，要重视普遍客户关系，这也是我们的一个竞争优势。普遍客户关系这个问题，是对所有部门的要求。坚持普遍客户原则就是见谁都好，不要认为对方仅是局方的一个运维工程师就不做维护、介绍产品，这也是一票呀。

一定要加强普遍的客户沟通，要把普遍沟通的制度建立起来，沟通不够怎么办？就降职、降薪。做不好沟通工作的员工要慢慢淘汰掉。有些人是性格问题不能沟通，就转到别的岗位上去。

有人说省局见不到，到县局去总可以吧。有人说到县局多花汽油费，我们宁可多花汽油费，也不能停下来，也要沟通。我们建立了到县局沟通的制度，我们一定要执行下去。新员工找不到地方磨枪，就到县局去，他不到县局去，怎么能找到什么地方磨枪啊？他不磨枪就是锈枪，以后怎么能用啊？不要认为我们要讲节约，不下去跑能省钱。讲节约是讲不需要浪费的地方的节约，不该省的费用就不能省。

任正非认为有人满肚子学问讲不出来，在华为公司就是没学问，学问必须要卖出去才能是学问。作为一个产品经理、客户经理，不能装一肚子学问却不见客人，必须要通过交流来巩固、加深客户对公司的认识。

在海外，生产要上去，干部要下去，要多配车，一定要跑起来。员工不要自己开车，多雇一个司机，当地语言又熟悉，还可担任半个保镖，解决安全问题。

市场部经理加大与客户沟通力度是销售工作的需要，但是任正非认为研发是产品的源头，也必须搞好普遍客户关系，所以他要求研发部门所有的副总裁级人员也要建立每周见几次客人的制度。

研发副总裁的人员名单要报到客户群管理部，客户群管理部要把对他们的考核交到研发干部部。他们每周也要见几次客人，次数由他们自己定。坚持与客户进行交流，听一听客户的心声，我们就能了解客户好多想法。我们今天之所以有进步，就是客户教我们的嘛。不断地与客户进行沟通，就是让客户不断帮助我们进步。如果嘴上讲365天都想着产品、想着市场，实际上连市场人员、客户的名字和电话号码都记不住，还有什么用？

华为人已经形成了一个共识：生存下来的理由是为了客户。全公司从上到下都要围绕客户转。普遍客户是华为之魂，而不是一两个高层领导，建立客户价值观，就是围绕着客户转，转着转着就实现了流程化、制度化，公司就实现无为而治了。所以，普遍的客户关系在华为得到了有效的推广应用。

"最小的客户我都要见"

任正非驾着他的华为战车，轰轰烈烈闯出了一片属于自己的天地，但是他始终戴着一层神秘的面纱，躲在幕后半遮面，使人"不识庐山真面目"。无论是2000年荣登《福布斯》杂志富豪榜，还是2003年与思科激烈交锋；无论是地方领导参观，还是大腕媒体采访；无论是"全球最有影响力的IT名人"，还是"最受尊重的企业家"……这一切他都不屑一顾，他拒绝领奖，拒绝采访……这么大的"架子"，想拜访他，难度很大。

但是，也有些人要见他是很容易的，那就是客户。任正非是一个极其现实的人，他说："我不是不见人，我从来都见客户的，最小的客户我都见。"

2004年4月22日，华为与文莱电信公司合办了一个国际研讨会，当时在文莱最豪华的酒店举行，华为邀请了全球40多个运营商，一起讨论文莱下一代网络的商用部署和市场发展。

对客户，任正非决不慢怠，一大早，他就西装革履地站在会议大厅门口，手握一大沓名片，见到进场的客户，无论大小、中外，都挨个儿亲自送上自己的名片，面带微笑、毕恭毕敬，用带些乡音的普通话说："我是华为的，我姓任。"

任正非只见客户，而且是偏执地只见客户。2002年，摩根斯坦利首席经济学家斯蒂芬·罗奇带领一个机构投资团队来到华为总部，任正非只派副总裁费敏接待。事后罗奇感到很遗憾地说："他拒绝的可是一个3万亿美元的团队。"但任正非却不以为然："他又不是客户，我为什么要见他？如果是客户的话，最小的我都会见。他带来机构投资者跟我有什么关系呀？我是卖机器的，就要找买机器的人呀。"

还有一次，某前任部级官员专程从北京赶到深圳华为总部，希望能见任正非一面，任正非根本不见。负责引见的人员已经说得口干舌燥了，任正非可不管人家是否千里迢迢，最终也没给人家面子，没办法人家只好原路返回了。

李嘉诚说："保持低调，才能避免树大招风，才能避免成为别人进攻的靶子。如果你不过分显示自己，就不会招惹别人的敌意，别人也就无法捕捉你的虚实。"

对于媒体，任正非经常说的话是："媒体有它们自己的运作规律，我们不要去参与，媒体说你好，你也别高兴，你未必真好。"他在解释为什么不接受媒体采访时说："我们有什么值得见媒体？我们天天与客户直接沟通，客户可以多批评我们，他们说了，我们改进就好了。对媒体来说，我们不能永远都好呀！不能在有点好的时候就吹牛。"

任正非执著地认为，客户是华为的生存之本，为客户服务是他和华为的职责。对于媒体和其他知名人士，他主张"守拙"，不要过分招摇。

把客户的要求放在第一位

顾客是企业产品销售的市场，是企业赖以生存和发展的"衣食父母"。汉语词典上说："顾客是到商店或服务行业来买东西的人或服务对象。"企业必须仔细地了解它的顾客市场，这样，可具体深入地了解不同市场的特点，更好地贯彻以顾客为中心的经营思想。

在今天的市场经济大潮中，谁赢得顾客，谁就赢得市场，谁的企业就能够有所发展。所以"顾客是上帝"的说法已经被人们普遍接受。正如马克思在《资本论》中所说的："商品到货币是一次惊险的跳跃。如果掉下去，那么摔碎的不仅是商品，而是商品的所有者。"但是不同的人对这个问题的认识是不同的。

任正非认为，客户是华为发展的力量源泉，客户比天大。他说："从企业活下去的根本来看，企业要有利润，但利润只能从客户那里来。华为的生存本身是靠满足客户需求，提供客户所需的产品和服务并获得合理的回报来支撑；员工是要给工资的，股东是要给回报的，天底下唯一给华为钱的，只有客户。我们不为客户服务，还能为谁服务？客户是我们生存的唯一理由！"既然决定企业生死存亡的是客户，提供企业生存价值的是客户，企业就必须为客户服务。

服务客户是华为的生存之本，一切都要以客户为中心。严冬雪封大地，华为人前去解决客户问题被困在零下二十多度的车上；夏天烈日炎炎，外出的华为人挤在超载的长途车上。大年三十，爬上高高的铁塔维修也是家常便饭。他们不分昼夜，坚守在岗位上，维护着华为的声誉。

这样的例子在华为的发展过程中举不胜举。

1997年，刚到华为不久的陈雪志被派往西安办事处，一开始就碰上了一件棘手的事。订购的设备迟迟不到，延安电信催了许多次，货终于到位了，但又不知哪个环节出了问题。由于到货延期了，再加上不明来路的问题频频出现，延安电信领导火冒三丈，直接把多份投诉信传真到总部。总部指派一名公司高层与陈雪志一起处理这件事。他们两人从西安乘火车，晚上才到，天气寒冷，寻觅了半天，才找到一家旅店歇脚。第二天，两人去延安电信局，听着对方主管领导的抱怨、怒骂，还要赔着笑脸。两人将客户意见逐条记下来打算回办事处汇总后处理，当他们赶回办事处时，已经是深夜，寒风凛冽，两人冻得瑟瑟发抖。

2003年年初，华为在吉林移动通信公司的设备连续发生多起质量和人为事故。为此，华为长春办事处对吉林移动智能网设备维护进行24小时监控。长春办事处工程师魏云峰和吉林移动智能网维护人员，竟从除夕夜工作到大年初二凌晨；另一名员工邹善甚至掀开地板，探究每一条线路的来龙去脉，分析网络数据一直到深夜。在全体人员的努力奋斗下，问题得到了圆满解决。

2003年5月的一天，某客户按照合同来提358件货物。华为对那358件货物进行了准确地审核校验，在与客户交接时发现，客户清点失误，漏点了6件。华为人没有简单地说，这是客户的问题，不是我们负责的范围。为保证交付给客户的货物正确清晰，发货组和复核组暂停其他业务，克服货物装载紧凑等种种不利因素，积极协助客户卸货、重新清点。在客户重新核对后，他们又帮忙装好货物，交给客户运走。次日，他们又联系这位粗心的客户，客户回复说还是少6件，请求帮忙。他们分析问题后，立即赶往广州火车站协助客户清点。最后直到客户满意，他们的任务才算完成。

2004年3月21日早上，华为员工苗清在出差回来的火车上，接到网管中心某科长报告：3月20日晚华为HSTPl(A平面)升级可能造成友商(与华为协作的其他设备提供商)提供的短信设备工作异常，下发成功率很低，已经造成客户投诉。该友商没有技术人员在场，网管中心要协助解决。苗清二话没说，与服务经理下火车后直奔故障机房，经检查，升级后已经测试的所有链路均正常且无相关大问题，这次的问题主要责任不在华为。但他们还是把工作做下去，这位科长大早晨没吃饭就赶来了，问题查出后，本来她可以去吃早餐，但她却坚持说："既然来了就再工作一上午，能多处理一些就多处理一些事情吧。"在大家的团结协作下，故障排除了。

沃尔玛全球商场的店规仅有两条：第一条，客户永远是正确的，第二条，如果客户错了，请参考第一条。任正非将此店规移植到华为，要求华为人牢记：客户没有错，错的只是华为人。

对待客户要像春天般的温暖，客户利益至上，客户永远是正确的，急客户之所急，客户比天大，这就是华为的客户服务理念。

以宗教般的虔诚感动客户

在国际上，成功的企业都懂得倾听顾客的心声，将顾客的抱怨变成最有价值的建议。虽然顾客并非全是对的，但一定要站在顾客的立场来思考问题，也就是要有同理心。

在华为进行市场攻坚的过程中，"感动客户"成为了它区别于竞争对手、最终获得更多市场份额的营销利器。尤其在华为发展初期，"感动客户"也使得在实力和技术上并不具备优势的华为拥有了属于自己的销售服务特色。

感动是基于人性中对于真善美的追求。无论物质多么发达，无论科技如何进步，无论中外文化差异多大，人们都渴望感动。如果能让对方接受自己的付出(关怀、爱心)，我们就能够赢得一切！

在《愚公移山》中，愚公整天挖山不止，还带着他的儿子、孙子不停地挖下去，终于感动了天帝，把挡在愚公家前的两座山搬走了。在我们心里面一直觉得这个故事也非常形象地描述了华为18年来，尤其是20世纪90年代初中期和海外市场拓展最困难时期的情形：是我们始终如一对待客户的虔诚和忘我精神，终于感动了"上帝"，感动了我们的客户！无论国内还是海外，客户让我们有了今天的一些市场，我们永远不要忘本，永远要以宗教般的虔诚对待我们的客户，这正是我们奋斗文化中的重要组成部分。

"打动"和"感动"只有一字之差，前者在销售工作中往往指的是依靠利益和技巧性的话语说服客户(购买)；而后者指的是提供一些温情服务敲开客户的"心门"，让其心灵受到震撼。越来越多的销售人员在实践中意识到，"打动"仅仅是单一的利益驱动，钱尽情散。而"感动"的力量却能让客户牢记在心，并不断地影响着其周围的人群，因而容易形成"连环销售"。

在华为有许多例子说明了这种"宗教般"的虔诚。

1992年，华为在开发县级邮电局业务的时候，由于华为当时还是一个小公司，也没有什么品牌影响力，为了拿到订单，华为人想尽了办法，通过为客户排忧解难，感动客户。例如，把客户儿女上大学、爱人去深圳看海、家里换煤气罐等所有事都包了；为了满足某电信局处长学车的需要，华为人费尽心思向当地武警部队借了一辆崭新的小轿车供客户练车，甚至当车子陷入泥坑时，陪同的所有华为人脱了鞋袜跳到泥坑里推车，而当时正值寒冬腊月……

1996年，信息产业部、邮电部在北京召开全国交换机产品订货会。为了能拿到多一点的装机订单，华为整整准备了一年时间。大会召开时华为抽调了公司400多人，与与会领导之比为10∶1，目的是确保会议期间各个省市的主要领导、电信局局长都有专人全天候跟进，坚决保证从每个省、市拿到第二年的订单。

这也形成了华为创立之初的客户关系管理特色，即只要客户的设备一出问题，华为员工必须第一时间奔至机房，就地改就地换。这种耗费时间耗费精力的做法在对手看来是愚不可及的，但在客户看来却是一种感动，因为他们觉得自己受到了重视。华为早期的客户就是这样一个一个开发和维护下来的。

甚至为了有力地支持这些销售服务的顺利开展，华为内部运营体系的架构也进行了相应地调整，以求能具体地落实以客户需求为导向的组织、流程、制

第九章 以市场为先导,以客户为主导

度及企业文化建设、人力资源和干部管理。

为了更好地贯彻"以客户需求为导向"这一服务理念,华为将其作为企业发展的战略,渗透到公司的各个方面。

①基于客户需求导向的组织建设。为使董事会及经营管理团队(EMT)能带领全公司实现"为客户提供服务"的目标,在经营管理团队专门设有战略与客户常务委员会,该委员会主要承担务虚工作,通过务虚拨正公司的工作方向,再由行政部门去决策。该委员会为 EMT 履行其在战略与客户方面的职责提供决策支持,并帮助 EMT 确保客户需求驱动公司的整体战略及其实施。在公司的组织结构中,建立了战略与 Marketing 体系,专注于客户需求的理解、分析,并基于客户需求确定产品投资计划和开发计划,以确保客户需求来驱动华为公司战略的实施。在各产品线、各地区部建立 Marketing 组织,贴近客户倾听客户需求,确保客户需求能快速地反馈到公司并放入到产品的开发路标中。同时,明确贴近客户的组织是公司的"领导阶级",是推动公司流程优化与组织改进的原动力。华为的设备用到哪里,就把服务机构建到那里,贴近客户提供优质服务。在中国三十多个省市和三百多个地级市都建有我们的服务机构,我们可以了解到客户的需求,我们可以做出快速的反应,同时也可以听到客户对设备运用和使用等各个方面的一些具体的意见。现在,全球九十多个国家分别建有这种机构,整天与客户在一起,能够知道客户需要什么,以及在设备使用过程中有什么问题,有什么新的改进,都可以及时反馈到公司。我们有 3 万多名员工分布在全世界,其中外籍员工有 5000 人,中国员工有 2.5 万人,分布在各个国家,就像游离的电子一样,我们怎样掌握他们呢?我们要求每人每天都要记工作日记,主管领导审批,之后拿到数据库,我们定期抽查,他们不敢作假,因为他们不知道三个月后市场是什么状况,他必须要和客户沟通,否则就毫无价值。财务每天要写自查报告,三个月后,每个主管经理都要向我保证,公司报告的数据都是真实的,我们还会不定期地在网上查,所以每个海外员工都不敢散漫。

②基于客户需求导向的产品投资决策和产品开发决策。华为的投资决策是建立在对客户多渠道收集的大量市场需求的去粗取精、去伪存真、由此及彼、由表及里的分析理解基础上的,并以此来确定是否投资及投资的节奏。已立项

的产品在开发过程的各阶段，要基于客户需求来决定是否继续开发或停止或加快或放缓。

③在产品开发过程中构筑客户关注的质量、成本、可服务性、可用性及可制造性。任何产品一立项就成立由市场、开发、服务、制造、财务、采购、质量人员组成的团队（PDT），对产品整个开发过程进行管理和决策，确保产品一推到市场就满足客户需求，通过服务、制造、财务、采购等流程后端部门的提前加入，在产品设计阶段，就充分考虑和体现了可安装、可维护、可制造需求及成本和投资回报。并且产品一旦推出市场，全流程各环节都做好了准备，摆脱了开发部门开发产品、销售部门销售产品、制造部门生产产品、服务部门安装和维护产品的割裂状况，同时也摆脱了产品推出来后，全流程各环节不知道或没有准备好的状况。

④基于客户需求导向的人力资源及干部管理。客户满意度是从总裁到各级干部的重要考核指标之一。外部客户满意度是委托盖洛普公司帮助调查的。客户需求导向和为客户服务蕴涵在干部、员工招聘、选拔、培训教育和考核评价之中，强化对客户服务贡献的关注，固化干部、员工选拔培养的素质模型，固化到招聘面试的模板中。我们给每一位刚进公司的员工培训时都要讲《谁杀死了合同》这个案例，因为所有的细节都有可能造成公司的崩溃。我们注重人才选拔，但是前三名的学生不考虑，因为我们不招以自我为中心的学生，他们很难做到以客户为中心。现在很多人强调技能，其实比技能更重要的是毅力，比毅力更重要的是品德，比品德更重要的是胸怀，要让客户找到感觉。

华为文化也承载了华为的核心价值观，使其以客户需求为导向的战略能够层层分解并融入到所有员工的各项工作之中，不断强化"为客户服务是华为生存的唯一理由"，提升员工的客户服务意识，并深入人心。通过强化以责任结果为导向的价值评价体系和良好的激励机制，使得华为所有的目标都以客户需求为导向，通过一系列的流程化的组织结构和规范化的操作规程来保证满足客户需求。

华为是一个功利组织，我们一切都是围绕商业利益的。因为只有服务才能换来商业利益。服务的含义是很广的，不仅仅指售后服务，还包括从产品的研究、生产到产品生命终结前的优化升级，员工的思想意识、家庭生活等。我们要以服务来定队伍建设的宗旨。我们只有用优良的服务去争取用户的信任，从而创造资源。这种信任的力量是无穷的，是我们取之不尽、用之不竭的源泉。因此，服务贯穿于我们公司及个人生命的始终。

以客户满意度为标准

没有人比任正非更了解"以客户的价值观为导向，以客户满意度为标准"的必要性和重要性了。

由于华为创立之初的实力太弱小，而它面临的竞争对手却是拥有雄厚资金与技术实力的国际对手，所以注定了华为在争取客户的道路上必定尝遍艰辛。

在2006年一篇名为《天道酬勤》的文章中，任正非回忆起当初华为在市场开拓方面的艰难历程。

还记得，经历（20世纪）90年代初艰难的日子，在资金技术各方面都匮乏的条件下，咬牙把鸡蛋放在一个篮子里，紧紧依靠集体奋斗，群策群力，日夜攻关，利用压强原则，重点突破，我们终于拿出了自己研制的第一台通信设备——数字程控交换机。1994年，我们第一次参加北京国际通信展，在华为展台上，"从来就没有救世主，也不靠神仙皇帝，要创造新的生活，全靠我们自己"这句话非常的与众不同。但对华为员工来讲，这正是当时的真实写照。

设备刚出来，我们很兴奋，又很犯愁，因为业界知道华为的人很少，了解华为的人更少。当时有一个情形，一直深深地印在老华为人的脑海，经久不退：在北京寒冬的夜晚，我们的销售人员等候了八个小时，终于等到了客户，但仅仅说了半句话："我是华为的……"就眼睁睁地看着客户被某个著名公司接走了。望着客户远去的背影，我们的小伙子只能在深夜的寒风中默默地咀嚼着屡试屡败的沮丧和屡败屡战的苦涩：是啊，怎么能怪客户呢？华为本来就没有几个人知晓啊。

由于华为人废寝忘食地工作，始终如一虔诚地对待客户，华为的市场开始有起色了，友商看不到华为这种坚持不懈的艰苦和辛劳，产生了一些误会和曲解，不能理解华为怎么会有这样的进步。还是当时一位比较了解实情的官员出来说了句公道话："华为的市场人员一年内跑了500个县，而这段时间你们在做什么呢？"当时定格在人们脑海里的华为销售和服务人员的形象是：背着我们的机器，扛着投影仪和行囊，在偏僻的路途上不断地跋涉……

今天华为获得的市场都是当初华为人以"宗教般的"虔诚之心一点一点争取过来的。为了维护这来之不易的胜利，任正非时刻不忘告诫华为人"以客户的价值观为导向，以客户满意度为评价标准"，即公司的一切行为都是以客户的满意程度作为评价依据的。

任正非解释说：客户的价值观是通过统计、归纳、分析得出的，并通过与客户交流，最后得出确认结果，成为公司努力的方向。沿着这个方向我们就不会有大的错误，不会栽大的跟头。所以现在公司在产品发展方向和管理目标上，我们是瞄准业界最佳，现在业界最佳是西门子、阿尔卡特、爱立信、诺基亚、朗讯、贝尔实验室等，我们制定的产品和管理规划都要向他们靠拢，而且要跟随他们并超越他们，如在智能网业务和一些新业务、新功能问题上，我们的交换机已领先于西门子了，但在产品的稳定性、可靠性上我们和西门子还有差距。我们只有瞄准业界最佳才有生存的余地。

之所以要做到业界最佳，除了华为的"成为世界级领先企业"的企业目标，还因为在经过了2000—2003年的IT泡沫后，客户们在选择制造商时更为谨慎，更为理性。任正非认为这种理性状态对于华为的发展恰恰是有利而不是有害的。原因是大多数运营商目前经营状况不好，客户在选择供应商时就会更看重供应商公司运营情况，并以该企业能实现后续维护来作为建立合作伙伴关系的重要依据。所以在经济形势越来越走向困难的情况下，用户不再选择产品，而是选择公司。

针对这种客户价值观，2005年，华为在公司资源上也做了相应地调整。任正非曾讲过这样一个事例：

有些员工老是埋怨华为公司修了两个漂亮楼，浪费。我们在给生产总部做核算时，把玻璃幕墙拿下来，给市场部，算在市场的核算里，作为他们的经营成本进行核算。为什么？因为这个玻璃幕墙是为市场部建的。因为客户来了一看，说这个公司很漂亮，不像垮的样子，把合同给它吧！所以说这个房子也是客户掏钱建的，不是我们掏钱建的，这一点一定要明白。我们是为客户服务，客户看了舒服，我们就为他建。因此，在这个阶段，我们的思路就是使客户对我们寄予一种安全感。这次我们在发展过程中，在上海要建立一个房子，市场部是少数派，据理力争，最后把我们多数派说服了。修了一个美国 AMBOY 公司设计的上海研究所的基地，当然也包括市场部的办公机构和展厅。这里面有一条走廊，有 22 米宽，35 米高，650 米长，我看里面可以起降五架直升机了，可以在房子里面进行飞行表演了。市场部说五年以后要把客户吓一跳，把他们震住，把合同给我们。

在研发创新上，任正非的观点是，判断产品好与不好，必须要让客户来下断定，客户满意了才是好产品。不然技术含量再高，但是客户不满意，都不能算是好产品。由此在华为公司内部树立起了一个"技术市场化，市场技术化"的研发观点。

客户需要什么就做什么

任正非有一个独特的观点，即客户需要什么我们就做什么。卖得出去的东西，或领先市场一点的产品，才是客户真正的技术需求。超前太多的技术，当然也是人类的瑰宝，但必须以牺牲自己来完成。IT 泡沫破灭的浪潮使世界损失了数十万亿美元的财富。从统计数据可以得出，那些破产的企业，不是因为技术不先进，而是技术先进到别人还没有完全认识与认可，以至没有人来买它的产品。所以华为人都达成一个共识：技术只是一个工具。新技术一定要满足质量好、服务好、成本低的要求，不然就没有商业意义。

首先，技术人员要有强烈的市场意识。技术研发和客户需求之间的矛盾，几乎是所有行业、所有企业不可避免的一对矛盾。这个矛盾的实质，是科学的探索精神和大众的现实需要之间存在天然的鸿沟。当企业充当了科学成果和大众商品之间的桥梁，就不得不对这对矛盾进行协调。

任正非深知，如果技术人员没有强烈的市场意识，就算配备再好的试验设备，照样无法研制出让企业获利、令消费者满意的产品。华为也有过因为过于追求技术完美而失去商机的经历。痛定思痛，华为实现了转变：从技术驱动转变为市场驱动，强调以新的技术手段满足客户的需求；华为要瞄准世界顶尖技术，建立一流的研发团队，但不研发"卖不掉的世界顶尖水平"，而且最好是比别人领先半步研制成功。

2002年6月和7月，任正非在公司研委会会议、市场三季度例会上说："如果死抱着一定要做世界上最先进的产品的理想，我们就饿死了。我们的结构调整要完全以商业为导向，而不能以技术为导向，在评价体系中同样一定要以商业为导向。"这里的"商业导向"是指客户需求。在任正非看来，技术开发和客户需求的关系是辩证的，华为往核心收得太厉害了，这样技术进步是快了，但市场就弱了，容易忽略客户需求。所以企业应该能够随着市场的变化，觉察到客户需求的变化，做出相应的变化。在攻克新技术时，使队形变得尖一些，增大压强，以期通过新技术获得多一些的市场。当新技术的引导作用减弱的时候，我们要使队形扁平化一些，多做一些有客户现实需求但技术不一定很难的产品。

其次，不做技术崇拜者，要做工程商人。曾有一个时期，华为研发人员一味地追求技术超前。结果，片面追求技术进步，变技术开发为玩技术，导致技术研发严重脱离市场，公司的生产过程中出现了较为严重的残次品现象。任正非发现了这一倾向，马上指出，技术人员不要对技术宗教般崇拜，要做工程商人。技术是用来卖钱的，卖出去的技术才有价值。在任正非带领下，公司开展了一场声势浩大的"反幼稚运动"。

任正非将所有坏的板材都堆放在主席台上，在讲了很多关于设计人员的幼稚病导致的危险后，将这些板材作为奖金全部发放给了那些失误的设计人员，

第九章 以市场为先导，以客户为主导

要求他们摆在家中的客厅里，不时看看，提醒自己。以此让员工们记住：因为研发、设计的幼稚，导致公司遭受了大笔损失。

1996年底，任正非在听取生产计划、销售计划工作汇报后，认为华为的知识分子有闭门造车之嫌，于是他鼓励员工们继续走与工农兵相结合的道路，走与生产实践相结合的路线。任正非还当即表示，要送给主管生产计划的葛才丰和主管销售计划的王智滨每人一双新皮鞋，希望他们以及公司所有的干部职工继续深入实际，到生产第一线，仔细调查研究，认真摸清基层实际，研制出真正符合消费者要求的产品。

一些主管生产计划的老员工收到总裁办公室送去的一双皮鞋时感觉面子上挂不住。但是当他们经过深入反思时，发现自己对市场了解确实太少了，尤其是市场的多变和敏感性。经过反省，生产计划部门感到他们和销售计划工作有些脱节，对采购部门的运作和流程也了解不够。于是华为就建立了和商务部、销售计划部定期碰头的例会制度，及时、定期研究ATM月报和库存分析报告，踏踏实实地改进部门工作。

对于研发人员，华为硬性规定，每年必须有5%的研发人员转做市场，同时有一定比例的市场人员转做研发，目的是为了避免研发人员只追求技术先进而缺乏对市场的敏感度。后来，在华为内部自发形成了一条法则：一切以市场需求为导向，包括技术开发。这使得华为的业绩蒸蒸日上并受益至今。事实上，华为大多数获得市场成功的产品，都不是凭借什么技术上的先进性。

比如1997年，天津电信的人提出"学生在校园里打电话很困难"，任正非当时紧急指示："这是个金点子，立刻响应。"华为用了两个月就做出了201校园卡，推出后市场反应很热烈，很快便推向全国。实际上这项新业务只需要在交换机原本就有的200卡号功能上进行"一点点"技术创新就可以了，但就是这个小小的创新，使得华为在交换机市场中变劣势为优势，最终占据了40%的市场份额。

再次，要积极听取客户、同事的意见。华为一直要求研发部门，要在平时的工作中努力把自己的研发方向和客户实际需要结合起来。以华为为某银行实现电子化系统所做的研发为例，为了更好地为客户提供所需要的产品，华为专

197

门成立了一个解决方案部,其组成人员除了研发部门的资深员工外,还包括各业务部门的有经验员工。华为解决方案的工作重点就是在研究金融信息化趋势和顾客需求的基础上,进一步加大客户化解决方案,并加强与各大银行的交流和探讨,以求最终提供令客户更满意的产品。

以气势压倒对手的营销策略

任正非给华为确立的另一个营销战术就是营造气势,不惜一切代价,集中优势兵力猛攻。

为了更有效地服务客户,华为动用庞大的人员力量,形成人海阵容,有时是100∶1,有时更多,全天候接待客户。跨国公司在每个省市一般只有三四个人负责,而华为在县区就派了七八个。

遇上展会等大型活动,华为更是"兴师动众",阵容大得让人震撼。1996年,信息产业部、邮电部在北京召开全国交换机产品订购会。各个省市电信系统的主要官员和行业负责人都会来参加,任正非早早就做好准备。与会的领导一共来了40多人,而华为参会的人员多达四五百人。

1998年,19个省市 GSM 交换机展览订货会在北京召开。任正非从全国各地办事处和公司总部抽调500多人,租用最好的展位,花费上千万。此次会展,爱立信、华为一共获得中国移动280万线的订单,相当于整个订货会成交量的1/3。

1999年,华为在内蒙古召开第一台移动交换机开通现场观摩订货会。当时,一个省的订单有可能达到几亿美元。任正非为此发动人海战术,不惜一切代价。他花巨资从美国租用一架直升飞机,迅速办理了飞行许可证,把客户运到会展现场,又派人从上海空运大闸蟹,还专门请来高级厨师为客户们现场清蒸大闸蟹。

2005年2月14日至2月18日,全球无线运营业、制造业一年一度规模最大的盛会3GSM世界年会在法国戛纳举行,在参展的四百余家著名厂商中,华为、中兴两家企业以其强大的阵容、独特的创新技术、新颖的产品引起了与会者的广泛关注。

在展会现场，华为搭建了200多平方米的展台，是本次大会最大的展台之一，华为公司展示了其UMTS、CDMA2000、GSM解决方案、全球应用案例以及3G系列化终端等系列产品。其中华为首创的分布式UMTS基站解决方案尤其引人注目。据华为无线产品线副总裁余承东介绍，该方案围绕"降低站点获取难度，节省TCO"这一核心需求，遵循CPRI标准，采用分布式方案，把基站按照功能单元分解成基带和射频单元，无需机房，节省站点资源，并且可以降低TCO(生命周期成本)达30%以上，是对传统基站建设模式的创新，大大提升了3G网络的盈利能力。这一方案一经展出，就引起各大运营商的浓厚兴趣，前来洽谈合作者络绎不绝。在终端产品方面，华为携数款外形时尚、功能强大，针对不同目标消费群的WCDMA新机型参展，CDMA2000系列手机以及无线模块产品也齐齐亮相，非常引人注目。

反观中兴的展台则要简单得多，参观的人也是寥寥可数。

2006年3月，第十四届中国国际广播电视信息网络展览会(CCBN2006)在北京举行，华为公司又以庞大的阵容出席了这一国际行业盛会，其中关于数字电视的解决方案展示受到会上各方的广泛关注。华为此次集中展示了客户化的完整数字电视解决方案，具有良好的性能，获得了运营业的好评。另外，华为还展示了光网络和数据通信等解决方案。

在市场上冲锋更是如此，前面冲锋的战士倒下了，后面的拿起"接力棒"继续向前冲刺。"我们这些从海外回来的人常说，要倒下四拨人才能打开一块市场。"已经离开华为两年多的王冠珠，提起那段经历仍然心惊胆战。在他看来，华为今天的成绩是付出了重大代价才得到的。

正是依靠"人海战术"，华为保证了快速响应客户的能力，争取了更多的生存空间。华为今天的成就，是无数华为人前赴后继的杰作。

从销售向营销转变

一个企业的发展从来就不是一帆风顺的,在低谷中认真地检视自身的不足就显得格外重要。2002 年,电信行业的"冬天"冷得出奇,世界各大电信运营商大幅裁员,中国各大运营商大幅缩减投资规模。任正非把孙亚芳、洪天峰等一大批副总裁派往市场督战,但是已"回天乏力",华为当年销售收入自创业以来首次出现负增长。严峻的市场压力,迫使华为开始重新思考市场销售。

以前,华为人从产品和技术的角度理解市场,销售收入也主要取决于市场份额,研发主要聚焦在竞争对手和技术跟踪上,很难准确判断客户的最终需求和偏好,产品和技术与市场需求脱节,缺乏长远的眼光,在市场竞争中容易被动。

俗话说,穷则变,变则通,通则久。遇到了问题绞尽脑汁也找不着头绪,不如换个思路试试。为了扭转被动局面,尽快度过"冬天",2002 年 6 月,任正非在华为启动了市场和产品组合分析项目,即 MaPA(Market and Portfolio Analysis)。至此,华为意识到必须加强和客户的沟通互动,从而拉开了由销售型向营销型转变的序幕。

通过这一转变,华为建立了一支强悍的跨部门团队,正确定位目标市场,制定业务计划,使华为的产品和技术的商业价值迅速提升。

就在华为刚刚松了一口气的时候,新问题又出来了:如何更好地吸引客户的视线,提高华为的竞争力,在与国外大公司竞争中力争上游。销售再好,没有卓越的服务网络也会在市场上栽跟头。为此,许多外国大公司都十分重视服务。

任正非也日益认识到为客户提供尽可能完善的技术服务的价值。2001 年,华为曾委托权威调查机构盖洛普咨询公司为其进行"客户满意度调查"。这是一次全方位的调查,涉及华为的品牌价值、产品质量、售前、售中、售后服务等方方面面。在这次调查中,令客户不满意的主要集中在售前服务和售后服务等方面。

仔细地阅读这份报告,任正非提出,华为要真正为客户着想,努力实现客户的价值,为他们提供满意的产品、服务和解决方案。"客户就是华为的核心竞争力", "客户的压力就是华为的压力"。

2002年，任正非印发了《华为公司客户满意度研究》，在内部流传。他要求所有员工都要认真学习、讨论，华为内部开展了一场热烈的大讨论。

现在，华为的营销理念真正确立起来了。华为不只是拿到合同，建好网络走人，更重要的是为客户提供好的服务：不是要帮客户解决短期问题，而是要建立长期的友好合作。

营销要走外交路线

通常，一个国家的领导人到别的国家进行友好访问，都会谈及一些经济合作的事，无疑，这也是一个企业进行投资、营销的最好时机。

任正非军人出身，有着强烈而敏锐的政治感。"文革"中父母的遭遇，也让他在政治上迅速成熟起来，他认为，一个人再有本事，也要得到主流价值的认同，否则就没有发展的机会。1978年，罗瑞卿的讲话和后来的裁军，让他知道了什么是预测性的领导。这些都让他进一步认识到紧跟政策的重大价值。因此，他政治嗅觉敏锐，他的销售路线走的是外交路线。

他在《走过欧亚分界线》中说："中国的外交路线是成功的，在全世界赢得了更多的朋友……华为公司的跨国营销是跟着我国外交路线走的，相信也会成功。"

中国的外交路线是发展周边友好关系，巩固与第三世界的传统友谊，重视与大国建立战略伙伴关系。华为的海外战略也是沿着这条路线走的。

首先是在1996年，当时的俄罗斯总统叶利钦访问中国，中俄两国建立战略协作伙伴关系。任正非马上捕捉到了商机，与俄罗斯一家公司商谈合作的事宜，并于1997年4月8日亲赴俄罗斯军工重镇——乌法市，出席合资公司贝托华为的签字仪式。

1997年10月26日到11月3日，当时的国家主席江泽民应邀出访美国。两个月后，任正非到美国考察IBM等大公司，学到了很多宝贵的经验。1998年6月25日到7月3日，克林顿总统访华。任正非顺势在美国达拉斯开设研究所，引进巨人企业IBM的管理技术，随后成立子公司Future Wei。华为能够在美国市场上攻守进退，也很好地体现了中国政府对美国的外交智慧，不卑不亢，合纵牵制。

在1998年的时候，中国政府出面将华为生产的08机赠送给乌兹别克斯坦，华为乘机打进了中亚市场。紧接着，跟着外交路线，华为人又开拓了南美市场。1999年进入厄瓜多尔，签署价值1200万美元的合同，迅速打开了南美市场。2000年11月，任正非随国家领导访问非洲，帮助华为开拓了非洲市场。随后，任正非派邓涛进入南非，先后走过了13个国家。华为人在那里逐渐站稳了脚跟，受到当地人的欢迎。在肯尼亚，华为人被奉为上宾；在坦桑尼亚，华为人为其进行了全网规划……2001年1月，任正非随国家领导出访中东各国，华为在中东的市场不断开拓。

华为依照外交路线设计营销路线，是非常明智的选择。好处有两点：一是可以在国家外交的背景下，长期稳定海外发展方向；二是在为经济外交做贡献的同时，可以优先获得国家的支持。此外，紧跟外交，有国家强大的实力做后盾，为企业的发展提供了政治支持，也容易在目标市场所在国赢得好感和认同，也保证了投资的稳定，受政治波动的影响小，降低了风险。

第十章

任正非

我是一个百分之百的偏执狂

由于有着20多年的企业经营阅历，任正非对企业"活下来是真正的出路"这一认知坚信不疑，甚至到了偏执的地步：只有生存才是最本质最重要的目标，才是永恒不变的自然法则。因为优秀，所以死亡。创业难，守业难，知难不难。

高科技企业以往的成功，往往是失败之母，在这瞬息万变的信息社会，唯有惶者才能生存。任正非的这种偏执可以与英特尔总裁安迪·格罗夫相媲美。后者提出的"只有偏执狂才能生存"的理论风靡全球，成为时刻提醒企业经营要加强危机意识的企业格言。格罗夫曾在《只有偏执狂才能生存》一书中这样阐述他的论点："只要涉及企业管理，我就相信偏执万岁。企业繁荣之中孕育着毁灭自身的种子，你越是成功，垂涎三尺的人就越多，我认为，作为一名管理者，最重要的职责就是常常提防他人的袭击，并把这种防范意识传播给手下的工作人员。"

任正非提出的"唯有惶者才能生存"的观点可以理解为中国版的"只有偏执狂才能生存"。

活下来是真正的出路

企业的存在是为了获取利润还是为了其他目的,在管理学发展史上历来存在着两种迥然不同的理论。20 世纪 60 年代,美国商学院得出了一个理论,即企业存在的意义是最大化每股的中期收益。到目前为止,这个论断仍然被奉为圭臬。但是管理界著名的预言家、哲学家查尔斯·汉迪,并不认可这一观点。他说,我们必须吃饭才能活下去,这不是没有道理,但是如果我们活着就是为了吃饭,那就大错特错了。查尔斯·汉迪由此亮出他的关于企业的观点:创造利润是一个公司非常重要的任务,但绝不是它的最终目的。利润只是公司的一个手段,是为了更好地、更充分地开展工作或制造产品(提供服务),最终目的是让企业发展得更平稳、活得更长久。

格罗夫不惜担着"偏执"之名,他整天忧虑的事情很多:担心产品会出岔,也担心在时机未成熟时就推出产品;担心工厂运转不灵,也担心工厂数目太多;担心用人的正确与否,也担心员工的士气低落等。当然,格罗夫还担心竞争对手比英特尔做得更好,从而抢走英特尔的客户。

任正非无疑很赞同查尔斯·汉迪的这一说法。而且,由于有着 20 多年的企业经营阅历,任正非对企业"活下来是真正的出路"这一认知坚信不疑,甚至到了偏执的地步:只有生存才是最本质最重要的目标,才是永恒不变的自然法则。因为优秀,所以死亡。创业难,守业难,知难不难。高科技企业以往的成功,往往是失败之母,在这瞬息万变的信息社会,唯有惶者才能生存。

每隔一段时间,我国都会出现一两家"带头大哥"式的企业,代表着同一时期我国企业经营管理的最高成就和最新标准，譬如联想，譬如海尔，譬如万科。企业犹如明星，其命运随着潮流的变化而跌宕起伏，但华为似乎可以算是一个例外，在每一个浪尖谷底，它总是泰然以对，走着自己的路，并最终开辟出了一条通往世界的扩张之路。

在 20 多年的时间里，华为由一家民营企业成长为员工超过 8 万人、年销售额超过 1491 亿元人民币（约合 218 亿美元）、净利润 183 亿元（近 27 亿美元）、经营性现金流达到 217 亿元人民币的国际化公司。有人说，华为是中国企业实现国际化的一面标志性的旗帜，它所走过的路正在成为众多中国企业学习的经典教材。

但是，这些令人热血澎湃的赞誉之语却从没有让华为的缔造者任正非露出笑容，这个具有十几年军旅生涯、历经无数荣辱风浪的男人，始终坚持他那套"活下来是真正的出路"的论调，无论这论调与如今华为的规模和它所代表的企业形象是多么不协调。

企业要一直活下去，不要死掉，这才是一个真正的企业家该有的心态。

3G 这条路，走到黑也不回头

由于偏执地认为自己的产品是最先进的，任正非不惜把血本都押在 C&C08 上，最终，C&C08 为华为打开了一片广阔的天地。由于偏执地认为只有掌握核心技术才能生存下去，任正非把华为打造成了世界级高科技公司。

如今，任正非的偏执性格依然没有改变，他要把 3G 这条路走到黑也不回头。

3G 是目前通信行业争论得沸沸扬扬的一个话题。

所谓 3G 技术，即第三代移动通信技术的简称，是指支持高速数据传输的蜂窝移动通讯技术。3G 服务能够同时传送声音（通话）及数据信息（电子邮件、即时通信等）。代表特征是提供高速数据业务。相对第一代模拟制式手机 (1G)

和第二代 GSM、CDMA 等数字手机 (2G)，第三代手机（3G）一般地讲，是指将无线通信与国际互联网等多媒体通信结合的新一代移动通信系统，未来的 3G 必将与社区网站进行结合，WAP 与 Web 的结合是一种趋势。

3G 与 2G 的主要区别是在传输声音和数据的速度上的提升，它能够在全球范围内更好地实现无线漫游，并处理图像、音乐、视频流等多种媒体形式，提供包括网页浏览、电话会议、电子商务等多种信息服务，同时也要考虑与已有第二代系统的良好兼容性。为了提供这种服务，无线网络必须能够支持不同的数据传输速度，也就是说在室内、室外和行车的环境中能够分别支持至少 2Mbps(兆比特 / 每秒)、384kbps(千比特 / 每秒) 以及 144kbps 的传输速度（此数值根据网络环境会发生变化）。

在一定意义上说，谁掌握了 3G 先机，谁就有可能掌握未来通信市场竞争的制高点，取得优越的竞争优势。

任正非瞄准了这一势头，坚信下一代网络技术必将是 3G 的时代。因此，他孤注一掷，不惜"将所有的鸡蛋都放在一个篮子里"，开始为自己偏执的"信仰"努力了。

华为南方研究所的一位员工说，华为对 3G 的热忱已经到了"从芯片做起"的程度，每次投片 (将设计好的芯片交 IC 厂投产) 所需费用都在几百万元以上，加之高额的设备投入，累计已达 50 亿元人民币。

为了 3G，任正非付出了很大代价。由于一心研发 3G，忽视了小灵通，让同城弟兄中兴着实赚了一把。为了 3G，忽视 CDMA，致使在联通 CDMA 的两轮招标中，华为接连失利。

2002 年是世界通信业十多年来挑战最为严峻的一年。国际电信业停滞不前，众多设备商收入锐减，业务开始大面积缩减，"冬天寒气直沁入人的骨髓"。

但即使是这样，任正非也不认输。对于 CDMA 和小灵通上的失误，任正非很不服气地说："PHS 技术不是什么先进的技术，但没有想到连续 5 年来会持续建设，这是政策造成的，但是不是后悔，得过几年再来总结。"他"撞破南墙不回头"，仍然继续将大量资金和研发力量投入到 3G 技术上。

然而，巨额的投入并没有马上收回来。任正非雄心勃勃地投资，但中国的

3G产业标准一再延迟，3G市场迟迟无法启动。对于这点，他自我嘲讽式地说："笑到最后的才是真正的胜出者。"

2003年10月30日召开的3G全球峰会传出的消息称，由于3G标准完善工作的推迟、终端技术的不成熟、移动数据业务市场不理想等的开发现状以及难以预测的前景等，大部分运营商开始要求推迟3G牌照的发放日期。在这种背景下，中国政府有可能放缓3G许可的进程。

果然不出所言，中国政府关于3G的计划一再推迟，直到2005年1月，还没有明确的消息。任正非苦苦等待，希望3G能够云开见日。

但是任正非仍旧没有灰心，他相信选择3G是正确的。2005年，3G泡沫过去之后，国内3G产业环境已经形成，系统解决方案日趋成熟。华为呼吁信息产业部借此机会启动3G。信息产业部高级顾问徐木土分析认为，随着3G移动通信系统技术上的成熟和商用化，信息产业部将根据中国电信业务市场发展的需要，发放3G经营许可证。

有业内人士分析说：华为押宝3G上并非万无一失。根据国家信息产业部透露的信息，中国在3G基础设备的采购上投入了1500亿元人民币，这个被称为中国电信基础设施最后一次大规模建设的时代，将在3～5年内完成，平均每年为300亿～500亿元人民币的采购量。如果按照每年300亿元的市场容量计算，华为能从中分得多少？除了华为、中兴、朗讯、北电、阿尔卡特等众多国际巨头也都在争抢这一杯羹。凭着那些国际巨头在中国市场多年的拼打和雄厚的实力，不让它们分一半是很难的，那么留给华为的最多只有100多亿的采购量。因此，即使3G时代马上来临，华为在3G业务上的国内空间也很有限。

但是，任正非并没有动摇，只要3G一启动，华为就可以大有作为了。

不得不承认，任正非的偏执是对的。

2000年5月，国际电信联盟正式公布第三代移动通信标准，我国提交的TD-SCDMA正式成为国际标准，与欧洲WCDMA、美国CD-MA2000成为3G时代最主流的三大技术之一。

2008年8月，中国工信部发布《关于同意中国移动通信集团公司开展试商用工作的批复》，同意中国移动在全国建立TD网络并开展试商用。

2008年10月1日，中国电信开始与中国联通进行C网交割，并于60天内完成。

2008年10月15日，新联通公司正式成立，此次电信重组改革在资本市场层面的工作全部结束。

2008年12月22日，中国电信发布移动业务品牌"天翼"，189号段在部分省市投入试商用，全面转型为全业务运营商。12月31日，国务院常务会议通过决议，同意启动3G牌照发放工作。

2009年1月7日14:30，工业和信息化部为中国移动、中国电信和中国联通发放3张第三代移动通信(3G)牌照，此举标志着我国正式进入3G时代。

华为终于守得云开见日出，大显身手的时刻来到了。

事实上，华为的业务和技术已在全球47个国家的86个运营商那里获得商用，包括泰国AIS、SingTel、阿联酋Etisalat、巴西Telemar、埃及TE（Telecom Egypt）、俄罗斯MTS、RTC、西班牙Telefonica、BT FMC、Megafon、巴基斯坦PTCL、印度MTNL等，成为全球市场主流和成长最快的厂商之一，智能网、短信、多媒体彩信、客服产品在国内电信市场居于主导地位。华为公司还率先推出infoX-SDP 3G端到端全业务解决方案，并在香港SUNDAY、毛里求斯Emtel、阿联酋Etisalat和沙特第二牌照、马来西亚TM、荷兰Telfort中标商用，此外还在国内外开通了30多个3G业务试验局或预商用局，业务、合作和服务能力得到验证和广泛认可。

偏执狂的生存法则

从1987年任正非创办华为至今，没有一家媒体正面地采访过他。人们看得到的，只是电信设备制造市场上华为呼风唤雨，从注册资金2万元发展为2000年销售额220亿元，利润达30亿元的电子百强企业。任正非始终是华为沉默的核心推动者。

非常有意思的是，在出色的业绩之外，这家电信设备商总是通过一些文本来加深人们对它、对任正非的敬意。比如前些年开国内企业法之先河的《华为基本法》，前段时间在企业界流传甚广的《华为的冬天》，乃至于后来任正非陆续撰写的《北国之春》和《回忆我的父亲母亲》，都被企业中人当成范本一样在网上搜索、研读。

华为的员工说，任正非对管理的天才领悟来自于他对人情世故、人心人性的深刻洞察，在他面前，你会觉得自己没有必要隐藏什么，因为那将是徒劳的。

人们对任正非总是能摸准产业脉动的战略判断能力表示强烈的佩服，他像他说的"狼"一样，对市场的近于"血腥"的利润或者"血腥"式的寒冷都能提前嗅到。不管是他当年倾其初期财富积累下的 8000 万元，投入到大型程控交换机的研发上，还是他在业界率先做出"冬天"的预言。

但是对人们的这些崇敬，任正非照例是不作任何回应。他甚至反复说这样一句话："当初是因为我们幼稚，做起了通讯产品，只不过回不了头而已。"

这是一个百分百的"偏执狂"，与媒体绝对隔离只是其"偏执"的表象之一罢了。

在《华为基本法》开篇，核心价值观第一条如此描述："为了使华为成为世界一流的设备供应商，我们将永不进入信息服务业。通过无依赖的市场压力传递，使内部机制永远处于激活状态。"

"永不进入"！多么刺激的字眼！在华为内部，任正非还有一篇出名的演讲，叫《企业不能穿上红舞鞋》。他说，红舞鞋很诱人，就像电信产品之外的利润，但是企业穿上它就脱不了，只能在它的带动下不停地舞蹈，直至死亡。他以此告诫下属：要经受其他领域丰厚利润的诱惑，不要穿红舞鞋，要做老老实实种庄稼的农民。他的比喻经常和"农民"有关。他总说："华为要松土、翻新，种子是我们自己种的，外部请来的专家、引进的流程就像投射进的阳光，如果我们离开这片田地，能从外面捡回来玉米，但也许最开始播下的种子就死了。"

任正非给外界的印象是一位极富个性的管理者。在他的带领下，2003 年华为纵深推行端到端 IPD(集成产品开发)、ISC(集成供应链) 等管理变革，让华为的管理逐渐走向成熟,目前华为研发系统已普遍实施 CMM 管理。华为悄无声息地在软件开发过程管理和质量控制方面达到中国的最高水平。甚至花费上亿元请 IBM 咨询部门为华为建立企业流程管理体系。2009 年,华为全球市场销售突破 1490 亿元人民币,其中,海外销售占到 75%,的确表现不错。自公司成立到现在,华为在市场机会的判断上几乎没有出过大的错误。这其中,他坚强的"偏执"是缔造这一奇迹的主要原因。

斗士一样的强势

任正非的强势和强悍,人人皆知。任正非的脾气很坏,在华为他是人们见过的最为暴躁的人,多位曾在其手下工作过的人都有过被骂的经历。曾与任正非共事的李玉琢在其《我与商业领袖的冲突和合作》中这样记录道:"任正非的脾气很坏,是我见过的最为暴躁的人。我常看到一些干部被他骂得狗血喷头(高级干部尤甚)。有一天晚上,他陪一位电信局局长吃饭吃到 9 点。在回来的路上我问他回公司还是回家,他说回公司,有干部正在准备第二天的汇报提纲(第二天李鹏要到华为视察)。我陪他一起回了公司。到了会议室,他拿起几个副总裁准备的稿子,看了没两行,'啪'的一声扔到地上:'你们都写了些什么玩意!'于是骂了起来,后来把鞋脱下来,光着脚,像怪兽一样在地上走来走去,边走边骂,足足骂了半个小时。"

以前李一男,地位仅次于任正非,一旦做错什么事,就会被骂个狗血喷头,甚至还会挨脚踹。

任正非批评人更是直言不讳,不留情面。一次,在公司高层会议上,他指着常务副总裁郑宝用说:"郑宝用,一个人能顶 10000 个。"然后又指着另一位副总裁说:"你,10000 个才能顶一个。"还有一次,他对财务总监说:"你最近进步很大,从很差进步到比较差了。"

但在私下跟儿子通电话的时候，任正非的声音会极其罕见的"温柔至极"。

任正非是军人出身，经常和员工讲毛泽东、邓小平，谈论三大战役、抗美援朝，而且讲得群情激奋；他经常满脸胡子碴儿，甚至在非常奢华的五星级酒店吃自助餐的时候，也依旧是一副狼吞虎咽的样子；他一般不太理人，说起话来又滔滔不绝，时不时会说出出人意料的见解。

任正非的偏执也是出了名的，不过偶尔的时候，他也会拐下弯。2005年11月份，某财经杂志做了一期有关华为国际化的封面报道。其封面用了一张从国际图片社买的照片，照片中的任正非脸上沟壑纵横，双眼饱含忧患。他看后很不高兴，他不愿意让自己的形象出现在媒体上，尤其是在杂志的封面上。后来他身边的人说这张照片拍得不错，他又转怒为喜。过了几个月，华为新闻中心打去电话，说要封面上那张照片。

任正非秉性耿直，说话很冲，曾让很多人下不了台。1997年，他到北京出差，想顺路"见一下大企业的领导"。见谁呢？联想柳传志是一位。有人同时还推荐了曾经为中关村标志之一的四通段永基。任正非说了一句让人大吃一惊的话："败军之将，不见也罢！"天津有位副市长访问华为时曾向任正非讨教："为了帮助企业发展，你认为政府应该做些什么？"任正非的回答也让在座的人大吃一惊："政府对企业最大的帮助就是什么也不要做，只要将城市的路修好，公园和道路旁边的花草种好，这就是对企业最大的帮助！"

有时候，他的强势也会带来一些意想不到的结果。2008年8月中旬，华为在中国电信CDMA网络招标中报出6.9亿元的低价，大大低于其他对手如阿朗（140亿元）、中兴通讯（70多亿元），这种自杀式报价让其他竞争者目瞪口呆。据说，6.9亿元超低报价并非任正非本人所愿，而是在重压之下，具体执行过程中"动作变形"所致。直到最终报价前，其并不了解具体报价，以至"被媒体曝光后，任正非大怒"。

万科董事长王石称，任正非"对工作环境的营造是相当有品位的"。1996年1月，华为旗下的一个子公司总部办公室搬迁到深意大楼，学建筑出身的任正非几乎每天都会到正在装修的深意大厦转转，甚至连厕所该放哪里，总裁办公室该用哪间，都一一过问。以至于之前的安排常常被任正非当场否定，搞得装修人员不知道该听谁的。

这是你所知道的任正非？没错。

将任正非从神一样的云端上请下来，只是为了证明一个真理：人无圣人，伟大的领导者也都是凡人，其领导力也是一步步成长起来的，卓越如任正非者，亦然如斯，更何况，任正非的局限之处并没有妨碍自身优秀特质的强大彰显。

1987年创办华为时，任正非已经43岁；1994年之前，华为有时连开工资都有困难；1992年，在研制C&C08机的动员大会上，任正非站在5楼会议室的窗边对全体干部说："这次研发如果失败了，我只有从楼上跳下去，你们还可以另谋出路。"言语间充满了悲壮。

到了2005年，在世界电信运营商前50强中，华为名列第22位；2007年，华为超越北电，进入全球通讯设备制造前五强；2008年，华为的全球销售额达到233亿美元，同比增长近46%，这一数字已接近爱立信。与此同时，华为还公布，有72%的合同销售额来自海外市场，成为名副其实的跨国公司，从而开创了中国公司以"自有品牌"冲击海外市场的最快纪录。在华为的巨大压力下，爱立信总裁思文凯也很没有静气和定力地公开批评华为的增长方式。

其实，任正非对此早有认识。早在2008年5月31日，任正非就在公司内部表示，"我们处在一个电子产品过剩的时代，而且会持续过剩，过剩的商品决不会再卖高价。以光传输产品为例，七八年降价了二十倍，市场经济的过剩就像绞杀战一样。绞杀战是什么呢，就如拧毛巾，只要拧出水来，就说明还有竞争空间，毛巾拧断了企业也完了。只有毛巾拧干了，毛巾还不断，这才是最佳状态。"

在给华为EMT（核心管理层）及部分产品线高管的一封邮件中，任正非转发了美国《财富》发表的一篇名为《思科准备过冬》的短文，并郑重地对此文写下按语："思科的今天，就是我们的明天。当然我不是在激励人们，而是在警示人们，他们比我们更感知市场竞争的艰难与残酷。思科比我们聪明，他们对未来的困难，早一些采取了措施，而我们比较麻木而已。"

其实相对于大多数企业的表现，任正非一点都不麻木。

狂人也有柔情的一面

任正非脾气暴躁在华为是出了名的，亲朋好友和华为高层都曾被他骂得很凶。但对于普通员工，他却是和蔼可亲的长者，对他们反映的问题很关心。一次在电梯间，华为几个年轻的科级干部开始抱怨公司为什么不在基地设一个财务系统，害得他们老为出差报销的事奔波，累得喘不过气来。电梯到7层——总裁办公室所在地，一个挽着袖子的"老工人"从电梯角落里不发一言地闪了出来。大家顿时傻眼了，面面相觑，"完了"。但是就在十几天以后，员工们发现，盼望的基地财务系统建立了。员工感受到了春天般的温暖，"任总最关心人"，"任总处理事情最公正"，"任总最讲义气"……

1998年，任正非在公司内部的一次会议上半开玩笑地说，以前一直不知道为什么自己在部队里很难得到晋升，朱建萍（当时华为的宣传部部长）就直言不讳地说："怪不得你在部队里得不到提拔，像你这样坏的脾气肯定很难与领导处好关系。华为人之所以可以容忍你火暴的脾气，只是因为你是老板而已。"谁知任正非不但没生气，反而一脸苦笑。

一位华为员工讲述了一个真实的故事：当时他还只是一名普通员工，有一次，出差回来在机场看见任正非，当时任正非也刚出差回来。他本想当作没看见就算了，可是任正非却走过来和他热情地打招呼，还问他家住在哪儿，还先把他送回家然后自己才回家。事后，他非常感动。

曾任华为副总裁的胡红卫深有体会地说，任正非待人好是发自内心的真心期望别人好。每年都有好多有志青年离开华为，自立门户。任正非对离开的人从不设卡，而是以积极的态度支持他们，默默地祝福他们。

1999年张晓从华为辞职，创立深圳立言卓翻译有限公司，第一张大单就是华为的。张建国创立的益华时代管理咨询公司，长期为华为进行员工培训。罗涛创立深圳华荣科技有限公司，承接华为的制造业务。"没有华为就没有我们创业的成功"，这是很多离开华为、自主创业的人的肺腑之言。

任正非虽然脾气暴躁，不苟言笑，但是在他的内心深处，有着细腻的情感。

他渴望真诚，心与心的情感交流，看似坚强，背后却是柔情似水。《北国之春》是任正非最喜欢听的一首歌，每当听到这首歌时，他就会禁不住热泪盈眶。

在《北国之春》中，任正非流露出了自己细腻的情感：

"当一个青年背井离乡，远离亲人，去为事业奋斗，唯有妈妈无时无刻不在关怀他，以至城里不知季节已变换，在春天已经来临时，还给他邮来棉衣御严冬。而我再没有妈妈会给我寄来折耳根（鱼腥草）、山野菜和腊肠了，这一切只能长存于永恒的记忆。儿行千里母担忧，天下父母都一样，担忧着儿女。我写的《我的父亲母亲》一文，日本朋友也译成了日文、英文让员工传阅，他们误认为我是孝子。我是因为没有尽到照顾父母的责任，精神才如此内疚与痛苦。我把全部精力献给了工作，忘了父母的安危，实际上是一个不称职的儿子。

一个人离开家奋斗是为了获得美好的生活，爱情又是美好生活中最重要的部分，但爱情就像独木桥一样，人家过了，你就不能过。离家已经五年，在残雪消融、溪流淙淙的时候，面对自横的独木桥，真不知别人是否已经过去，心爱的姑娘可安在。那种惆怅，那种失落，那种迷茫，成功了又能怎么样？

棣棠丛丛，朝雾蒙蒙，静静的水车、小屋，与阵阵无忧无虑的儿歌声相伴的是父兄的沉默寡言。我们多数人能去读大学，都是父兄默默奉献自己的结果。他们含辛茹苦、一点一点地劳动积攒，来供应远在他乡孤立无助的游子，他们自身反而没有文化。他们用自己坚硬的脊梁，为我们搭起了人生和事业的第一个台阶。

但愿他们别太苦了自己了，愁时相对无言也沽两杯薄酒。我们千万不要忘记他们，千万不要嫌弃他们，千万不要忘记报答他们。由此我想到，我们每一个人的成功，都来自亲人的无私奉献，我们生活、工作和事业的原动力，首先来自妈妈御寒的冬衣，来自沉默寡言的父兄，故乡的水车、小屋、独木桥，还有曾经爱过你但已分别的姑娘……"

有一年年终，在公司7楼小会议室里集体大合唱，任正非坐在前排。听着员工们唱着雄壮的革命歌曲，不禁泪流满面。有时候，任正非看到员工们表演、唱歌，甚至到深圳市民俗文化村参观，都会勾起他对以往激情岁月的回顾，脑海中浮现出参军的日子和创业前夕的挣扎岁月。

1997年2月12日，华为市场部秘书处主任杨琳在海南旅游时因车祸遇难，华为副总裁张建国、朱建萍等人立即飞往海南处理善后事宜，上至任正非下至市场部门的同事都表现出沉痛心情，这是许多企业所做不到的。

任正非不胜悲痛，专门写了一篇纪念文章。1997年，任正非在《悼念杨琳》一文里深情地写道："华为的光辉是由数千微小的萤火虫点燃的。萤火虫拼命发光的时候，并不考虑别人是否看清了他的脸，光是否是他发出的。没有人的时候，他们仍在发光，保持了华为的光辉与品牌，默默无闻，毫不计较。他们在消耗自己的青春、健康和生命。华为是由无数无名英雄组成的，而且无数的无名英雄还要继续涌入，他们已在创造历史，华为的光辉历史，我们永远不要忘记他们。当我们产品覆盖全球时，我们要来纪念这些为华为的发展贡献了青春与热血的萤火虫。"在文章中，他自述了杨琳在华为工作的几年里没与她说过几句话，没与她谈过一次心，是他最大的遗憾。

1998年，华为员工吕晓峰前往非洲的阿尔及利亚和突尼斯开拓市场，在突尼斯遭遇了一场空难。不幸中的万幸，他幸运地活下来了。任正非听说后，抽空亲自去医院探望吕晓峰。听说他的大衣被损坏了，亲自陪着他上街去买新衣服。这让他顿时热泪盈眶，这事后来登在《华为人》报上，很多人都被感动了。

关于任正非的个人感情，华为大多数老员工能给出的描述是曾离异，后又再婚，详情不明。在华为老员工中流传着一个小范围的版本：个性率真的任正非曾在一次闲聊时感叹生活无常，爱情不测，年轻时满腔热情，但感情失意，功成名就后，爱人已经远去。

华为是一个以高技术为起点，着眼于大市场、大系统、大结构的高科技企业。以它的历史使命，它需要所有的员工必须坚持合作，走集体奋斗的道路。否则个人的聪明才智就会很难发挥，并有所成就，企业也难以获得成就，甚至影响生存。因此，任正非要求员工要相互合作，避免单兵作战，避免个人英雄主义，要在集体奋斗中实现自己的价值。

此外，任正非也强调华为的领导要有温情，与员工打成一片。在华为，领导请下属吃饭是司空见惯的事情，也是从公司创业之始就流传下来的传统之一。创业时期任正非曾给所有的部门经理发经费，让经理请下属吃饭，基本上每星期一次。这实际上是一种团队沟通的模式,进而增强员工凝聚力。任正非专门为此说过:铁军的领袖要关心下属,领导不请也得请。公司的大门对员工是完全敞开的。人来欢迎,人走欢送,如果再来还欢迎。在华为有许多二进公司或三进公司的老员工,这足以见证华为的胸怀与魅力。

严刻而不失幽默

幽默是一种艺术,能带给人轻松舒适的感觉。马克·吐温是风靡全球的幽默大师,他的作品诙谐幽默、谈笑风生、嬉笑怒骂、讽刺鞭挞。马克·吐温曾在圣弗兰西斯科《呼声报》编辑部任职,6个月之后,突然被总编炒了鱿鱼。总编解释说:"因为你太懒,而且一点也不中用。"马克·吐温笑着回答:"啊,你真蠢得可以了,你要用6个月时间,才晓得我太懒而不中用,而我是进来工作那天便知道你了。"

不了解任正非的人都认为,他脾气粗暴,整天就会板着脸教训人。其实跟他谈起话来也是幽默风趣、平易近人的。

早期任正非经常对几十个员工说,今天改善伙食,熬点猪尾巴汤啊!大家拽着猪尾巴吃得挺开心。每个新人进来后,大家请客吃的也都是这些,久而久之,也就爱上这口了。

任正非主张踏踏实实做事,反对不切实际的空想,对此,他幽默地说:"我们的战略规划办,是研究公司3～5年的发展战略,不是研究公司10年、20年之后的发展战略,我不知道公司是否能够活过20年,如果谁要能够说出20年之后华为做什么的话,我就可以论证:20年后人类将不吃粮食,改吃大粪。"

1996年,任正非听取完生产计划和销售计划工作汇报后,送给生产计划主管和销售计划主管每人一双工作靴。大家你瞅瞅我,我瞅瞅你,不知老总这样做有何用意。任正非笑着说:"以后,你们要走与工农兵相结合的道路。"

1997 年，华为在 7 楼食堂召开驻深员工的全体大会，说着说着，任正非突然冒出一句：华为的高层都长得丑，你看李一男，还有胡厚崑，长得多丑啊！你们站起来给大家看看。那两位还真像模像样地站起来让大家瞧了瞧。2000 人的会场顿时气氛轻松了下来，大家都开心地一笑，他自己也像个孩子似的笑了。

任正非经常说："华为要松土、翻新，种子是我们自己种的，外部请来的专家、引进的流程就像投射进的阳光，如果我们离开这片田地，能从外面捡回来玉米，但也许最开始播下的种子就死了。"

对于华为融入国际化潮流，任正非曾经风趣地说过一句名言："你到别人家做客，就不能抠脚丫子。"他强调华为人要重视实践能力，不要一味读死书，"茶壶里煮饺子，倒不出来就不算饺子。"

在华为员工大会上，任正非提问："2000 年后华为最大的问题是什么？"大家回答：不知道。任正非告诉大家："是钱多得不知道如何花，你们家买房子的时候，客厅可以小一点、卧室可以小一点，但是阳台一定要大一点，还要买一个大耙子，天气好的时候，别忘了经常在阳台上晒钱，否则你的钱就全发霉了。"

后来有人问任正非，当初为什么要选择通信领域，他只是笑着说："那时我们很幼稚。"

2001 年，杨元庆来华为参观时，杨元庆表示联想要加大研发投入，做高科技的联想，任正非以一位长者的口吻对他说："开发可不是一件容易的事，你要做好投入几十个亿，几年不冒泡的准备。"

近几年来，任正非频频出访海外，他的英语水平在对话中不断地"突飞猛进"，回国后偶尔会讲一些西方式的幽默，逗大家乐一阵子。

任正非演讲很受人欢迎，流利的口才、幽默的艺术，每次上台前人们都热烈鼓掌。他总是说："你们别鼓掌，再鼓掌我就走了。"

个人智慧的极限

历史告诉我们,从"生存"到"成功",偏执从来都是世界伟人的选择。遵循这个规律,世界上万物适者生存的原则不言而喻,偏执的人总会为自己想方设法多找一条捷径。

但是,一个人的智慧毕竟有限,偏执有时也会成为事业发展的绊脚石。任正非也不例外。

2001年冬天的一个下午,华为坂田基地华电科研楼一层的一间会议室里聚集了杨汉超、徐直军、费敏、徐文伟等公司的高级副总裁,大家在一起对华为未来5年的销售收入进行预测。在讨论到数据产品的未来市场的时候,大多数人的意见是前景依然不乐观。就在大家还在为此争论的时候,徐文伟突然接到一个电话,他非常恭敬地听完电话后转身对大家说,我们还是把预测数据再调高2亿元吧。看到大家还是不同意,他便略显无奈地说道,就这样吧,这是老板定的。

类似的情况还有很多。2001年年初,任正非认为通信市场会出现"井喷"式的发展,当时他给光网络部门下达了160亿元的销售目标。但是,几个月过去之后,大家期盼的"井喷"并没有出现。这个时候,任正非又告诉大家,虽然没有了"井喷",但还是会出现"浪涌",并将光网络产品的销售目标调整为120亿元。

而实际上,当年的光网络市场既没有出现所谓的"井喷",也没有"浪涌",有的是持续的低迷。几个月之后,公司又再次将光网络产品的销售目标下调到了60亿。私下里一些高层就在议论,也许老板真的老了,对市场预测的精确程度已经大不如前。也有人说,以前华为有郑宝用、李一男帮助老板决策,现在他们两位都不在公司了,失去了左膀右臂的老板开始不灵了。

毋庸置疑,任正非确实具有非凡的战略眼光。许多华为的高层都认为,他们经常会认为老板的许多决策是错误的,但是后来的事实都能证明实际上恰恰是自己对企业发展的理解不够。长此以往,华为的高层都形成了一个基本的惯性,听老板的话没错，我们需要的只是坚定不移地执行。

但是，2000年之后华为在战略上的失误开始增多。任正非推出的内部创业政策和不进入小灵通市场的决策事后都已经被证明是错的。一方面，随着公司规模的不断扩大，特别是华为国际化步伐的加快，任正非纵有天大的本领也很难完全把握环境与市场的变化。

另一方面，当时的任正非已经接近60岁，由于长期过度的操劳，他的精力也在不断地下降。在任正非的内部讲话中，这一点就已经表现得非常明显了：1998年之前，任正非的讲话不仅极具感染力和鼓动性，而且思路清晰、出口成章，气贯长虹，但情况很快就发生了变化。

比如2000年9月，公司全体研发人员在深圳市体育馆召开万人大会，会议的主题是降低研发成本，反"呆死料"。当时的研发总裁洪天峰邀请任正非在大会上做了以《为什么要自我批判》为主题的报告。此时的任正非已经不见了往日的激情与活力，不但出现了几次莫名其妙的中断，而且很多话语重复多次。大会散场的时候，许多老员工就开始议论，这也太不像当年的任总了。

可以想见，从一家做代理的小公司发展到通信器材制造的霸主，在这个过程中，所有压力集于一身，这对任正非身体的伤害是非常巨大的。华为的成就几乎可以说就是以他牺牲自己的健康为代价的。所以，虽然任正非2000年后还是有很多引发业界巨大反响的文章和讲话，但是这些年来这种讲话的频率已经大大减少，这种情况在2003年后则体现得更加明显。这种变化一方面与任正非个人的身体状况相关，而更关键的是，随着互联网技术的发展和3C的融合，未来市场的"能见度"越来越低。

对于华为来说，长期依赖任正非个人的战略决策机制让华为的高管养成了非常强的依赖思想。企业高层人才的培养，最重要的就是通过实践的锻炼，不断地独立完成战略决策，这已经为GE、IBM等无数优秀的企业所证明。华为的高层领导由于长期习惯于被动执行，战略思考的能力普遍缺乏，这样就出现了一个恶性循环：由于下属无法做出良好的决策，任正非也就需要不断地做出各种决策，有时甚至连新员工培训发放几套衣服这样的问题也需要请示他才能决定。而什么事情都需要自己亲自决策的他也就陷入了事务的汪洋大海而不能自拔，无法留出更多的时间思考各种战略问题。华为从国外大公司招聘而来的一位高管就曾经评价说，任正非比国外的CEO要辛苦不知道多少倍。

一个人的战略所造成的另外一个致命的问题，就是华为的战略决策缺乏透明度。由于许多高层领导自己都不清楚老板为什么下达这样的指令，因此他们的下属更是在一头雾水中埋头工作，不论是推行集成产品开发的IBM顾问还是做供应商认证的BT（英国电信）专家都异口同声地指出，华为内部缺乏自上而下和自下而上的双向沟通交流机制，上司的意图，经过几层传递后就会完全走样。

独一无二的"灰度管理者"

当华为发布2013年报，2013年华为各项业务持续有效增长，净利润高达210亿元。其后，华为犹如一枚重磅炸弹再次引起中国业界的关注和反思，甚至诸多企业把华为作为自己借鉴和参考的标杆企业。

当然，诸多企业关注华为的背景是，在后金融危机中，华为不仅没有受到金融危机的影响而发展速度下降，相反还一直保持良好的增长势头，而且其国际化步伐一直迈得坚实有力。即使在金融危机爆发的2008年，华为的国际收入已占到整体销售收入的75%。不仅如此，华为在2008年国际专利的申请数量竟然超越了丰田和飞利浦，成为名副其实的专利申请世界企业第一。华为的表现也赢得了美国财经杂志《商业周刊》的认可，在《商业周刊》杂志评选出的全球十大最具影响力公司中，华为是唯一上榜的中国企业。

在华为高级管理顾问吴春波看来，华为作为一个中国的、非上市的、民营的、高科技的企业，只是一种"现象"，对于中国企业，其模仿与借鉴价值并不太大，但是隐含于华为现象成功背后的经营管理的哲学与理念，则值得中国企业和企业家思考。

的确，任正非的经营管理可归结为均衡的思想。自2001年起，在任正非总结的华为"十大管理要点"中,不管内外部环境发生了如何的变化,"坚持均衡发展"一直放在第一条。可以讲,任正非的经营管理思想的核心就是均衡,均衡是其最高的经营管理哲学。任正非自称是一个有"灰度"的人,他认为,介于黑与白之间的灰度,是十分难掌握的。

可能读者会好奇地问,什么是灰度?所谓灰度色,就是指纯白、纯黑以及两者中的一系列从黑到白的过渡色。我们平常所说的黑白照片、黑白电视,实际上都应该称为灰度照片、灰度电视才确切。灰度色中不包含任何色相,即不存在红色、黄色这样的颜色。灰度的通常表示方法是百分比,范围从0%到100%。Photoshop中只能输入整数,在Illustrator和GoLive允许输入小数百分比。注意这个百分比是以纯黑为基准的百分比。与RGB正好相反,百分比越高颜色越偏黑,百分比越低颜色越偏白。灰度最高相当于最高的黑,就是纯黑。灰度最低相当于最低的黑,也就是"没有黑",那就是纯白。

从灰度的定义可以看出,灰色,是纯白、纯黑以及两者中的一系列从黑到白的过渡色。自然界中的大部分物体的平均灰度为18%。灰度一词,在华为语境中有着重要的地位,是任正非在许多重要讲话中使用的词汇。如在2008年市场部年中大会上的讲话中,任正非讲道:"开放、妥协、灰度是华为文化的精髓,也是一个领导者的风范。"

在任正非的经营管理中,较为推崇灰度管理哲学。在任正非看来,"合二为一"不是黑白不两立的"一分为二",而是可以融合的。正是华为在灰度理论的支配下,任正非同时强调开放与妥协,反对"斗争哲学",崇尚合作精神与建设性,使得华为迎来了大发展。

任正非推崇灰度管理哲学有其独特的看法,2011年,任正非曾经与经营大师稻盛和夫会谈,当日方演讲者按照PPT有条不紊地演讲结束时,任正非对陪同的华为高管们说:"日本跟不上变化的世界。"当华为副董事长郭平也按照同样的方式讲述之后,任正非苦叹一句:"华为必死无疑……"

可能读者会好奇地问:"任正非的忧虑是什么?"《华为基本法》里就能给读者回答这个问题。

在《华为基本法》中,处处可见悖论,处处可见闭环。如"我们既要如何,又要如何……"在 20 多年来的任正非的文章与讲话中，也常常充满互为对立但实则统一的言论，关键是在什么样的时空条件下。比如战略定位必须清晰，这样前后方作战的将士们才能有明确的目标与方向；但时空条件发生变化了，战略定位也会跟着发生调整；比如民主与权威的关系，前者代表活力与创造性，后者代表秩序，两者缺一不可，但如何拿捏分寸？既要有制度的制衡，又要有领导者集体的权变艺术。

在管理中，科学、合理地治理企业，的确需要一个恰当的分寸。为此，任正非说道："灰度是常态，黑与白是哲学上的假设，所以，我们反对在公司管理上走极端，提倡系统性思维。"

在华为，任正非始终用"灰度"的思想指导华为的各项实践。如公司设计自身所有制的实践，正确处理本土化和国际化的实践，如何正确对待客户、竞争对手、供应商的实践，内部管理上正确处理质量与成本、拿合同与保进度的实践，处理守成与创新的实践，处理员工身份的实践，处理人事制度变革的实践，等等，在这些实践中，华为都坚持了"灰度"的指导思想。实践证明，"灰度"思想是指导华为公司实践取得成功的重要"法宝"。

第十一章

任正非

华为没有成功，只有成长

2009年,华为全年营业额1490.59亿元,增长19.0%,净利润182.74亿元人民币,增长132.8%。华为凭借出色的业绩于2010年7月成功入选世界500强企业,成为中国民营企业的骄傲,也成为世界第二大通信设备提供商。

尽管取得了令全世界瞩目的成就,然而任正非却始终保持着一种危机意识,他如履薄冰,时刻谨慎,防止自己和华为人出现骄傲的情绪。他时刻关注华为的发展动态,努力推进各项改革,打破阻碍华为进步的瓶颈,不断为华为注入新鲜的血液,使华为保持生生不息的成长动力。

华为的发展是不断战胜自我的过程。正如任正非所说的:"什么叫成功?是像日本那些企业那样,经过九死一生还能好好地活着,这才是真正的成功。华为没有成功,只是在成长。"

削足适履，穿上"美国鞋"

管理进步的基本手段最简单讲有两个方面：一是向他人学习，二是自我反思。对于致力于成为世界级领先企业的华为公司，向西方有着优秀管理模式的企业学习尤其重要。

客观地说，华为成长的传奇，很大的一部分源自于它的中国式的"草鞋"，例如革命化的团结大动员、唱军歌等，这种传统的管理方式几乎可以概括为华为发展初期的管理特色。但是，华为最受关注也最受争议的却是它的中国特色的管理方式。

随着公司规模越来越大，管理上的问题也越来越多，这种穿着"草鞋"走柏油路的管理方式已经不能适应公司的快速发展。由此，任正非开始在管理中融入一些西方的先进管理思想，并取得了很大成效。

在华为高速发展的1997年、1998年，任正非仍然秉持"中学为体、西学为用"的管理思想。他还试图以中国传统文化构筑企业核心价值体系，即"建立以国家文化为基础的企业文化"。在此基础上，任正非试图将中国传统文化与IT技术、人力资源管理制度等西方管理技术结合起来。

2000年之后，当华为发展到一定阶段，任正非在实践这种中西融合的管理模式时遇到了麻烦。因为西方管理技术的背后是西方哲学，与中国哲学、中国传统文化实际上是两个迥异的思想体系，这也决定了要强行融合这两者是不可能成功的。而这个时候，华为加大了国际化进程，与此相对应的，就是它必须在国际化人才的招募与管理、海外分公司的经营与管理上，走出一条世界领先企业的道路。而要做到这一点，华为不能仅依靠先天获得的相关经验，而必须向先进的国际企业多加学习。

任正非在《活下去是企业的硬道理》中这样阐述他在这个问题上的观点：

华为公司从一个小公司发展过来，是在中国发展起来的，外部资源不像美国那样丰富，发展是凭着感觉走，缺乏理性、科学性和规律，因此要借助美国的经验和方法，借用外脑。

既然要学习别人先进的经营管理模式和技术，首要的问题就是削弱甚至取消原来特色鲜明的"传统文化"的宣传，脱掉"草鞋"，换上"美国鞋""德国鞋"，将华为文化中的核心部分归结为符合职业化需要的普遍性商业文化，如责任、敬业、创新等，这就涉及如何做到批判地继承的问题。

华为引进美国HAY公司的薪酬和绩效管理方法就是一个比较典型的"美国鞋"，任正非说："我们引入美国HAY公司的薪酬和绩效管理的目的，就是因为我们看到沿用过去的办法，尽管眼前还活着，但是不能保证我们今后继续活下去。现在我们需要脱下草鞋，换上一双美国的鞋，但穿新鞋走老路照样不行。换鞋以后，我们要走的是世界上领先企业走过的路。这些企业已经活了很长时间，它们走过的路被证明是一条企业生存之路。这就是我们先僵化和机械引入HAY系统的唯一理由，换句话讲，因为我们要活下去。"

任正非认为，华为必须全面、充分、真实地理解HAY公司提供的西方公司的薪酬思想，而不是简单机械地引进片面、支离破碎的东西。他说：我们有很大的决心向西方学习。在华为公司，很多方面不是在创新，而是在规范，这就是我们向西方学习的一个很痛苦的过程。正像一个小孩，在小的时候，为生存而劳碌，腰都压弯了，长大后骨骼定型改起来很困难。因此，我们在向西方学习过程中，要防止东方人好幻想的习惯，否则不可能真正学习到管理的真谛。

任正非同时指出，引进并非一味地照搬，他始终提倡的是一种改良，对于来自美国HAY公司的成功管理方法当然也不例外。

任正非说："当我们的人力资源管理系统规范了，公司成熟稳定之后，我们就会打破HAY公司的体系，进行创新。我们那时将引入一批"胸怀大志，一贫如洗"的优秀人才，他们不会安于现状，不会受旧规范的约束，从而促使我们的人力资源管理体系再次裂变，促进企业的再次成长。……此外，管理既要走向规范化，又要创新，又要对创新进行管理，形成相互推动和制约机制。"

成功引进后，再打破，再创新出自己的体系。这才是任正非要换上"美国鞋"的最终目的。而且这个过程其实一直在华为持续进行，其管理的进步就是依靠不断改革来实现的。

独一无二的矩阵管理体系

电信行业是一个急剧变化的行业，技术不断创新，新产品不断出现，竞争不断加剧。而中国电信产业逐渐与国际接轨，这也意味着，中国电信企业必须适应每3个月就会发生一次大的技术创新。为适应这种急剧的变化速度，华为必须建立一种既可保持相对稳定，又可迅速调整以适应变化的组织结构。

组织结构的演变不应当是一种自发的过程，其发展具有阶段性。组织结构在一定时期内的相对稳定，是稳定政策、稳定干部队伍和提高管理水平的条件，是提高效率和效果的保证。

华为的组织结构是经历了由简单到复杂的演进过程。

华为创立初期，由于员工数量不多，部门和生产线比较单一，产品的研发种类也比较集中，组织结构比较简单，因此采用的是在中小企业比较普遍的直线式管理结构。公司大小事务由任正非等最高领导亲自处理或授权，企业的发展有赖于领导人的英明决策。在这种直线式的结构中，责任与职权明确，便于企业领导比较容易和迅速地做出决定，很适合华为创业时期的发展特点。

但是，随着华为高端路由器的研制成功以及在农村市场上成功的销售策略，华为逐渐步入高速发展的道路，不但在产品领域开始从单一的交换机向其他数据通信产品及移动通信产品扩张，市场范围遍及全国各省市，而且公司的员工数也呈几何倍数递增。在这种情况下，单纯的直线管理的缺点暴露无遗：权力过于集中于"全能"管理者，而当这个"全能"管理者离职时，难以找到替代者；另外，也容易导致部门间协调工作难做。

任正非很快意识到直线管理上的弊端，大量地学习和理解了西方先进的管理经验，结合公司的实际情况，形成了一套属于并且只适合自身发展的独一无二的组织管理体系：矩阵结构（二维组织结构），即按战略性事业划分的事业部和按地区战略划分的地区公司，由事业部和地区公司承担实际盈利的责任。

矩阵结构是一个不断适应战略和环境变化，从原有的平衡到不平衡，再到新的平衡的动态演进过程，这种结构天生具备权力互相制衡的特征。华为的公司权力结构也是一种矩阵结构，公司永远都不会有一个稳定的矩阵结构网。当该结构网收缩时，各部门就会叠加起来，意味着华为要精简部门、岗位和人员；当扩张时，网就会拉开，就意味着要增加部门、岗位和人员。在这一过程中，流程始终能够保持相对的稳定状态。

首先是确立事业部制。1998年，华为正式引进了事业部制，以求能提高管理效率，创造更多新的企业生长点。

事业部制，顾名思义，也就是按照企业所经营的事业，包括按产品、按地区、按顾客（市场）等来划分部门，设立若干事业部。例如，在GSM领域，华为推出了面向3G的解决方案，其亮点之一在于可全面支持3G并支持专业集群功能，配合专业的集群手机，可以满足高端用户的调度、会议广播以及紧急呼叫等需求。毋庸置疑，在信息化极度膨胀的今天，这项创新有着广阔的市场空间。华为立即出手，组织一部分市场营销和推广人员和技术创新人员一起组建一个事业部，从事这项创新的运营工作。这个事业部相当于是临时根据3G业务的需要而搭建的，当3G已经顺利地投入运营并可以收益的时候，该项技术创新面临的问题就是服务等市场跟进工作了，那么临时搭建的事业部就应该回归了，因为它之前负责的工作可以由公司常规设立的市场部和客服部统一负责了。

可以看出，华为把创新转化为价值的基础就是迅速地进行有利于该创新技术的组织架构调整，但这个架构调整的具体方向是随着业务的需要而定的。

其次是建立地区公司。1997年，任正非首次提出建立合资公司，目的是为了最大限度地抓住各地的市场，做好产品的销售和服务工作。随后华为与铁通合资建立北方华为、收购原102厂建立四川华为,由此揭开了华为市场战略布局的帷幕。2002年,上海华为改制,成为华为市场部真正意义上的华东分部(即华为的地区公司),随后其他的合资公司也逐步改制。华为的合资公司最终完成了它的历史使命,演变成为现在的地区公司。

华为地区公司是按地区划分的、全资或由总公司控股的、具有法人资格的子公司。地区公司在规定的区域市场和事业领域内,充分运用公司分派的资源和尽量调动公司的公共资源寻求发展,对利润承担全部责任。在地区公司负责的区域市场中,总公司及各事业部不与之进行相同事业的竞争。各事业部如有拓展业务的需要,可采取会同或支持地区公司的方式进行。

华为地区公司的建立为华为开启了新的销售渠道,也使得华为的组织结构向矩阵式跨国集团化跨近了一步。

引入IBM先进的管理理念

从1997年起,华为与IBM合作,引入了它们的先进管理理念,这次合作对华为来讲具有重要的意义。

华为首先进行了IPD整合。IPD即集成产品开发(Integrated Product Development),是一套产品开发的模式、理念与方法。IPD的思想来源于美国PRTM公司出版的《产品及生命周期优化法》。IPD强调以市场和客户需求作为产品开发的驱动力,在产品设计中就构建产品质量、成本、可制造性和可服务性等方面的优势。更为重要的是,IPD将产品开发作为一项投资进行管理。在产品开发的每一个阶段,都从商业的角度而不是从技术的角度进行评估,以确保产品投资回报的实现或尽可能减少投资失败所造成的损失。

最先将IPD付诸实践的是IBM公司。1992年IBM在激烈的市场竞争下,遭遇到了严重的财政困难,公司销售收入停止增长,利润急剧下降。郭士纳正是在此时出任 IBM 公司 CEO，经过分析，他发现 IBM 在研发费用、研发损失费用和产品上市时间等几个方面远远落后于业界最佳。为了重新获得市场竞争优势，郭士纳提出了将产品上市时间压缩一半，在不影响产品开发结果的情况下，将研发费用减少一半的目标。为了达到这个目标，IBM 公司率先应用了集成产品开发的方法，在综合了许多业界最佳实践要素的框架指导下，从流程重整和产品重整两个方面来达到缩短产品上市时间、提高产品利润、有效地进行产品开发、为顾客和股东提供更大价值的目标。

IPD 作为先进的产品开发理念，其核心思想概括如下：①新产品开发是一项投资决策。IPD 强调要对产品开发进行有效的投资组合分析，并在开发过程设置检查点，通过阶段性评审来决定项目是继续、暂停、种植还是改变方向。②基于市场的开发。IPD 强调产品创新一定是基于市场需求和竞争分析的创新。为此，IPD 把正确定义产品概念、市场需求作为流程的第一步，开始就把事情做正确。③跨部门、跨系统的协同。采用跨部门的产品开发团队（PDT：Product Development Team），通过有效的沟通、协调以及决策，达到尽快将产品推向市场的目的。④异步开发模式，也称并行工程。就是通过严密的计划、准确的接口设计，把原来的许多后续活动提前进行，这样可以缩短产品上市时间。⑤重用性。采用公用构建模块（CBB：Common Building Block）提高产品开发的效率。⑥结构化的流程。产品开发项目的相对不确定性，要求开发流程在非结构化与过于结构化之间找到平衡。

这一方法的实施也使得技术强大但缺乏章法的 IBM 进而获得了新生，成功地推动了 IBM 技术向市场转化的商业路径，使企业各个环节成为一个有机的整体。IBM 这个巨人由于不折不扣地贯彻了 IPD 的管理精神从而获得了巨大的商业成功。

华为公司 1987 年创办，其后就以飞一般的速度扩张。但是到了 1997 年，华为也遇到了当初 IBM 公司遭遇的问题，华为在战略管理和项目管理之间矛盾重重。华为在中国市场得以成功的一个非常重要的原因，就是依靠"狼性"，即敏锐的嗅觉来把握市场需求并迅速推出产品。但是，华为的技术人员重功能开发、轻产品的可靠性和服务质量。因此，开发出来的产品到了市场上之后许多问题一下子就暴露出来了。之后，华为开始出现了"增产不增收"的效益递减现象。

过去的 10 年间，华为之所以能够在与国际对手的竞争中发展起来，主要依靠两个方面的比较优势：一是人力资源的成本优势；二是基于中国市场特点的营销能力。相对的成本优势也是绝大多数中国企业在参与国际竞争中的基本优势。

改革开放之后，中国企业开始茁壮地成长起来。那时即使工资不高，但人人都精神百倍，把全部身心都投入到了工作中，企业不怕招不到人，因此，人力资源无限，自然成本也很低。

所谓成本优势大多建立在人力成本或其他自然资源的基础之上。但是，随着中国经济的发展，劳动力的成本必然会随之提高，这是不以任何人的意志为转移的。另外一个就是降低采购成本，而在现在全球一体化的经济进程中，如果不以牺牲质量为代价的话，这一点也无法继续保持。因此，持续降低成本的努力方向将会逐步从仅仅降低投入成本转向降低企业运营过程的所有环节的成本。

对于还在继续着粗放型经营的华为来说，它开发的产品中有相当一部分是极端复杂的大型产品系统，如 C&C08 交换机、GSM、数据通信、WCDMA 等，其软件规模均超过了千万行代码，由分布在不同领域里的数千名开发人员历时两至三年方能完成。要管理和协调这么一支庞大的开发团队，保证千万行代码不出现差错，不仅需要超人的智慧，更需要一种有效的管理策略。

1997 年开始近距离观察 IBM 之后，任正非发现，IBM 等高科技企业的研发模式不是单纯为了提高产品开发速度，而是在保证产品质量的前提之下缩短产品的上市时间（ITM，Time To Market）。IBM 的成功让任正非怦然心动。一年后，华为用"照葫芦画瓢"的强硬方式推行 IPD。

1998 年初，华为开始设计并自己摸索实施 IPD，但是由于自己设计的 IPD 方案考虑欠缺、流程在实际运行中有诸多不合理之处而惨遭失败。任正非认识到，画龙画虎难画骨，IPD 的精髓是没法模仿的，华为不能再闭门造车了，只有全盘引入并进行融合才是最好的方法。于是，华为成为在国内第一家引进和实施西方公司 IPD 的企业。

IBM 方面也非常重视与华为的合作，他们派出了最优秀的人才到华为进行 IPD 推行。1999 年初，由 IBM 作为咨询方设计的 IPD 变革在华为正式启动。刚开始，由于 IPD 涉及的面很广，华为规模大、产品线宽、系统复杂、技术含量高，IPD 在华为的实施十分艰难。但是任正非以铁腕推行，将推行 IPD 上升到了华为的生存层面："IPD 关系到公司未来的生存和发展。各级组织、各级部门都要充分认识到其重要性。通过'削足适履'来穿好'美国鞋'的痛苦，换来的是系统顺畅运行的喜悦。"任正非希望华为穿上 IBM 的鞋来迅速走上国际化管理的轨道。

根据 IBM 咨询的方法，华为 IPD 项目划分为关注、发明和推行三个阶段。

在初期的关注阶段，华为进行了大量的"松土"工作，即在调研诊断的基础上，进行反复的培训、研讨和沟通，使相关部门和人员真正理解 IPD 的思想和方法。发明阶段的主要任务是方案的设计和选取三个试点。推广阶段是逐步推进的，先在 50% 的项目中推广，然后扩大到 80% 的项目，最后推广到所有的项目。

单从技术的角度出发，IPD 让华为从技术驱动型转向了市场驱动型，它最终改变了华为人的做事方法。在 IPD 流程里，人们参与另一种非实体的管理开发流程 TDT（Technology Development Team）——技术开发团队，每个 TDT 的人员来自不同的部门，从市场到财务，从研发到服务支持，目标导向只有一条：满足市场需求并快速赢利。

先进的思想一旦被接受，就会产生巨大的作用。如今，IPD 的理念已经融入华为人的血液。比方说，产品从一出来就要注意可维护性，技术支持人员随时配备。过去华为是没有技术支持的，研发人员随便写一些资料，现在都有专门的资料开发人员为研发人员做新产品的资料配备，如果没有做，研发人员可以投诉。

IPD 流程强调的是产品从市场调研、需求分析、预研与立项、系统设计、产品开发、中间实验、制造生产、营销、销售、工程安装、培训与服务到用户信息反馈的完整流程意义上的产品线管理。每一条产品线必须对自己的产品是否响应市场需求和销售效益负责，克服了研发部门片面追求技术而忽视市场反馈的单纯技术观点,也克服了市场部门只顾当前销售而不关心产品战略的短视倾向。

这个改变孕育了一个全新的部门——营销工程部,同时也使华为的研发水平开始与国际公司看齐。

2000年,华为以无线业务部作为第一个IPD试点。无线业务部副部长李承军和他那支从各个部门抽出来的10人团队在IBM顾问手把手的指导下把华为的大容量移动交换机MSC6.0送上了IPD流程。经历了10个月的开发周期,华为把整个流程走了一遍,算是完成了首次试运行。

两年后,华为终于把所有新启动的产品项目都按照IPD的流程来运作了。

实行IPD之后,华为的研发流程发生了很大的变化。以前华为负责研发项目的负责人全部是由技术人员担任,现在则强调产品开发团队的负责人一定要有市场经验。以前,华为的中央研究部全权负责研发,市场部门负责销售,中央研究部做什么,市场部门就得卖什么。而现在可热闹了,产品做成什么样完全由不得研发人员,很多人都得参与,而这些人在以前都是和研发根本不搭界的人。

在新的集成产品开发流程中,市场代表带着产品规格、技术参数等信息。根据市场上搜集的客户反馈,考虑市场空间、客户需求的重要性排序以及哪些需求会对未来的市场和产品竞争力产生重大影响等问题。在市场人员的强烈参与下,真正的产品概念才得以形成。

IPD成功地融入公司的管理之后,成效是显著的。任正非看在眼里喜在心上,趁热打铁又开始推行ISC流程。

ISC流程的概念就是,企业之间的竞争其实也是供应链之间的竞争。ISC要求把公司运作的每个环节都看成是供应链上的一部分,不管是在公司内部,还是在公司以外的合作伙伴那里,都需要对每个环节进行有效管理,以提高供应链运作效率和经济效益。

公司之间的竞争也就是供应链的竞争。而公司产品的成本不仅是生产成本的体现,也是供应链在公司以外环节的成本与效率的体现。

降低运营成本最核心的就是重整供应链。1999年,IBM顾问在对华为的调查中发现，华为的供应链管理水平与业内先进公司相比存在较大的差距：华为的订单及时交货率只有 50%，而国际上领先的电信设备制造商的平均水平为 94%；华为的库存周转率只有 3.6 次/年，而国际平均水平为 9.4 次/年；华为的订单履行周期长达 20～25 天，国际平均水平为 10 天左右。

通过考察，IBM 顾问指出，华为的供应链管理仅仅发挥了 20% 的效率，还存在很大的提升空间。他们认为华为的核心竞争力在于技术的领先和市场的优势。在供应链管理的过程中只要牢牢把握住核心竞争力，其余非核心部分完全可以外包出去，让那些专业公司分包。

认识到自身的缺陷，任正非马上把 ISC 流程提上日程表，对公司的组织机构进行了相应的调整，把原来的生产部、计划部、采购部、进出口部、认证部、外协合作部、发货部、仓储部统统合并。华为成立了一个统一管理供应链业务的部门，叫做"供应链管理部"，由公司的高级副总裁担任部门总裁。而这个部门的设置，绝对不是简单地把分散在不同系统的部门合并起来，或者换一个名称，而是把供应链管理当作了公司降低成本、库存，提高供货质量、资金周转率、供货速度以及工程质量的有效手段。公司主要从供应链上获得成本优势，而不是像"血汗工厂"那样靠"压榨"工人来获利。这就是为什么华为人的工资奖金比别人高，而生产成本却比别人低很多的根本原因。

2000 年前后，华为公司通过业务外包，进一步将非核心业务"砍掉"。这一次主要涉及公司的生产环节，包括制造、组装、包装、发货和物流。为了平稳过渡，也为了妥善分流和安置原部门有关人员，华为出台了优惠政策和财政支持，鼓励原部门主管和骨干内部创业。注册成专门为华为公司服务的 EMS 代工厂，或者其他服务商，业务上受华为公司供应链管理部管理，经济上独立核算。没有了华为的员工身份，这些内部创业的工厂所雇用的员工就和社会上的平均成本扯平了。而创业团队就变成了股东和管理者，实现了平稳过渡，保障了改革后华为产品的 EMS 生产（代工生产）质量，同时也把制造成本结构性地降了下来。在深圳市就有大大小小上百家分包商专门为华为服务。这样做不仅发挥了专业分工的优势，而且降低了成本，减少了管理难度，提高了华为供应链的竞争力。现在华为基本实现了零库存和一周内交货的快速反应能力。

经此整合后，华为变成了一个真正没有生产车间，也没有库存的 ISC 管理典范。保留的只是两项核心业务，一个是市场，一个是研发。因为华为一向认为市场是公司的生命线，所以公司 38% 的人力资源都投在了市场部。即便是这样，华为的市场订单在履行中也有很多业务被分包出去，如工程安装、设备运行维护、客户接待、客户培训、市场调查等，都会经常分包给那些专业的中小企业。这样做华为不仅可以减少工资支出，而且可以控制居高不下的差旅费。通过专业分工和公开招标，大大降低了市场运作成本，同时提高了服务质量与效率。

为了做得更彻底，任正非对研发部门也进行了整合。虽然研发业务属于核心业务，公司也投入了 48% 的人力资源，但是华为仍然把那些花费大量时间和人力的纯软件业务外包出去，因为这些工作只要"软件灰领"就能够胜任。华为给予有 3 年以上工作经验的"熟手"工程师的外包工资是每月 8000～10000 元，而改革前华为自己雇用的初级工程师的人均成本是每年 20 万元，外包可以节约将近一半的成本。2005 年，华为的外包工程师人数据说有 2 万多人，仅这一项就为华为节约了 20 亿元。也许，华为的研发部门以后会演变成没有软件程序员编制的部门，令人难以想象中国最大的"嵌入式软件"制造商几乎没有软件编程工程师。

而华为保留的是"核心业务中的核心业务"——系统分析师、架构设计师以及产品项目经理，因为他们决定了企业的先进性和竞争力。软件编程工作则变成了"核心业务中的非核心业务"，完全可以交付给批量生产和成本相对低廉的"软件工厂"的"软件灰领"去做。

与"集成产品开发"流程的变革相比，变革"集成供应链"流程对华为的挑战要大得多。这主要是因为它变革的覆盖范围更广，既包括公司内部的销售、采购、制造、物流和客户服务等多个业务系统，同时还包括企业外部的客户和供应商。因此，任何一个环节的问题都会影响整个 ISC 链条运作绩效的改进。"集成供应链"要运行良好就需要整个产业环境所有环节运作能力的提升。在中国，企业外部环节（客户和供应商）的现状在很大程度上限制了整个绩效的改进。

而且，虽然当时全球范围内"集成供应链"的实践开展得如火如荼，但是不同市场环境下的供应链管理模型差别很大。与"集成产品开发"在 IBM 已经成功实施多年的成熟度相比，IBM自己也还正在实施自己的"集成供应链"项目，所以华为没有现成可以学习的模板，只能在供应链理念的指导下，以华为以及客户的现实为起点摸索着开展。

实际上，华为请IBM带给自己的集成供应链，所指的不是传统意义上的采购环节，而是包括了从采购、库存管理、生产制造，一直到产品交付与售后服务的所有业务环节，其原则是通过对供应链中的信息流、物流和资金流进行设计、规划和控制，保证实现供应链的两个关键目标：提高客户的满意度、降低供应链的总成本。任正非就曾经说："ISC（集成供应链）解决了，公司的管理问题基本上就全部解决了。"

细化人事考核指标

人事考核是企业人事管理的重要内容。自从有了企业，就已有了各种各样的企业人事考核。"人事考核"在美国被称为"劳绩评价"，在日本叫作"人事考评"。

随着企业管理理论从科学管理到现代管理的发展、从片面强调管理的科学性到强调管理的科学性和人性化相结合的发展，原先片面强调科学性的传统考核制度也发展到强调科学性与人性化相结合的现代考核制度。

我国台湾地区作为与美国和日本的文化关系都很密切的市场经济区域，它在企业管理中较早地引入了美国和日本的人事考核制度，并且使之中国化。

但许多国内企业很难给职能部门制订出一个可以量化、令人信服的考核方案，特别是考核指标的量化、评估，由于缺乏与经营部门类似的详细数据而过度依赖定性指标，考核的公平、公正性经常遭受质疑。而一旦考核兑现，矛盾就会集中到人力资源部门：员工指责考核指标的公正性、部门经理抱怨指标难于贯彻落实……人力资源部夹在两头，左右为难。久而久之，职能部门的考核逐渐趋于形式化……

怎样在尽可能公平的前提下制定职能部门的考核指标？怎样保障职能部门的考核顺利推行？华为公司的一些做法也许能给出一些启示。

华为最初也度过了一段时间的绩效考核"混沌期"，人力资源部没有真正的绩效考核。当时的人力资源工作人员只关注其有没有及时填补公司的岗位空缺，招聘成功率及新聘员工的离职率等考核指标基本不会顾及，而定性的考核指标让人力资源工作人员对考核结果几乎漠不关心。这种"糊涂工作状态"遭到了抱怨："我与同事的上升空间和年终奖励好像更多的是依照上司的心情而定。"人力资源工作人员渴望也能像业务部门一样在年终时拿到一张清晰的绩效考核单。就这样，华为在懵懂中摸索着自我改变，并将这种愿望变成了现实。

2001年前后，华为参考一些知名企业的先进考核制度后，对人力资源工作指标进行细化，任务书里开始有一些对工作任务的清晰描述。

在华为，每年的年初，每位员工都需要制订绩效目标，然后根据这个目标由直接主管对他进行不定期的辅导、调整。考察目标完成的情况和存在的问题，在年中六七月时做回顾和反馈，最后才是年底的评估考核，并把绩效结果和激励机制相挂钩。

在华为的考核处理中，集体考核与个人考核既统一又分离。比如在全国的办事处评比中，杭州办事处得了较低的评价"C"，那么具体到办事处的个人，考核的等级都要受到牵连，总体评价水平要下降，可并不妨碍表现好的个人照样得到高评价，二者很好地达到了平衡。

华为的原则就是，不管花多大代价，一定要把公司目标管理体系理顺，这个目标管理既是目标本身的，更是有关目标中的人的。

绩效管理，原则上是由上对下进行。所以在考核环节，基本上是华为的管理层对下属做考核，下属给予反馈，结合双向沟通。获得考核结果后，管理者还要将其及时与激励制度和能力发展计划挂钩才能发挥作用。

华为员工的绩效加薪、浮动薪酬也都以此为依据。

绩效考核分为ABC三个档次，每年每个档次的总绩效奖金差别在5000元以上。

绩效考核按照员工比例来固定分配，A 档次一般占员工总数的 5% 左右，B 档次占 45%，C 档次占 45%，还有 5% 的员工将被视作最后一档，很有可能是将要被淘汰的那一部分。

如果连续几个月获得 C 或者待查的员工，不仅拿不到奖金，也意味着被内部调岗或者降薪，对于员工来说，被调动到工资低的岗位或者降低工资，收入损失都不小。

细化考核指标最大的好处就是增加了企业决策的透明度，让员工对自己过去一年的成绩有一个清晰的认识，优势和短处都在绩效考核的结果中一目了然，对今后的一年也能有个明确的目标；同时，培训部门从中也能够获得比较准确的信息，分析出员工绩效不理想或欠缺所在，总结并制定出优先的培训需求；在后备干部队伍选拔方面，也可以从绩效记录中获得很强的支持，因为一个员工连续几年的绩效表现通常预示着其未来的潜力发展方向。如果每年的绩效考评结果都存在很大的反差，那么说明该员工很不稳定，应该对其多加压力，培养其良好的心理承受能力和处事的风格。

考核员工的绩效，往往是领导根据员工是否按质按量地完成工作。而能够按质按量地完成工作，就意味着员工必须加班，才能跟上华为的快节奏，不至于让自己成为整个工程环节中拖后腿的人。

对于不同部分华为都有相应的一套考评标准，这些标准经过长期依赖的规范化和系统化，可操作性特别强，而且考核过程也是全面的、系统的。

例如在对营销人员绩效进行考核时，考核人员要求营销人员首先要提交考核申请，考评员再分两次对申请人进行考核。第一次考核主要是考核对象与考评人的沟通，这次考评人主要是考核对象的直接上级。与上级的沟通主要表现在：共同确定工作计划，勤于请教上级和自我评价。二次考核主要是对第一次考核的审核，审查上次考核是否符合规范，可信度等。两次考核结束后考核人员最后还要接受市场干部部的监督与认证。

目前华为采用的是季度考核、年度总评的方式。工作业绩考核主要围绕季度工作目标与目标完成情况，根据考核标准进行等级评定。任职资格主要围绕行为标准，通过证据对申请人达标与否进行认证。

日报、周报、月报、季报和与之相适应的阶段性考核，保证了主业的不断增长和员工"阶段性成就欲望不断得到满足"。因为任正非相信：如果华为有一天停止了快速增长，就会面临死亡。只要主业还充满活力，我们的团队就有强凝聚力，员工就会拼命而乐此不疲。

完善的制度，严格的考核保证华为制度化用人战略的实施，为华为打造营销铁军提供了制度保障。

《华为基本法》中规定："员工和干部的考评，是按明确的目标和要求，对每个员工和干部的工作绩效、工作态度与工作能力的一种例行性的考核与评价。工作绩效的考评侧重在绩效的改进上，宜细不宜粗；工作态度和工作能力的考评侧重在长期表现上，宜粗不宜细。考评结果要建立记录，考评要根据公司不同时期的成长要求有所侧重。在各层上下级主管之间要建立定期述职制度。各级主管与下属之间都必须实现良好的沟通，以加强相互的理解和信任。沟通将列入对各级主管的考评，并以此作为华为公司的基本考核方式。"

华为公司的绩效管理强调以责任结果为价值导向，力图建立一种自我激励、自我管理、自我约束的机制。通过管理者与员工之间持续不断地设立目标、辅导、评价、反馈，实现绩效改进和员工能力的提升。

通过对考核结果的评定和处理，员工和公司都可以从中发现很多问题并决定今后努力的方向，这样也能让员工更有驱动力来完成公司的目标。只要坚持下去，华为的整个人力资源管理体系一定能够运行圆满，获得成功。

加长企业的每一块短板

在管理学中，有一个"木桶理论"，其核心内容是：一只木桶盛水的多少，并不取决于桶壁上最高的那块木块，而恰恰取决于桶壁上最短的那块。

一个企业好比一个大木桶，企业中的每一个员工都是组成这个大木桶的不可或缺的一块木板。同样的道理，企业的成功往往不只取决于某几个人的超群和突出，更取决于它的整体状况，取决于它是否存在某些突出的薄弱环节。"木桶理论"表明，对企业而言，"最短的木板"就意味着企业的劣势，因此，劣势决定优势，劣势决定生死。

任正非在2000年提出的"2001年管理十大要点"中，将"均衡发展"作为华为管理任务的第一个要点来加以强调。任正非指出，必须要实现公司的均衡发展，也就是抓企业最短的一块木板。

在管理改进中，一定要强调改进我们木板最短的那一块。为什么要解决短木板呢？公司从上到下都重视研发、营销，但不重视理货系统、中央收发系统、出纳系统、订单系统等很多系统，这些不被重视的系统就是短木板，前面干得再好，后面发不出货，还是等于没干。因此全公司一定要建立起统一的价值评价体系，统一的考评体系，才能使人员在内部流动和平衡成为可能。比如有人说我搞研发创新很厉害，但创新的价值如何体现，创新必须通过转化变成商品，才能产生价值。我们重视技术、重视营销，这一点我并不反对，但每一个链条都是很重要的。

2001年，任正非在《北国之春》中继续谈到华为组织结构不均衡的问题：

华为组织结构的不均衡，是低效率的运作结构。就像一个桶装水多少取决于最短的一块木板一样，不均衡的地方就是流程的瓶颈。例如：我公司初创时期处于饥寒交迫的状态，等米下锅。初期十分重视研发、营销以快速适应市场的做法是正确的。活不下去，哪来的科学管理。但是，随着创业初期的过去，这种偏向并没有向科学合理转变，因为晋升到高层的干部多来自研发、营销的干部，他们在处理问题、价值评价时，有不自觉的习惯倾向，以使强的部门更强，弱的部门更弱，形成瓶颈。有时一些高层干部指责计划与预算不准确，成本核算与控制没有进入项目，会计账目的分产品、分层、分区域、分项目的核算做得不好，现金流还达不到先进水平……但如果我们的价值评价体系不能使公司的组织均衡的话，这些部门缺乏优秀干部，就更不能实现同步的进步。它不进步，你自己进步，整个报表会好？天知道。这种偏度不改变，华为的进步就是空话。

任正非认为，即便是在华为备受重视的研发体系中，也同样存在着不均衡的现象，也有"短板"。

任正非说：研发相对于用户服务来说，同等级别的一个用户服务工程师可能要比研发人员综合处理能力还强一些。所以如果我们对售后服务体系不给予认同，那么这体系就永远不是由优秀的人来组成的。不是由优秀的人来组成的组织，就是高成本的组织。因为他飞过去修机器，去一趟修不好，又飞过去修不好，又飞过去又修不好。我们把工资全都赞助给民航了。如果我们一次就能修好，甚至根本不用过去，用远程指导就能修好，我们将节省多少成本啊！

我们这几年来研发了很多产品，但IBM等西方公司到我们公司来参观时就笑话我们浪费很大，因为我们研发了很多好东西就是卖不出去，这实际上就是浪费。我们不重视体系的建设，就会造成资源上的浪费。要减少木桶的短木板，就要建立均衡的价值体系，要强调公司整体核心竞争力的提升。

关于如何解决华为不均衡发展的问题，任正非在多次讲话中谈道：首先要进行岗位轮换制度。我们的干部轮换有两种，一种是业务轮换，如研发人员去搞中试、生产、服务，使他真正理解什么叫作商品，那么他才能成为高层资深技术人员，如果没有相关经验，他就不能叫资深。因此，资深两字就控制了他，使他要朝这个方向努力。另一种是岗位轮换，让高中级干部的职务发生变动，一是有利于公司管理技巧的传播，形成均衡发展，二是有利于优秀干部快速成长。去年我们动员了两百多个硕士到售后服务系统去锻炼。我们是怎样动员的呢？我们说，跨世纪的网络营销专家、技术专家要从现场工程师中选拔，另外，凡是到现场的人工资比中研部高500元。一年后，他们有的分流到各种岗位上去，有的留下做了维修专家。他们有实践经验，在各种岗位上进步很快，又推动新的员工投入到这种循环。这种技术、业务、管理的循环都把优良的东西带到基层去了。

其次是研发的价值评价体系要均衡。研发的评价体系要均衡，在研发体系不存在谁养谁的问题。今年我们的智能网拿到国家进步一等奖，我们其他的项目如果拿去评奖也都能得奖。所以，可以以产品线实施管理，但是要防止公司出现分离。国内的一些友商为什么做不过我们，因为他们是按项目进行核算，部门之间互不往来，如果他们能够集中精力，在一两个产品上超过我们是可能的。

所以，产品线还是要考核和核算，但不要说哪个产品赚钱，哪个产品不赚钱，赚钱的就趾高气扬，不赚钱的就垂头丧气，这样，公司很快就崩溃了。

就像 N 公司的例子，几年前我去 N 公司时，请了手机部经理、基站部经理和系统部经理来交流，手机部经理就趾高气扬的，基站经理也神采奕奕的，系统部经理却垂头丧气的，就是因为他们实行产品线考核，结果这样他们的核心网和光网络就垮掉了。我们不能这样考核，今天是你贡献，明天是他贡献，大家都在贡献，我们要这样考核。

公司对于整个研发流程的考核一是考潜力的增长，二是考对公司的贡献。潜力的增长是对未来的贡献，现在的贡献就是收益，对整个大团队（TEAM）的考核必须兼顾到这两方面。对每条产品线的考核是你们来考虑，不要太偏重利润率，要明确公司给你的目标是什么，给你什么样的资源，要围绕目标来考核。如果说光网络今天不赚钱了，不要光网络了，结果也无法使交换机进步。公司连续 10 年画一个大饼给你，要保证 10 年这个大饼都是存在的。

我们要做均衡发展，今天不赚钱的项目也要加大投入，今天赚钱的项目要加大奉献。我们希望长远地生存下去，短期生存下去对我们来说没有问题，因此，评价要从长远角度来考虑。

功不可没的财务转型

从 2000 年开始华为公司的财务部门已经参与成本核算，但是公司还是缺乏前瞻性的预算管理——中国绝大部分企业很难做到这点，但这却是跨国企业擅长的。如果留意过 IBM、思科等国际大公司等对未来财务指标的预期，你会发现这些公司的财务预期都会非常准确，这是因为这些国际大企业的财务体系都参与整个业务流程。比如，每个产品的定价和成本核算等工作，都拥有一套完整的制度和运作流程，以确保每一单出去投标都能清楚地计算出成本和利润。

此前,华为公司和绝大多数中国企业一样,财务部门还没有参与每个产品定价和成本核算,主要还停留在传统的财会角色上。规模小的时候,公司还可以人为控制风险。但是,就华为来说,当公司规模越来越大、业务越来越全球化、供应链越来越长、客户差异性越来越多的时候,如果没有一个全球化的财务管理,财务风险将难以控制。

和其他国内企业一样,华为公司也走过一段粗放式增长的时期,目前,尽管华为公司的管理越来越规范化,但是很多环节仍然存在着浪费。据一位在华为北研所工作的测试工程师介绍,华为在产品研发环节中由于测试不严格等原因产生大量废料,他认为这些浪费大多其实是可以避免的。事实上,近几年,随着业务的突飞猛进,华为公司的利润率却逐年下滑。根据华为2007年年报,华为营业利润率从2003年的19%下降到了2007年的7%,净利润率则从14%下降到了5%。

2007年,在一次内部会议上,任正非曾不无忧虑地说道:"我们的确在海外拿到了不少大单,但我都不清楚这些单子是否赚钱。"

的确,尽管华为的扩张步伐强劲,但是如何在保持高速增长的同时,进一步提高盈利水平,成为华为必须解决的问题。任正非认识到了这个问题的严重性。经过深思熟虑,他亲自给IBM CEO彭明盛写了封信,希望效仿IBM的财务管理模式进行转型。华为需要的不是一般的财务咨询顾问,IBM公司自己的财务人员必须亲自参与其中。之所以认定IBM,不但是因为前期IBM帮助华为实施IPD等项目,带给华为"脱胎换骨式的改变";而且,任正非认为,作为百年老店,IBM公司财务管理非常严谨,全球化运作最为成熟。

2007年7月份,IBM邀请华为公司近10位财务相关人员到美国总部进行了为期三天的访问,了解其财务系统情况。不久,华为公司就正式启动了IFS(集成财务转型)项目。与此同时,IBM正式把华为公司升级为事业部客户——在其全球几十家事业部客户中,华为是唯一一家中国企业。对这样的事业部客户,IBM不但会组建一支由骨干组成的全球团队,还会提供全方位的定制服务。该团队在组织架构上直接向美国总部汇报。

很少有人知道华为公司为此投资几何,但IBM肯把华为公司升级为事业部客户，此项转型的重要性可见一斑。由此可以推断，在此项目上的花费肯定是量级够大。而且，这点也可以从参与财务转型的IBM人员的级别得到证明——多数都是各个地区的CFO级别的人。

华为财务转型项目进行了一年多时间，随着财务逐渐融入整个商业流程，华为公司的管理模式、"打单"模式和人员培训等都开始遵循新的流程。

现在，整个华为公司都在强调有效增长、提升人均效益，"利润"和"现金流"成为与"收入"同样重要的考核指标。华为公司鼓励员工往前冲，但不鼓励不计成本地占领市场，而是更强调盈利能力，并将此体现在考核指标上。比如，华为对各个层级的一把手，实现以有效增长、利润、现金流、提高人均效益为起点的严格考核：凡不能达到人均效益提升改进平均线以上的，要进行问责。华为财务转型后的财务部门参与到整个商业流程体系中，对这些财务指标的考核更容易实现。

在新的财务管理流程体系的保障下，华为公司在2009年年初对组织架构进行了大调整。此前的组织结构有些类似于IBM的横跨各业务部门的一体化销售模式，是高度集中的组织架构。它强调资源共享——一个客户经理代表所有产品面对一个客户，其好处是对客户有统一的接口。但由于华为产品跨度太大，内部沟通复杂，这给内部的协作和与合作伙伴的协作带来了挑战。据华为公司一线售前服务人员透露，一些业务部门对一线服务支持不到位，责任不明确，经常会出现内部相互扯皮的现象。今年年初，任正非在题为《让一线直接呼唤炮火》的内部讲话中，用惯用的军事化语言对华为正在进行的组织结构调整的原因进行了明确地表述："我们现在的情况是，前方的作战部队，只有不到三分之一的时间是用在找目标、找机会以及将机会转化为结果上，而大量的时间是用在频繁地与后方平台往返沟通协调上。而且后方应解决的问题让前方来协调，拖了作战部队的后腿……"

华为公司把原来跨业务部门的销售模式调整为现在的按业务块划分的结构，它把原来的统一销售部门打散，划归到各个业务部门中，形成按业务单元把产品部门和销售部门、服务部门完全一条龙结合在一起的、类似于事业部式的组织结构。任正非受美军特种部队的启示颇大：美军特种部队前线小组由一名信息情报专家、一名火力炸弹专家、一名战斗专家组成一组，这样华为公司就把原来由客户经理一人面对客户的模式调整为以客户经理、解决方案专家、交付专家组成的三人工作小组，形成面向客户的"铁三角"基层作战单元。基层作战单元，在项目管理上，依据 IBM 顾问提供的条款、签约、价格三个授权文件，以毛利及现金流进行授权，在授权范围内直接指挥炮火，超越授权要按程序审批。调整后，由以前的单兵作战转变为小团队作战，而且决策过程缩短，内部沟通成本大为缩减。

华为公司从成立以来一直实行的是高度中央集权管理模式，但是，随着规模的快速扩张，这种中央集权的管理架构带来的效率低下、机构臃肿日渐突出。于是，华为在新的财务体系的保证下，决心实现部分权力的下放。"如果没有配套财务管理体系的支持，华为是不敢轻易放权的。"华为的一位财务咨询顾问说。

有付出就有回报。2008 年 8 月，在中国电信一期 CDMA 网络的 300 亿元设备招标中，深圳华为技术有限公司以 7 亿元的超低报价，一举将其份额由 3% 提升到 29%。当时不少业内人士担心这种低价"圈地"行为将伤害其利润，甚至会导致现金流危机。然而，根据 2009 年 4 月份华为公司公布的 2008 年财报，当年营业利润率由 2007 年的 10% 上升到 2008 年的 13%，而且销售收入增长也比成本增长高出 3.4 个百分点，费用率也由 2007 年的 28.47% 降至 26.7%。

有华为公司内部人士透露说，华为利润率的上升和费用率的下降要得益于公司启动的财务转型。

不过，华为很清楚，虽然近几年销售收入增速大于爱立信，但是在利润率和人均效率上一直有较大的差距。从人均效率看，华为 2008 年人均生产效率为 21 万美元 / 人，低于爱立信的 35 万美元 / 人。现在华为已经成为年收入 183 亿美元、75% 收入来自海外市场的国际化大企业，华为不仅要在规模上与爱立信等世界级企业比拼，也开始在利润率和人均效率上向这些世界级企业看齐。

《华为基本法》诞生

华为成立于1987年，当时创业资产只有2万元，成员7人。而到了1998年，华为已经拥有9000多名员工、年销售收入近百亿元。

按说此时的华为已经成长为巨人了，应该成为同行效仿的楷模了，但事实却并不如此。华为当时的确取得了辉煌的成绩，但是也面临着各种新问题和矛盾，其中最大的一个问题就是华为经营管理仍然带着"土味儿"，不够规范。为了尝试在华为内部建立更统一规范的价值观和企业文化，促使华为人从"游击队"向"正规军"转变，由任正非发起，由中国人民大学管理顾问参与编撰，对华为创业以来的成功经验和失败教训进行了总结，并对公司的核心价值观做了高度的凝练和概括，这就是在业界中享有极高声誉的《华为基本法》。

这部总计六章、103条的企业内部规章，是迄今为止中国现代企业中最完备、最规范的一部"企业基本法"。其内容涵盖了企业发展战略、产品与技术政策、组织建立的原则、人力资源管理与开发以及与之相适应的管理模式与管理制度等方方面面。《华为基本法》的措辞与任何法律、法规和法则都不同，每一条都渗透着华为管理层与华为人的情感。

在任正非的心中，有一个目标似乎已经酝酿了很长的时间，那就是"成为世界级领先企业"，因此，它被写入《华为基本法》第一章第一条，它是华为的终极目标与最后理想。在严肃的《华为基本法》中写下这个很多人根本连想都不敢想的目标，让所有的人感到震惊。

我们不禁联想到任正非极其推崇的IBM。1998年，IBM的收入大约为800亿美元，员工近30万人。而华为的员工人数则只有9000，年销售收入不到100亿元人民币。但是正是在这一年，任正非在一次员工大会上说，如果华为每年保持翻番增长的话，八年之后华为就可以赶上IBM。这样一个目标的提出让与会者无不群情振奋，但是也觉得这是几乎不可能实现的。然而对于任正非来说，目标遥远，但并不等于不能实现，需要的只是时间和耐力而已。因此在起草《华为基本法》时任正非提议将这一点写进去，并且作为开篇的第一条，那时，华为人才似乎真正明白了任老板的抱负和理想。

"成为世界级领先企业"目标的提出为华为指出了未来发展的目标，大大地激励着每个华为人的荣誉心。

如果说"世界领先企业"的口号让大家陷入了震惊进而陷入了沉默，那么《华为基本法》中的一段文字——"为了使华为成为世界一流的设备供应商，我们将永不进入信息服务业。通过无依赖的市场压力传递，使内部机制永远处于激活状态"则彻底引发了人们长时间激烈的争论。

信息服务不仅可以促进企业有形产品的销售，而且本身也具有很大的市场空间，甚至可以超过所谓传统的硬件设备收入。当时像IBM等国际领先的IT企业都是同时提供信息咨询服务，所以许多公司高层认为，华为没有必要限制自己潜在的发展机会。

那么，任正非为什么会说出这样的话呢？这当然自有他的考虑，由于当时华为业务发展顺利，公司内部已经开始滋生出高速成长带来的盲目乐观情绪。任正非在一片大好形势中尖锐地看到了"保持强烈的竞争和危机意识，企业才能不断进步"的道理。所以，他希望从这一限制传递出这样的意愿：华为只有无比专注地通过来自竞争的压力来不断提升自己，才能最终成长为世界级的企业，而这是唯一的道路，没有捷径。或许，可以被看作任正非对于如何成为"世界级领先企业"的最原始、最根源性的思考。

在《华为基本法》中，类似的这种内容还有很多，它们不仅蕴涵了管理层对企业的希望，更重要的是它真实地反映了华为员工性情的一面。任正非期待通过确定"华为基本法"，把一个与时俱进的价值罗盘置于每一个人的心里，从而使老板与员工的思维方式和行为方式有一个共同的始发点，达成一定的心理契约。

《华为基本法》背后的故事

高度知名而又极其低调,华为因为这种反差被认为是中国"最神秘"的企业。

其实从不知名的小公司开始,华为已经有了内部规定,任何人都不能随便对外发表意见,这规定随着华为的扩张被日益强化。在程东升历时3年的采访里,"即使已经离职的员工,对于探听华为情况的来访者,也保持着高度谨慎"。他前后采访过的上百名华为人,最后都要求他"隐去真实姓名"。至于老总任正非,除了他本人在《我的父亲母亲》中的自述,没有任何媒体能提供他的私人信息。迄今为止,试图直接采访他的媒体都吃了闭门羹。任正非只是"在适当的时机、适当的场合,抛出他一篇篇经过自己深思熟虑、并集聚了众多专家智慧的文章,与媒体进行单向交流"。

闭合管理与闭合循环,已经成为华为成功的某种保证。任正非这样强调:"华为经历了10年的努力,确立了自己的价值观,这些价值观与企业的行为逐步可以自圆其说了,形成了闭合循环。因此,它将会像江河水一样不断地自我流动、自我优化,不断地丰富与完善管理。"在程东升的观察里:"华为的确有着自己独特的企业文化。"

任正非的个人意志已经制度化为华为的管理体系和各项规章。1997年《华为基本法》的出台,已经显现了任正非不同于一般企业家的远见。程东升评价,他通过"基本法"的形式,"把企业思想的循环过程固化下来,形成动力机制"。任正非自己后来总结,起草《华为基本法》的目的是,"我们要逐步摆脱对技术的依赖、对人才的依赖、对资金的依赖,使企业从必然王国走向自由王国"。

彭剑锋是《华为基本法》起草小组专家之一,他回忆他和任正非交流的过程说,任正非是一个思维敏捷、极具前瞻与创新意识的人,经常会有一些突发性的、创新性的观点提出。随着企业扩张、人员规模扩大,企业高层与中基层接触机会减少,他发现自己与中层领导的距离越来越远,老板与员工之间对企业未来、发展前途、价值观的理解出现了偏差,无法达成共识。这需要在两者之间建立共同的语言系统与沟通渠道。《华为基本法》正是在这样的背景下出台的。

专家组的第一份提纲并没有获得任正非的满意。一个月后，任正非和升任副总裁不久的孙亚芳飞赴北京，在北京新世纪饭店的咖啡厅中约见了专家组。任正非发表了他的诸多意见和"马克思的劳动价值论会再度复兴"的观点，"在高度发达的信息社会中，知识资产使得金融资产苍白无力。按劳分配要看你劳动中的知识含量，按资分配正在转向按知识分配"。最后成文的《华为基本法》里这样表述"价值创造"："我们认为，劳动、知识、企业家和资本创造了公司的全部价值。"

关于"价值分配"的意见反馈里同样显现了任正非的想法，"基本法应当把创造企业价值的几大要素分离出来，每种要素怎么一个分配机制要说清楚"，"在价值分配中，不但是劳动，还要考虑风险资本的作用，要寻找一条新的出路，用出资权的方式，把劳动、知识转成资本，把积累的贡献转成资本"。这被认为是任正非关于"马克思的劳动价值论会再度复兴"观点的延伸。

《华为基本法》出台后，华为立即敏捷地着手人力资源管理的调研。1996年到1997年期间，负责人力资源的副总张建国被多次派往香港考察几家著名的咨询公司，最终选择了一家美国背景的管理咨询公司——Hay Group，为华为做薪酬体系咨询。这家公司花了两年时间到华为做调查分析，以张建国为首的人力资源部也成立了一个有10多名成员的小组予以配合。Hay Group 公司最终提出了一系列改革措施。那天，专家们从香港乘船抵达深圳，由于船舶误点，本计划21点到，最后一直到22点多才到达。

第二天，咨询公司专家提交了方案，并与华为高管人员交流了不到一个上午，中午吃完饭就回去了。花了一大笔钱最终得到两个小时的讲解，华为觉得还是比较值得。张建国认为，"Hay Group 公司提出的美国式的薪酬考核体系，关键是提出了新的管理理念和思路"。

让《华为基本法》更完善

《华为基本法》的出台对中国企业界产生了不小的震动,很多国内企业对《华为基本法》特别推崇,一些人希望能在自己的公司里弄出一套类似的"法律",以此来建设自己的企业文化。

但是,也有人不以为然,例如,他们认为《华为基本法》中的某一条:"员工有义务实事求是地越级报告被掩盖的管理中的弊端与错误。允许员工在紧急情况下便宜行事,为公司把握机会,躲避风险,以及减轻灾情作贡献。但是,在这种情况下,越级报告者或便宜行事者,必须对自己的行为及其后果承担责任",就有点模糊。仅从文字上来看,恐怕敢于越级报告或便宜行事的员工不会太多,至少行动前要考虑的"事情"太多了。这和"你可以在着火的时候救火,但是自己要承担被烧死的责任或者对火灾的损失承担责任"应该类似。要是这样,还救什么火呀?还是打119吧!

就在外界对《华为基本法》的出台褒贬不一时,任正非也意识到它的软弱和无用。这个认知,其实与华为1996年开始的全球化征程有关。1996年任正非便开始把目光指向国际公司管理体系,美国HAY咨询公司香港分公司任职资格评价体系第一个进驻华为。1997年底,任正非先后访问了美国休斯公司、IBM公司、贝尔实验室和惠普公司。在与国际一流跨国公司接触的过程中,任正非意识到,《华为基本法》那种独特的语言模式,并不能跟全球化的大公司形成很好的对话。企业承担着为客户创造价值的使命。为此,有必要遵守通行商业价值观和一系列标准流程和制度来保证企业使命的实现。华为选择了间接路线的联盟策略,反过来联盟者又在改变甚至重塑着华为。企业巨头们关心你的业务流程、财务管理、人力资源、员工福利、劳工待遇等等各个方面,考察你是不是具有长期发展的潜力,而且还要对你进行一系列严格的资格认证。

任正非由此意识到《华为基本法》没法在流程中体现的、没做出评价和进行奖励的价值尺度,注定是短命的和软弱的。其起草者之一吴春波教授后来说了这样一句话:"《华为基本法》当时的局限性很明显,关于企业的核心价值观、流程和客户方面的问题提的都很少。"而另一位起草者彭剑锋先生则说："《华为基本法》对华为成长和发展的实际效果可能远没有她给华为创造的品牌效应和对中国其他企业带来的启迪价值大。"

经过仔细剖析有了一个清醒认识的任正非开始斥巨资引进 ISC（集成供应链）等供应链和产品开发的相应软件，并聘请德国国家应用研究院（FHG）的质量管理顾问，普华永道（PWC）的财务顾问和 KPMG 的严格审计。1998 年《华为基本法》正式诞生，任正非则正式聘请 IBM 为 IPD（集成产品开发）提供咨询，打破了华为以部门为管理结构的模式，转向以业务流程为核心的管理模式。仅此一项华为付给 IBM 的咨询费达到了数千万美元。

华为曾聘请 IBM 专家给自己的各个部门做管理评分（TPM），以满分 5 分计。华为 2003 年的平均分只有 1.8，2004 年才达到 2.3，而当年的目标是 2.7。

按照 IBM 专家的意见，一家真正管理高效规范的跨国公司，其 TPM 分值应达到 3.5。根据 IBM 专家的评测，华为人均工作效率只有国际一流公司的 1/2.5。华为在重整供应链之前，其管理水平与业内其他公司相比存在较大的差距。华为重整供应链的目的就是为了设计和建立以客户为中心、成本最低的集成供应链，为早日成为世界级企业打下良好的基础。

这些举动提示了华为对强化流程与制度建设的重视，从行动上对《华为基本法》进行了修订。在 2006 年、2007 年华为将愿景重新规划为"丰富人们的沟通和生活"，其使命则是"聚焦客户关注的挑战和压力，提供有竞争力的通信解决方案和服务，持续为客户创造最大价值"。正如华为不断前进，不断否定自我一样，《华为基本法》也在脱胎换骨，最终完成了从"游击队"到"正规军"的华丽变身。

华为总会有冬天，准备好棉衣

根据公开的年报数据显示，2013 财年华为实现销售收入 2390 亿元人民币（约 395 亿美元），同比增长 8.5%，净利润为 210 亿元人民币（约 34.7 亿美元），同比增长 34.4%。根据之前爱立信公布的年报，2013 年爱立信营业收入 353 亿美元，与 2012 年基本持平，净利润为 19 亿美元。根据 2013 年 Infonetics Research 发布的设备供应商领军公司记分卡显示：华为排名第一，紧随其后的是爱立信和思科。

从这组数据可以看出，华为如今已经成为通信行业的巨人。然而，在成绩面前，任正非并没有沾沾自喜、自我陶醉，而是时刻保持着强烈的感。

在一篇名为《北国之春》的讲话稿中，任正非这样说道：

"我曾数百次听过《北国之春》，每一次都热泪盈眶，都为其朴实无华的歌词所震撼。《北国之春》原作者的创作之意是歌颂创业者和奋斗者的，而不是当今青年人误认为的一首情歌。

"在樱花盛开春光明媚的时节，我们踏上了日本的国土。此次东瀛之行，我们不是来感受异国春天的气息，欣赏漫山遍野的樱花，而是为了来学习度过冬天的经验。

"一踏上日本国土，给我的第一印象还是与 10 年前一样宁静、祥和、清洁、富裕与舒适。从偏远的农村，到繁华的大城市，街道还是那样整洁，所到之处还是那样井然有序；人还是那样慈祥、和善、彬彬有礼，脚步还是那样匆匆；从拉面店的服务员，到乡村小旅馆的老太太，从大公司的上班族，到……所有人都这么平和、乐观和敬业，他们是如此地珍惜自己的工作，如此地珍惜为他人服务的机会，工作似乎是他们最高的享受，没有任何躁动、不满与怨气。在我看来，日本仍然是 10 年前的日本，日本人还是 10 年前的日本人。

"但谁能想到，这 10 年间日本经受了战后最严寒和最漫长的冬天。正因为现在的所见所闻，是建立在这么长时间的低增长时期的基础上，这使我感受尤深。日本绝大多数企业，近八年没有增加过工资，但社会治安仍然比北欧还好，真是让人赞叹。日本一旦重新起飞,这样的基础一定让它一飞冲天。华为若连续遭遇两个冬天,就不知道华为人是否还会平静,沉着应对,克服困难,期盼春天。

"日本从20世纪90年代初起,连续10年低增长、零增长、负增长……这个冬天太长了。日本企业是如何度过来的,他们遇到了什么困难,有些什么经验,能给我们什么启示?这是我们赴日访问的目的所在。

"华为经历了10年高速发展,能不能长期持续发展,会不会遭遇低增长,甚至是长时间的低增长;企业的结构与管理上存在什么问题;员工在和平时期快速晋升,能否经受得起冬天的严寒;快速发展中的现金流会不会中断,如在江河凝固时,有涓涓细流,不致使企业处于完全停滞……这些都是企业领导人应预先研究的。

"华为总会有冬天,准备好棉衣,比不准备好。我们该如何应对华为的冬天?这是我们在日本时时思索和讨论的话题。"

《北国之春》是任正非在2004年10月19日出访和考察日本回国后所写的一篇文章。正如任正非所言,此次赴日考察并非为了感受异国春天的气息,欣赏漫山遍野的樱花,而是为了来学习日本度过冬天的经验,即便是今日今时仍然具有很大的现实意义。

在内部讲话中,危机是任正非提过频率最高的词语。任正非坦言:"历史给予华为机会,我们要防微杜渐,居安思危,才能长治久安。如果我们为当前的繁荣、发展所迷惑,看不见各种潜伏着的危机,我们就会像在冷水中不知大难将至的青蛙一样,最后在水深火热中魂归九天。"

防范危机,未雨绸缪

在华为,忧患和质量控制意识被任正非时常提及。任正非在秘书座谈会上的讲话时曾谈道:"谈到忧患意识,我认为不同层次人考虑的东西不尽相同,就比如 960 万平方公里装在国家领导的肚子里就不沉,可是装在我们肚子里就很沉。所以说我们每个人最大的忧患意识就是如何做好本职工作。比如中试部一年改了一根线,使产品稳定,降低成本,多么伟大。忧患每时每刻就在我们身边,并不一定要提高到很高层次,产品质量不高,返修率不低就是我们的忧患意识。不同岗位、不同层次的人工作内容不同,需要了解的也不一样,总之,精力应该放在搞好工作中去。空抱着那些虚无飘渺的所谓的远大理想是错误的,做好本职工作最重要,这也是华为文化之一。华为公司不管社会上怎么攻击我们,我们从不解释,因为我们没有工夫,我们的重心是建设自己。"

在任正非看来,忧患每时每刻都在我们身边。任正非经常把忧患意识贯穿到经营管理中,全力以赴做好危机的防范工作。

在《悼念杨琳》一文中,任正非从多个角度阐释了防范要重于应对的危机管理思维。

"市场部在抓组织改革的同时,要加强管理,依靠管理降低成本。向管理要效益,要对外国通信巨头的竞争有充分的思想准备与组织适应准备。不屈不挠地改进管理。要加强售后服务队伍的建设,全面地推行规范化的工程管理。今年将全面开始 ISO9000 在营销系统中的贯彻,分层结构的大市场组织已经落实,为使之运转并具有活力,我们必须全力以赴,对不负责的人,要调换岗位。如果我们管理不抓上去,面临这么快速的发展,就会陷入瘫痪。"

"深化科研管理的改革,进一步完善分层结构目标管理的组织形式。加强总体技术办的力量,强化科研立项管理和项目过程监控的阶段评审的中央集权力量。融合产品战略办向总体办传递的项目立项协调与合作。放开对项目组的具体管理,让项目组在资源共享共创的基础上,充满活力。加强项目组内部的管理与协调力度,加强项目组之间的相互协调、互相配合,产生管理的原动力。

"在混沌中去寻找战略方向,抓住从混沌已凝结成机会点的战略机会,迅速转向预研的立项。逐步聚集资源、人力、物力进行项目研究,集中优势兵力一举完成参数研究,同时转入商品性能研究。在严格的中试阶段,紧紧抓住工艺设计、容差设计、测试能力,使成果更加突出商品特性。我们要以产品为中心,以商品化为导向,打破部门之间、专业之间的界限,组织技术、工艺、测试等各方面参与的一体化研发队伍，优化人力、物力、财力配置，发挥团队集体攻关的优势，一举完成产品功能与性能的研究。紧紧抓住试生产的过程控制与管理，培养一大批工程专家。进一步强化产品的可生产性、可销售性研究试验。为产品研究人员进行中试提供多种筛子，使产品经理受到真枪实弹的考验。没有中试、生产与技术支援经验的人，将逐步不能担任大型开发的管理职务。从难、从严、从实战出发，在百般挑剔中完成小批量试生产。在大批量的投入生产之后，严格地跟踪用户服务，用一两年时间观察产品的质量与技术状况，完善一个新商品诞生的全过程。将来研究系统的高级干部，一定要经过全过程的锻炼成长。"

任正非经常用危机感来鞭策自己、警醒员工去应对新的挑战。在华为的发展过程中，居安思危的意识都植入华为的每个员工中。

2015年任正非在一次讲话中说道：

"我们提倡能上能下，在实践活动的大浪淘沙中，我们要把确有作为的同志放在岗位上，不管他的资历深浅。我们要把有希望的干部转入培训，以便能担负起更大的重任。我们也坚定不移地淘汰不称职者。为了保护高效益，我们绝不心软、手软。一切希望进步的同志，唯有奋斗一条出路。

"所有部门都要在快速发展中调整、巩固、充实、提高。所有的调整都要围绕做实。各部门一定要清理一些干部，从科以上干部开始。要把有强烈责任心、使命感，敢于负责，踏实努力，维护公司利益，善于团结同志的干部提上来。把得过且过，不懂原则、钻空子、不做实的干部撤下去，这是动真格的，坚决贯彻淘汰机制。只有把土夯实了，才能大发展。

"要保持公司长治久安，就是要保持正确的干部淘汰机制。不管你是高级干部还是创始人，都有可能被淘汰掉，包括我，不然公司就不会有希望。"

在危机事件中，任正非强调，防范要重于应对。在华为的发展壮大过程中，任正非浓厚的危机意识让华为的发展较为顺利。

第十二章

任正非

成功就是和自己的较量

短短 20 多年的时间，华为的名字就响彻大地，"任正非"三个字也越来越多地被人们提起。不过，人们所知道的只有他是华为的领导者。他就像一条神龙一样，见首不见尾。

一个历经人生冷暖的灵魂，从最低的山谷，走到了人生的正午，避开喧闹，获得一种静观。看事、看人、看物都有了别样的视野。任正非常常根据企业、市场、大环境的发展，不时抛出凝聚着深刻洞见和教益的美文，说公司、谈战略、话做人。他对中国人素质教育的建言、对"冬天"的忧患、对英雄主义的旷野呼喊都极有见地，既能与一线员工保持共鸣，又能为广大公众所接受，有些思想甚至直接被国家领导人所熟悉和欣赏。

在任正非看来，成功就是和自己的较量，他不流俗、不平庸，一心一意做最好的自己，做世界一流企业。这个声音正是任正非自己所坚守的信念，他要穷一己之力，为中国打造一个基业常青的企业。无论经历多少挫折和磨难，这一信念仍然牢牢盘踞在任正非的心里，并因此成就了任正非作为一个低调乃至神秘的企业家的形象。

低调低调再低调

我们可能认识任贤齐，但不认识任正非；我们可能知道华联，但不知道华为。任正非很低调，华为很神秘。

如果我们上网用的是 ADSL 宽带，我们有可能会发现那个连接电脑与互联网的小盒子上有"华为"两个字。是的，华为是一家通信设备供应商，而任正非就是华为的老板。

我们可能不知道，华为公司在业界的影响力，并不逊于海尔之于家电、联想之于 PC。遥想当年，华为与巨龙、大唐、中兴并称为"巨大中华"，何其风光！

如果我们不知道华为，很正常。华为的主要客户是中国移动、联通等这些电信运营商，很少像哈药六厂、脑白金这样大张旗鼓地做广告。任正非也很少像张朝阳、马云那样经常在 CCTV 上作秀。军人出身的任正非一手创建了华为，低调做事的华为一举闻名全球。

华为说不尽，任正非更是使人一言难尽。他以不接受媒体采访、不上电视而著称，在当今的企业家中可谓异类。很多人在竭力为自己争取露脸的机会，以便利用个人知名度为企业带来附带收益。但任正非不是，他不但对各种采访、会议、评选唯恐避之不及，甚至连有利于华为形象宣传的活动也一概拒绝。任正非对此的例行说法是：公司不是上市企业，没有义务来满足外界的好奇心。于是外界有些人猜想是不是因为这位任总个性内向，不善于表达自我呢？

低调，低调，再低调；老老实实做人，踏踏实实做事，这是任正非一再强调的话语。

想当初，为了活下去，任正非自己创办公司。在起初的两年时间，公司主要是代销香港的一种HAX交换机，靠打价格差获利。代销是一种既无风险又能获利的方式，经过两年的艰苦创业，公司财务有了好转。少许好转的财务并没有用来改善生活，而是继续被投进了经营。当时任正非与父母等住在深圳一间十几平方米的小屋里，在阳台上做饭。父母通常在市场收档时去捡菜叶或买死鱼、死虾来维持生活。

穷困是有大作为的人的第一桶金，饥饿感就是一个人不竭的动力源。"忧劳兴国，逸豫亡身。"任正非感谢生活给自己的馈赠。

视野即价值。超乎常人的视野，铸造了华为超乎寻常的武器。动态竞争学创始人陈明哲在2007CEO年会上说，"凡是战略，都是专注，凡是执行，都是坚持。"任正非对此心有灵犀，专注是华为的一种强大力量。他一定听到一种神秘的声音：离开商人唯利是图这个"一般"，要敢想敢做，不流俗、不平庸，做世界一流企业，这是生命充实激越起来的根本途径，他禁不住这种诱惑。

名利与我无缘

2010年2月，一位记者的一篇报道引起了公众的极大兴趣。

这位记者已经是第二次报道世界移动通信大会（MWC2010）了，上一次，他和同事在MWC大会例行新闻发布会后采访到了中国移动总裁王建宙。这次，幸运之神再次降临到他的头上，因为他在一个平常的早晨偶遇十年来未曾被媒体采访过的华为公司总裁任正非。他和同事开玩笑地说，"那天真是一个Lucky Strike。"

以下就是这位记者的幸运遭遇。

17日上午，太阳刚刚从蒙茹伊克（Montjuic）山后爬上来，明朗的阳光难得地洒满了巴塞罗那。从15号开始，巴塞罗那反季节地几乎每天都有下雨，地面也很湿润。

因为提前和宏达电（HTC）预约了专访，这位记者一大早提着各种设备匆匆向 HTC 的阳光房赶过去。刚刚走上电梯，对面走来一位精神矍铄的老人和几个年轻人，瞬间记者仿佛被电击般立在那里：那不就是传说中的任正非么！

记者赶紧扔掉了左手的三脚架，右手的摄像机箱，甩下身后的笔记本背包，掏出 500D 相机赶紧拍照。

任正非也知道记者认出了他，笑着说：“哈哈，被你抓到了，那你拍吧。"坦然接受了他的拍照。

能够遇到这样一个难得的机会，记者当然不愿轻易放过，马上开问：“任总，去年华为合同销售额是 233 亿美元，据说，2009 年华为的销售目标是 300 亿美元，今年具体完成了多少？实际销售额呢？有报道说是 200 多亿美元？手机出货了 3000 多万部？数据卡出货 3500 万？是这样么？"

面对记者连珠炮式的追问，任正非笑了："这么多问题呀，具体的数字你要问他们。"

随行的华为员工补充道，"去年公司的合同销售额 302 亿美元，实际销售收入 215 亿美元。"

"是这样么，任总？"

"是的。"任正非回答道。

"任总，您对这个成绩是否满意？如果要打分的话，您给打多少分？终端部门会考虑单独拆分上市么？还有，外界对于接班人的问题很关心，能不能透露一下？"

任正非微笑地看着记者，没有回答，和参展的人群一起走入了场馆。

看看，仅仅是说了几句话，仅仅是偶遇，记者就兴奋地大声说"真是一个 Lucky Strike"，足见任正非是多么的低调。

"任正非从来不接受媒体采访，我至今没有机会采访他。"一位在通信行业滚打了十几年的行业媒体资深人士叹息，"我们年底评奖他从不来领奖。"

至今，这位受国家领导人钦点出国访问的全国最大的通信设备制造商的总裁没有正式接受过任何一家媒体的采访。只有这次偶遇，算是勉强"填补了该项空白"，一时被业界引为"佳话"。

"对待媒体的态度,希望全体员工都要低调,因为我们不是上市公司,所以我们不需要公示社会。"在内部会议上,任正非言辞坚定。

"我已习惯了我不应得奖的平静生活,这也是我今天不争荣誉的心理素质培养。"在那篇2001年任正非亲笔所写的《我的父亲母亲》中,他坦露了自己淡泊名利的根由。

神龙见首不见尾

任正非,这位极富传奇色彩的电信大佬却"神龙见首不见尾",出奇低调,土狼、军人、硬汉、战略家……各种光怪陆离的色彩交织在一起,赋予其"中国最神秘的企业家"头衔。但是,这个从不接受任何媒体采访的倔强男人骨子里有种韧性,无论是《华为的冬天》《北国之春》《让听得见炮声的人来决策》,还是《华为基本法》,任正非对人们的影响力不仅仅在于他的危机论、生存论、生死论、低调论,更主要在于他留给我们的背影永远是寂寞的。没有任何人能通过关系、手段采访到他,也足见任正非的偏执和深邃,连《华为人》上的文章也是佚名,但几乎没有一个华为人不为这家始终以技术为驱动的公司感到骄傲,即便发生类似的床垫文化被外界唾骂。

任正非的经历的确够让人赞叹的。20世纪80年代,他自军队转业之后,就来到了当时改革开放最前沿的深圳,最初也打了几年工。有点积蓄和资源后,他于1987年创立华为公司,最初的业务是代理销售,靠代理香港一家公司的HAX交换机获利。当时在深圳这种类型的公司一抓一大把,可大家活得都不错,很舒服。但做了两年之后,任正非的与众不同显露了出来,他放着舒舒服服赚钱的生意不做,却非要自己搞研发,做自己的产品。1990年,几十个年轻人跟随着任正非来到南山一个破旧的厂房中,开始了他们的创业之路。

就是这样一个"自己搞研发,做自己的产品"的理念支撑着任正非一路走

第十二章 成功就是和自己的较量

下去，坚韧不拔。

如果要评选哪家企业最能代表中国企业在技术研发实力上所取得的成就，毫无疑问就是华为。截至目前，华为在电信核心技术方面已经取得了大量专利，并为此赢得了普遍赞誉。当然华为这些成绩的取得与其持续、大规模、不计血本、坚持不懈地投入有密切关系。

华为对外界宣传说，它在研发方面每年的投入为其销售额的10%。但据说华为的投入远远高于10%，几乎所有能用于研发的钱，都被华为义无反顾地用于技术攻关、科研、搞项目。而且，任正非逼着技术研发部门花钱，你没有把钱花出去，就是你的工作不到位，研发的项目开发得不够深入和广泛。比如说，华为每年将研发资金的1/3用于3G，共耗资40亿元人民币，先后有3500人参与这一研究项目，这些努力在2003年终于赢得了市场回报。也正因为有这些，华为才可以从一开始生产技术含量较低的交换机小厂，发展到现在以生产路由器等技术含量高的网络设备、光通信、数据产品的综合性电信设备提供商。

中国30年的开放史改革史，同时也是一部无数的商界明星们纷纷升起又急切陨落的充满了悲剧色彩的历史长剧。昨天指点长空，风光无限，今日遍地黄花，一派萧索。何故也？任正非的回答是——显，则险也。他认为，自古至今，争利于时，乃商人本性，从商之要义；而逐名于朝，却是商人之大忌，经商之歧路。熙攘之红尘无疑有既定的角色定位，从某些意义上讲，"明星"的桂枝专供从艺者和从政者，以及其他阶层去攀折，唯独企业家和从商者要远离甚至越远越好。名利不可兼得，就像从政者不得趋利，商人亦不应竞名。

可惜的是，在我国，总有一些企业家被动地或主动地将自己置于炫目的聚光灯下，或五色杂陈的PARTY聚会中，或者热衷于演讲、布道，去寻求飞蛾扑火的那一刹那的快感。任正非告诫我们，那些有足够定力的孤独者，才有可能成为中国商界的孤独英雄，也才有可能造就中国级世界级的相对长寿的商业帝国。

对于商业的本真，是我们一辈子用生命去探索的信仰。有爱就暖，带着爱用心去感悟、去经历、去奉献、去追求，以心为本、以爱为本，人生或许就有了别样的情景。企业如是，事业如是。当我们耐得住寂寞了，寂寞就成为我们的定力、我们的核武器。

低调才能务实

任正非说：公司不是上市企业，没有义务来满足外界的好奇心。于是外界有些人猜想，是不是这位任总个性内向，不善于表达自我呢？

当然不是。公司员工们一致认为任总是性情中人，口才出众，可以在员工大会上旁征博引，也能在小会上口若悬河，不存在表达障碍。毕竟像他一样经历过"文革"时代的人见多了大辩论的热闹场面，说起场面话来都头头是道，语不重样。很多媒体感慨于任正非的睿智和低调，于是开始大力宣扬低调的价值，认为低调是企业打牢基础、积蓄功力的秘诀所在，特别是那些注重形象宣传的企业家和企业受到诟病之后。

不过，是否应当低调常常受企业的性质和企业家的个性影响，并无定规。万科集团的董事长王石登珠峰，搜狐的张朝阳滑旱冰，都曾引起过媒体的广泛关注。尽管这只是他们自己的休闲活动，但人们习惯性地将此与他们的企业状况联系起来。住宅和网络的服务受众更多的是普通的消费者，民众的认知度会直接影响企业的市场份额，适度的张扬对于企业的发展是有好处的。而华为更多地面对行业用户，与民众的认知比起来行业内的认可度要重要得多，对公众的低调无碍于企业发展。

任正非的个性风格显得异常低调不假，但在他身上体现更多的是谨慎而务实，在适当的范围内张扬个性，但决不触及言谈可能会带来的风险。任正非被下属们公认为心直口快，言行有时会无心触犯客人，比如当年深圳市领导来访也不亲自出面接待；在拜访广电总局领导时过于滔滔不绝，结果反而引得对方不快，气氛一时尴尬。他自己也说敬佩阿庆嫂，原因是能够八面玲珑，把各方关系处理好。

因为务实，所以在华为拓展市场初期任正非也亲自披挂上阵，为获得客户的认同而竭尽全力。愿意付出巨大努力去把一件事做到极致，但不愿去敷衍媒体，也许是因为觉得空谈无益。因为谨慎，任正非一直坚信企业持续的发展依赖于自身绝对的安全，所以他的言论都限于一定范围以内，不愿自己的言行成为外界关注的对象。这种风格不仅导致他慎于出镜,在经营企业的思路上也时有体现。华为成立后就一门心思以研发为根本,没有像其他企业一样搞业务多元化或是挣房地产、股票等热钱,甚至曾一度坚持不合资、不上市。

任正非说过,华为不是上市公司,没必要公开、透明,没必要对公众解释什么。在内部会议上,任正非多次言辞坚定地表示:"我们对待媒体的态度是希望全体员工都要低调,我们要做的,只是干好自己的工作。"尽管众多外界媒体都站在发展民族产业的高度对华为大加赞扬,但华为对媒体的反应则依旧是冷漠。《南风窗》杂志曾经从华为内刊上转载过一篇任正非的文章,虽然读者反响很好,但任正非并不高兴,而是要求公司法律事务部跟《南风窗》交涉,并批示退回了杂志社寄去的稿费。

任正非曾说过,媒体的运作有其自身规律,说华为好则未必好,说不好也未必不好,不必去过多关注。他不但不响应外界对他及华为的批评,也不准华为员工出去和别人辩论。相关政府部门多次提出华为可以把自己的成长经验拿出来交流一下,可供其他企业有所借鉴。但任正非的反应却是:企业的个性重于共性,没有任何参照价值。

企业成为"出头鸟"是企业家的梦想,但企业家不可过于招摇,在任正非看来,当华为还比较弱小的时候,保护自己的最好方式就是不暴露,尽管这样做会有很多损失,却能规避更多不可预知的风险。

心如止水的恬静

爱因斯坦非常推崇卓别林的电影。他在给卓别林的一封信中写道:"你的电影《摩登时代》,世界上的每一个人都能看懂。你一定会成为一个伟人。爱因斯坦"卓别林在回信中写道:"我更加钦佩你。你的相对论世界上没有人能弄懂,但是你已经成为一个伟人。卓别林"

爱因斯坦对居里夫人的伟大人格倍加推崇："她的坚强，她的意志纯洁，她的律己之严，她的客观，她的公正不阿的判断——所有这一切都难得地集中在一个人的身上。她在任何时候都意识到自己是社会的公仆。她的极端的谦虚，永远不给自满留下任何余地。"

伟大的人物淡泊名利，恬静的心境，谦卑的心态，对真理的无止境的追求，构成了他们的全部。

许多媒体记者都想采访任正非，绞尽脑汁，费尽心思，但是均以失败告终。任正非心如止水般的恬静，他把"名利"看作是水中月镜中花，转瞬即逝。

1994年6月，金森林进入华为。正好赶上C&C08数字机问世，经过紧张的短期技术培训后，他被分到总测车间，从事老化、测试及物料协调等工作。当时C&C08数字机刚刚进入生产阶段，缺乏有效的测试手段及测试工具，为验证每一块用户板的电路是否正常，必须在机架上一一进行测试。这样的速度是很难满足市场需求的。为了加快进度，测试人员吃睡在机房里。7月的一个晚上，用户板测试进度进展有点缓慢，很晚了还没吃饭，饿得肚子咕噜直叫。将近午夜12点，只见一位50来岁的"食堂大师傅"领着几个食堂工作人员推着餐车进来了，这位大师傅热情地给大家盛饭，招呼大家喝点鱼汤，还嘱咐大家要注意休息不要太熬夜。大家吃了夜宵鼓足劲，不到1点钟测试就做完了。

第二天的测试做得非常顺利，转眼间到了中午，大家找了个空地，拿块纸板或泡沫躺下睡了。金森林睡得很香，上班铃响起来了，他发现昨天晚上送鱼汤的"大师傅"也在睡。他赶快叫醒"大师傅"，又开始了紧张的工作。

1994年8月的一天快下班的时候，部门主管通知晚上7点开新员工座谈会。金森林提前到了会场，又与那位"大师傅"巧遇，"大师傅"见金森林进来笑着问："你是来开会的吗？"金森林感到很诧异，心想一个"大师傅"怎么也会来开会？7点整，会议主持人宣布座谈会开始，还说今天有幸请到公司总裁来一起参加。在掌声中，那位"大师傅"站了起来，对着全体在场员工深深地鞠了一躬，兴奋地说："欢迎大家来到华为公司，我叫任正非，希望大家喜欢华为公司。"这时，金森林才恍然大悟。任正非边说边走到大家面前，拿出一沓名片，一一递给大家，并同新员工亲切握手。名片发完，任正非开始做精彩的演讲。这段经历让金森林至今还记忆犹新。

任正非曾经说:"专家专家,懂一点叫专家,懂得很多叫什么专家呢?为什么会出现专家的名词呢?就是因为人的生命有限,只可能懂得一点。"

一个成熟的社会必定分工高度发达,在这个社会里每个人各司其职。现代社会分工日益细密,每个人精力有限,除了精通自己的专业以外,对于其他专业都是门外汉,对于自己专业之外的东西没有更多的发言权。因此真正的大师从来不说自己是大师,他们有的是一种谦卑的心态,一种敬畏的态度。心如止水,不为风吹草动所惊。

任正非心如止水的恬静,处事低调不张扬,源于他谦卑的心态和对知识的渴望。

屡败屡战,以高端挑战高端

就在全球经济陷入一片低迷之时,任正非又一次对外抛出了"过冬"论。在华为创立的 20 年中,任正非屡屡在企业发展形势一片大好的时候抛出这一论调。忧患意识总是与这位退伍军人如影随形,华为从 0 成长为年收入 125.6 亿美元的企业,证明了一句古训"生于忧患"。

根据统计,当时华为已经成为世界拥有专利数量第四的企业集团。而此前,在电信 CDMA 网络的巨额招标中,华为也因出手"狠辣",而让业界一片哗然。20 岁的华为依旧保持着创业时期的"狼性",而维持这一纯正血统的就是任正非。

我们还记得 2008 年的北京奥运会,如果要在中国体育代表团中找到一位最像任正非的冠军获得者,非杨威莫属。这位男子体操团体和男子全能的双料冠军,在赛场上从不苟言笑,总是镇定自若,但这表情背后是对冠军的无限渴望。

从 2000 年悉尼奥运会惜败涅莫夫,杨威失去了原先夺标呼声很高的全能金牌;到 2004 年,在得分领先的情况下,却出现了失误,将冠军拱手让给美国运动员保罗·哈姆；直到 2008 年获得北京奥运会，男子体操全能金牌，杨威的冠军之路整整走了 8 年。

同样在 2000 年，任正非第一次提出了"过冬论"，到 2008 年也恰好是 8 年。在那一年，华为在美国硅谷和达拉斯设立了研发中心，这是华为第一次在欧美发达市场设立研发机构。但此时的华为，海外市场还占着极小的份额，在 26.5 亿美元的销售额中，海外市场仅仅贡献 1 亿美元。

就在上述情况下，任正非第一次说"冬天来了"，很多人难以理解这句话背后的用意。事实上，作为一名企业家对于市场的点滴变化是了然于胸的。整个 90 年代末期，中国电信市场的年复合增长率都 3 倍于国民经济的发展。结合华为此前每年翻番的表现，也让 1999 年时的任正非，对当时华为的判断为"仍然会翻番"。

不过，电信市场的分拆带来了不稳定因素，各省的电信网络建设都停滞了下来，组织调整、企业内部建设、分拆业务成为各地电信部门的关键词，因此 1999 年的华为，创业以来首次年增长率没有超过 50%，任正非感觉到了"寒意"。

而从全球来看，纳斯达克指数一年下跌 56%，第一次互联网泡沫破碎。思科、爱立信、摩托罗拉等电信设备巨头，纷纷告别了持续增长的状态。而包括朗讯和北电在内的巨头，都陷入亏损泥淖。

"我们怎么办？我们公司太平的时间太长了，在和平时期升的官太多了，这也许是我们的灾难，泰坦尼克也是在一片欢呼声中出海的。"任正非 2001 年春节刚结束，在深圳蛇口的风华影剧院的科级以上干部大会上表示。

任正非的预感是对的，2002 年华为的销售收入出现了 20 年企业历史上的唯一一次下滑，从 255 亿元跌至 221 亿元。如果说国内电信重组和互联网泡沫是导致这一现象的外因，那么华为在国内极高的市场份额和海外市场拓展遭受挫折，则是内因。

苦心经营了 5 年的海外市场，到 2002 年时还不到整体销售额的 5%，没有好的经营模式，而且海外市场开拓的费用却长期高居不下。任正非的"过冬"言论，的确恰逢其时。

华为自 1996 年开始拓展东欧、俄罗斯市场。2001 年初，华为总裁任正非

第十二章 成功就是和自己的较量

在公司内部发表了《雄赳赳，气昂昂，跨过太平洋》的著名讲话，号召华为人去开拓海外市场。此时，华为已经通过成立合资公司的方式在俄罗斯站稳了脚跟。

但是，在更为发达的西欧市场，华为的成功却延迟了好几年。直到2002年才真正获得认可和规模销售。然而这样的成功才是海外之路的开端，整个海外拓展过程密布荆棘。

华为的海外市场战略中，重点避开了发达国家市场，以此降低进入风险，凭借低价战略，重点选择发展中国家的大国作为目标市场，以此既能规避发达国家准入门槛的种种限制，又使海外大的电信公司难以在发展中国家与华为"血拼"价格。

在有效进入发展中国家市场后，再有重点地以高端产品积极进入发达国家市场。对发达国家，面对较高的进入门槛（如英国电信、法国电信、西班牙电信、德国电信等），要敢于屡败屡战，以高端挑战高端。

然而进入发达国家市场的过程中也是漫长而艰辛的。首先要让上述发达国家知道华为的技术并不落后，其次需要花1~2年时间争取他们对中国公司的了解，再需要2~3年时间通过他们的严格认证进入短名单，才有资格参与竞争激烈的投标。

因此，在国际化过程中，华为遭遇到如下一些问题。首先，国内设备制造商恶性的价格战已严重破坏了市场秩序，一线价格加上客户索要回扣或搭送产品后，售价已低于成本价，卖得越多亏得越多，而不卖则又失去客户，维持公司创立之初的丰厚利润越来越难。

此外，由于踏入国际市场时，切入点是不发达市场，由于购货方信用问题，拖欠货款的情况也十分严重。华为被拖欠货款仍在20亿元以上，其中部分将成为坏账或死账。

上述情况的不断累积，在2004年时达到了相当危险的时刻。当时华为的资产负债率约为55%，虽然当前华为在各银行有良好的信誉度，贷款障碍不大。

但是，受价格战和拖欠款影响，华为面对高负债和与销售额不对称的现金流影响，一旦市场发生波动，资本链均可出现断裂。如此，任正非第二次喊出"过冬"。

一遇到"冬天"，任正非就想到"现金为王"的硬道理，而解决之道就是出售业务。华为曾多次在资金困难的情况下，通过牺牲部分非核心业务来保全公司整体业务，渡过难关。2001年华为曾通过出售电气业务部门获得7.5亿美元，缓解资金压力。2005年又出售华为3COM的49%股权，换取8.82亿美元。

从2002~2007年，华为快速发展的背后，多项财务指标迅速下滑。华为营业利润率从2003年的19%下降到了2007年的7%，净利润率则从14%下降到了5%；另一方面，华为的资产负债率却在攀升：2005年之前，华为负债率控制在50%以下，而2007年已达67%。

无独有偶，而2008年上半年，中兴实现营业收入197.29亿元人民币，净利润5.57亿元人民币，净利润率只有2.8%。

国内两大电信生产商"双双过冬"的事实实际表明，价格战就是由这两家企业挑起的。而就在电信CDMA网络的300亿元的设备招标中，华为7亿元的报价，也让业界一片哗然。

首次报价报出最高的是上海贝尔阿尔卡特，约为140亿元；中兴通讯报价居中游，约为80亿元；最低的是华为，约为7亿元。从7亿元到140亿元，19倍多的差距，价格大战凶猛。

任正非也在思考价格战带来的威胁，在一次2005年的讲话中，他表示，"华为要快速增长就意味着要从友商手里夺取份额，这就直接威胁到友商的生存和发展，可能在国际市场到处树敌，甚至遭到群起而攻之的处境。但华为现在还很弱小，还不足以和国际友商直接抗衡，所以我们要韬光养晦。"

从现在来看，韬光养晦的方式就是与"友商"进行合作。多年来，华为与摩托罗拉进行OEM方式的合作；与3COM成立合资企业成功地进入美国数据通信市场；现在华为与NEC、松下、西门子等成功地建立了合作伙伴关系，为下一步建立区域性产业联盟奠定了良好的基础。

一生都做有高度的事业

"做事业，做有高度的事业"是任正非常挂在嘴边的一句话，而华为本身就成为最好的例证。2009年，华为年收入近1500亿元，其中有75%以上来自海外；华为在全球市场的占有率已从2008年的11.5%上升至14.2%，趋近龙头老大爱立信的20.8%。更为重要的是，华为由于业务及财务上的稳健成长，已经与诺西、阿朗等传统对手拉开了距离。

华为的产品和解决方案已经应用于全球100多个国家，以及35个全球前50强的运营商；在海外市场设立了20个地区部，100多个分支机构；在瑞典斯德哥尔摩、美国达拉斯及硅谷、印度班加罗尔、俄罗斯莫斯科，以及中国的深圳、上海、北京、南京、西安、成都和武汉等地设立了研发机构，通过跨文化团队合作，实施全球异步研发战略。

华为产品和解决方案涵盖移动(HSDPA/WCDMA/EDGE/GPRS/GSM，CDMA2000 1xEV-DO/CDMA2000 1X，TD-SCDMA 和 WiMAX)、核心网（IMS，Mobile Softswitch，NGN）、网络(FTTx，xDSL，光网络，路由器和LAN Switch)、电信增值业务(IN，mobile data service，BOSS)和终端（UMTS/CDMA）等领域。

华为2008年提交了1737项PCT国际专利申请，超过了第二大国际专利申请大户松下（日本）的1729项，和皇家飞利浦电子有限公司（荷兰）的1551项。这已经是华为连续6年蝉联中国企业专利申请数量第一，其所申请的专利绝大部分为发明专利，连续3年中国发明专利申请数量第一。截至2008年12月底，华为累计申请专利35773件。而华为获得的国内外大奖更是无以数计。

华为在国际标准化组织中的话语权也在上升：华为加入了83个国际标准组织，如ITU、3GPP、3GPP2、OMA、ETSI和I.T(1.42，0.02，1.43%)F等。在过去的几年里，在光纤传输、接入网络、下一代网络、IP QoS和安全领域，华为已经提交了800多篇提案。在过去的4年里，华为也已经成为3GPP和3GPP2的积极参与者，并在核心网络、业务应用和无线接入领域提出了1500多项提案。

华为担任 ITU-T SG11 组副主席、3GPP SA5 主席、RAN2/CT3 副主席、3GPP2 TSG-C WG2/WG3 副主席、TSG-A WG2 副主席、ITU-R WP8F 技术组主席、OMA GS/DM/MCC/POC 副主席、IEEE CaG Board 成员等职位。

在参与这些国际标准组织的标准制定中，仅 2008 年，华为共提交了 4100 多项提案，并就光纤传输、接入网络、下一代网络等领域，提交了 1300 多篇提案；在核心网络、业务应用和无线接入领域提出了 2800 多项提案。

而华为做到这些，竟然完全没有用到大规模的并购，且它的这一充满传奇色彩的成功，发生在一个机会主义盛行的大环境中。这些经历，无疑开始激励一批有雄心的企业投资研发并借此角逐于强敌环伺的全球市场的信心，并提供了一个楷模，而未来这种楷模作用还将不断增强。

所有这一切，离开了任正非几乎是不可能的，他是一个少有的同时具备卓越战略眼光、偏执狂般执行力与商业雄心的企业家——但他至今仍在刻意保持与媒体和大众的距离，使自己始终像一个谜。

近年来，华为的新闻不断。收购"宿敌"港湾，任正非结束了与李一男之间长达数年的"父子之战"；创造了一个非常成功的合资公司华为 3COM，又以 8.82 亿美元的高价将手中的 49% 股份套现；华为在欧美主流电信市场也屡有斩获。

仅仅依靠这些，65 岁的任正非就足以成为中国最有"成就"感的企业家之一。但华为最终能否成长为一家基业长青的公司，并在欧美等发达国家的主流市场获得更大的成功，还有很长的路要走。比如，由于全球电信设备市场的重组和竞争的加剧，成本的优势可能会越来越小，而利润也会越来越薄，华为需要在最困难的日子到来之前实现转型。

据说，任正非现在正实施一个计划，就是将华为从一个低成本的竞争者转型为一个产品、技术和服务上的竞争者。他重新梳理了公司的核心价值观，将"丰富人们的沟通和生活"确立为企业的宗旨，制定了相应的使命，即"聚焦客户关注的挑战和压力，提供有竞争力的通信解决方案和服务，持续为客户创造最大价值"，还将公司的标志变得更加柔和、开放、合作，并努力改变过去单纯依靠打价格战来竞争的策略，向全球介绍一个不打价格战、对行业整体发展负责任的新华为形象。如果这一步成功了，他将不仅成为中国企业国际化的"教父"，而且可能成为中国内地第一位真正凭借白手起家而跻身全球顶级企业家的典范，从而大大改善中国制造在全球的形象。

没有不带着汗水和心血的成功

成立于1987年的华为，经过数十年的艰苦奋斗，从一家名不见经传的民营通信科技公司，成长为今天全球最有影响力的通信公司之一。如今，华为的产品和解决方案已经应用于全球170多个国家，服务全球运营商50强中的45家及全球1/3的人口。

2013年，《财富》世界500强中，华为排行全球第315位，与上年相比上升38位。

2014年，《财富》世界500强中，华为排行全球第285位，与上年相比上升30位。

2015年，全球领先品牌咨询公司BrandZ发布"全球最具价值品牌百强榜"，华为名列第70位。

纵观国内各行各业，像华为这样发展迅速的企业，可以说是屈指可数。最初在没有资源、没有条件，研发部只有五六个开发人员的情况下，顶着国外先进技术的高压，华为人用不怕苦不怕累的精神，夜以继日地钻研技术，到环境最艰苦的地方去开拓市场，"在冰天雪地、赤日炎炎，在白山黑水、崇山峻岭中，没有日夜地终年奔波在维修、装机的路上"，用任正非自己的话说，华为人"用青春和心血铺就了华为成功的道路"。

翻开华为浸透着汗水与心血的创业史，我们就会发现，华为可以说是经历了血雨腥风的考验和艰苦卓绝的奋斗才获得了最终的崛起。华为有今天的成就，离不开一代代华为人的艰苦奋斗，更离不开其创始人任正非的领导和指引。

在华为发展的每一个横、纵坐标点上,每一个关键的、迷茫的时间节点上,任正非总是及时地站出来,以其卓越的企业家智慧为华为指明方向。因此,华为才取得了今天这样激动人心的、跨越式的传奇发展。

任正非常常能够根据企业、市场、大环境的发展,不时抛出凝聚着深刻洞见和教益的美文,说公司、谈战略、话做人。他对中国人素质教育的建言、对"冬天"的忧患,以及对英雄主义的旷野呼喊,既能与一线员工保持共鸣,又能为广大公众所接受,甚至有些思想直接被国家领导人所熟悉和欣赏。

任正非并非天生就是卓越的企业家和领导者,他正是经过了披荆斩棘、披星戴月的奋斗,历尽艰难困苦,才成就了辉煌。任正非日益成熟的管理智慧,一篇篇热情、深刻而鼓舞人心的文章,一次次动人心魄的演讲,他大气磅礴地进行全球性布局,游刃有余地面对激烈竞争,从容不迫地处理企业发展困惑。

可以坦诚地讲,在企业管理与经营方面,任正非可以说是社会各行各业的创业者和管理者的楷模。

在2011年福布斯富豪榜上,任正非排名仅为全球第1153名,中国第92名。然而在2012年和2013年的《财富》"中国最具影响力的商界领袖"榜单中,他却位列第一。

可以说,任正非的成功不在于他个人拥有多少财富,而在于他建立起来了一个什么样的企业,他在这个企业以及现在社会中的精神影响力。

成功永无止境

在群雄争霸的通信市场,华为的成功本身就是一个神话。

2014年,华为在全球建设154张4G网络,市场份额达46%,稳居世界第一;

华为以 24.7% 的市场份额，成为排名第一的通信电源供应商。

2015 年 3 月，华为首次国内智能手机排名第一（13.57%），其次是苹果（12.37%）和三星（10.15%）。

作为通信行业的佼佼者，华为不仅是民营企业崛起的蓝本，更是民族 IT 企业自强自立的典范。

如今，任正非早年提出的"通信市场三分天下，必有华为一席"的梦想基本上已经实现，接下来的路该怎么走？目前华为的发展已经迈入"打造整体软实力"的第三阶段，慢慢地以均衡的姿态、以"灰度"的心态走向平和、走向理性。

一个大家都很熟悉的问题是：在自然界是先有鸡，还是先有鸡蛋？有的人认为自然界先有鸡后有鸡蛋，不然鸡蛋是从哪来的呢？有的人却觉得自然界先有鸡蛋后有鸡，如果没有鸡蛋，鸡怎么会出世呢？这就正如起点和终点，人是先从起点出发后到达终点，还是先到达终点后再从起点出发呢？生活中，每个人都经历着不同的起点到终点，终点到起点。每个人从这个起点出发后到达终点，再将下一个终点视为起点继续出发，对于企业来说也是同样的道理。

任正非认为，成功是没有止境的。例如，对于生产的工艺、产品的加工质量而言，华为人都应该有一种"每天继续改进"的欲望；而市场营销则要从公关、策划型向管理型转变；至于中高层管理人员则要善于作势，基层管理人员则要把工作做实。任正非坚持认为，成功只能说明过去，只有在思想中保持艰苦奋斗的优良传统，才能不为过去的成就所束缚，才能站在更高的层次获得更大的进步。

在任正非看来，世界上没有完美的人，也没有完美的企业，当然华为也不例外，虽然华为取得了一个又一个的成功。

企业发展不容易，有人认为满足于现状是一种知足常乐的好心态，也有人认为打下江山也要守好江山才行，但残酷点儿来说，安于现状、不能与时俱进的企业通常不能在市场竞争中以期生存下去。在这点上，任正非时刻保持清醒的意识，他所提出的全员危机意识，时刻自省、时刻向前看的观念，是保证企业持续发展、不被时代所淘汰的正确选择。

对于过去的华为而言，任正非是一个不可或缺的存在，是一个不可否定的因素。但任正非的退休和离去是肯定的，谁都改变不了。华为如果没有管理体系，没有这个大平台，那么任正非一旦退休，问题可能会变得非常严重。但对于今天的华为而言，任正非背后的企业战略和管理体系才是最重要的，只要这两个因素健全，华为的文化就一定能够延续下去。如果能在管理体系的建设上进一步优化，华为完全有能力从优秀走向卓越。而如今任正非和他率领的华为团队正在努力地打造这一体系，这也是任正非离任之前为之奋斗的使命之一。

附录一　任正非经典语录

企业发展就是要发展一批狼。狼有三大特性：一是敏锐的嗅觉；二是不屈不挠、奋不顾身的进攻精神；三是群体奋斗的意识。

我认为人是怕痛的，太痛了也不太好。

人是有差距的，要承认差距存在，一个人对自己所处的环境，要有满足感，不要不断地攀比。你们没有对自己付出的努力有一种满足感，就会不断地折磨自己和痛苦着，真是身在福中不知福。这不是宿命，宿命是人知道差距后，而不努力去改变。

世界上一切资源都可能枯竭，只有一种资源可以生生不息，那就是文化。

什么叫成功？是像日本那些企业那样，经九死一生还能好好地活着，这才是真正的成功。华为没有成功，只是在成长。

在引进新管理体系时，要先僵化，后优化，再固化。

要敢想敢做，要勇于走向孤独。不流俗、不平庸，做世界一流企业，这是生命充实激越起来的根本途径。

十年来我天天思考的都是失败，对成功视而不见，也没有什么荣誉感、自豪感，而是危机感。也许是这样才存活了十年。我们大家要一起来想，怎样才能活下去，也许才能存活得久一些。失败这一天是一定会到来的，大家要准备迎接，这是我从不动摇的看法，这是历史规律。

我们首先得生存下去，生存下去的必要条件是是否拥有市场。没有市场就没有规模，没有规模就没有低成本。没有低成本、没有高质量，难以参与竞争，必然落败。

开发可不是一件容易的事，你要做好投入几十个亿，几年不冒泡的准备。

华为没有院士，只有院土。要想成为院士，就不要来华为。

华为总有一天是要沉淀的。现在华为是一个发展很快的公司，长江大浪推着走的时候，长江边上的沙子都洗得没有泥。但是，水流得非常慢的地方就充满了淤泥，下面同样是沙子。因为有了淤泥，水就流得更慢了，由于更慢了，就沉淀了更多淤泥。华为有一天也会充满了淤泥的，那么华为就开始走向死亡了。

华为初期的发展，是靠企业家行为，抓住机会，奋力牵引。而进入发展阶段，就必须靠规范的管理和懂得管理的人才。

干部一定要有天降大任于斯人的胸怀、气质。要受得了委屈，特别是做了好事，还受冤枉的委屈。

任何一个国家、任何一个民族，都必须把建设自己祖国的信心建立在信任自己的基础上，只能在独立自主的基础上，才会获得平等与尊重。

我们认为，劳动、知识、企业家和资本创造了公司的全部价值。

君子取之以道，小人趋之以利。以物质利益为基准，是建立不起一个强大的队伍的，也是不能长久的。

坚决反对空洞的理想。做好本职工作。没有基层工作经验不提拔。不唯学历。

自我批判、脱胎换骨、重新做人，做个踏踏实实的人。

我认为年轻人，在你生命非常旺盛的历史时期，勇敢地走向国际市场，去多经风雨，多见世面，会让你一生受益匪浅。希望大家在这一方面也多做努力，这样的话，我们东方不亮西方亮，黑了北方有南方，我们公司的生存平衡就会变得更加好。

繁荣的背后都充满着危机。这个危机不是繁荣本身的必然特性，而是处在繁荣包围中的人的意识。艰苦奋斗必然带来繁荣，繁荣以后不再艰苦奋斗，必然丢失繁荣。千古兴亡多少事，悠悠。不尽长江滚滚流。历史是一面镜子，它给了我们多么深刻的启示。忘却过去的艰苦奋斗，就意味着背弃了华为文化。

华为成长在全球信息产业发展最快的时期，特别是中国从一个落后网改造成为世界级先进网，迅速发展的大潮流中，华为像一片树叶，有幸掉到了这个潮流的大船上，是躺在大船上随波逐流到今天，本身并没有经历惊涛骇浪、洪水泛滥、大堤崩溃等危机的考验。因此，华为的成功应该是机遇大于其素质与本领。

作为一个自然人，受自然规律约束，有其自然生命终结的时间；作为一个法人，虽然不受自然规律的约束，但同样受到社会逻辑的约束。一个人再没有本事也可以活60岁，但企业如果没能力，可能连6天也活不下去。如果一个企业的发展能够顺应自然法则和社会法则，其生命可以达到600岁，甚至更长时间。中国古人所讲的"道法自然"就是这个道理。我们现在讲的实事求是也是这个道理。企业的经营管理必须"法"（遵循）自然法则和社会法则，必须不断地求"是"（规律）。

《战争论》中有一句很著名的话：要在茫茫的黑暗中，发出生命的微光，带领队伍走向胜利。战争打到一塌糊涂的时候，高级将领的作用是什么？就是要在看不清的茫茫黑暗中，用自己发出微光，带着你的队伍前进；就像希腊神话中的丹科一样把心拿出来燃烧，照亮后人前进的道路一样。

市场已没有时间等待我们的成长，它不是母亲，没有耐心也没有仁慈。

三代人之内，华为不说要进世界500强。这三代，不是说华为的三代领导人，而是华为垮了再起来，再垮、再起来的三代。

华为最大的优势和劣势都是年轻，因为年轻，充满生命活力；因为年轻，幼稚病多，缺乏职业化管理。

马克思说过，在科学的入口处正像地狱的入口处，这是那些把有限的生命投身于无限的事业中，历经磨难的人，才能真正感受到的。创新虽然艰难，但它是唯一的生存之路，是成功的必经之路。

天气好的时候，别忘了经常在阳台上晒钱，否则你的钱就全发霉了。

因为我从每一件事情（成功或失败）中，都能比你们多体悟一点点东西，事情做多了，水平自然就提高了。

世界上我最佩服的勇士是蜘蛛，不管狂风暴雨，不畏任何艰难困苦，不管网破碎多少次，它仍孜孜不倦地用它纤细的丝织补。数千年来没有人去赞美蜘蛛，它们仍然勤奋，不屈不挠，生生不息。

一个离散了二十个世纪的犹太民族，在重返家园后，他们在资源严重贫乏，严重缺水的荒漠上创造了令人难以相信的奇迹。他们的资源就是有聪明的脑袋，他们是靠精神和文化的力量，创造了世界奇迹。

当社会上根本认不出你是华为人的时候，你就是华为人；当这个社会认出你是华为人的时候，你就不是华为人，因为你的修炼还不到家。

冬天总会过去，春天一定来到。我们乘着冬天，养精蓄锐，加强内部的改造，我们和日本企业一道，度过这严冬。我们定会迎来残雪消融，溪流淙淙，华为的春天也一定会来临。

创业难，守成难，知难不难。高科技企业以往的成功，往往是失败之母，在这瞬息万变的信息社会，唯有惶者才能生存。

做工作是一种热爱，是一种献身的驱动，是一种机遇和挑战，多么难得，应该珍惜它。认真地做好每一件事，不管是大事，还是小事。目光远大，胸怀开阔，富有责任心，不计较个人的得失。

我已习惯了我不应得奖的平静生活，这也培养了我今天不争荣誉的心理素质。

时光不能倒流，如果人能够从80岁开始倒过来活的话，人生一定会更加精彩。

做事要霸气，做人要谦卑，要按消费品的规律，敢于追求最大的增长和胜利。

附录二　华为大事记

1987 年，华为创立于深圳，成为一家生产用户交换机（PBX）的香港公司的销售代理。

1990 年，开始自主研发面向酒店与小企业的 PBX 技术并进行商用。

1992 年，研发并推出农村数字交换解决方案。

1995 年，销售额达 15 亿人民币，主要来自中国农村市场。

1997 年，推出无线 GSM 解决方案。

1999 年，在印度班加罗尔设立研发中心。该研发中心分别于 2001 年和 2003 年获得 CMM4 级认证、CMM5 级认证。

2000 年，在瑞典首都斯德哥尔摩设立研发中心。海外市场销售额达 1 亿美元。

2001 年，以 7.5 亿美元的价格将非核心子公司 Avansys 卖给爱默生。

在美国设立四个研发中心。

加入国际电信联盟（ITU）。

2002 年，海外市场销售额达 5.52 亿美元。

2003 年，与 3COM 合作成立合资公司，专注于企业数据网络解决方案的研究。

2004 年，与西门子合作成立合资公司，开发 TD-SCDMA 解决方案。

获得荷兰运营商 Telfort 价值超过 2500 万美元的合同，首次实现在欧洲的重大突破。

2005 年，海外合同销售额首次超过国内合同销售额。

与沃达丰签署《全球框架协议》，正式成为沃达丰优选通信设备供应商。

成为英国电信（简称 BT）首选的 21 世纪网络供应商，为 BT21 世纪网络提供多业务网络接入 (MSAN) 部件和传输设备。

2006 年，以 8.8 亿美元的价格出售 H3C 公司 49% 的股份。

与摩托罗拉合作在上海成立联合研发中心，开发 UMTS 技术。

推出新的企业标识，新标识充分体现了我们聚焦客户、创新、稳健增长和和谐的精神。

2007 年，与赛门铁克合作成立合资公司，开发存储和安全产品与解决方案。

与 Global Marine 合作成立合资公司，提供海缆端到端网络解决方案。

推出基于全 IP 网络的移动固定融合（FMC）解决方案战略，帮助电信运营商节省运作总成本，减少能源消耗。

在 2007 年底成为欧洲所有顶级运营商的合作伙伴。

2008 年，被商业周刊评为全球十大最有影响力的公司。

根据 Informa 的咨询报告，华为在移动设备市场领域排名全球第三。

首次在北美大规模商用 UMTS/HSPA 网络，为加拿大运营商 Telus 和 Bell 建设下一代无线网络。

移动宽带产品全球累计发货量超过 2000 万部，市场份额位列全球第一。

全年共递交 1737 件 PCT 专利申请，据世界知识产权组织统计，在 2008 年专利申请公司 (人) 排名榜上排名第一；LTE 专利数占全球 10% 以上。

2009 年，无线接入市场份额跻身全球第二。

成功交付全球首个 LTE/EPC 商用网络，获得的 LTE 商用合同数居全球首位。

率先发布从路由器到传输系统的端到端 100G 解决方案。

入选美国 Fast Company 杂志评选的最具创新力公司前五强。

主要产品都实现资源消耗同比降低 20% 以上，在全球部署 3000 多个新能源供电解决方案站点。

2010 年，全球部署超过 80 个 SingleRAN 商用网络，其中 28 个已商用发布或即将发布 LTE/EPC 业务。华为超越诺基亚西门子和阿尔卡特朗讯，成为全球仅次于爱立信的第二大通信设备制造商。

在英国成立安全认证中心。

与中国工业和信息化部签署节能自愿协议。

加入联合国世界宽带委员会。

获英国《经济学人》杂志2010年度公司创新大奖。

美国知名杂志《财富》公布了2010年《财富》世界500强企业最新排名，华为首次入围。继联想集团之后，华为成为闯入世界500强的第二家中国民营科技企业，也是500强中唯一一家未上市公司。

华为C8500作为中国电信首批推出的天翼千元3G智能手机，在百日内的零售销量突破100万台，创下"百日过百万"的佳绩。

2011年，与赛门铁克公司宣布双方已就华为收购华赛49%的股权达成协议。

在云计算大会暨合作伙伴大会上成立IT产品线，预计云计算投入10000人。

华为入选首批"国家技术创新示范企业"。

推出华为honor荣耀手机。

推出华为Vision远见手机。

2012年，当时最薄智能手机华为Ascend P1 S发布，厚度6.7mm。

华为发布电子商城进入电商渠道。

在巴塞罗那2012年WMC2012展会上发布第一款搭载自研的四核心移动中央处理器K3V2的手机"Ascend D quad"，华为成为国内第一家推出自研手机移动中央处理器的手机厂商。

在北京发布Emotion UI系统，实现了华为可分享自主独特的应用的目的。

2013年，在"2013炫动ICT中国行"巡展也暨华为视讯20周年之际推出新一代视频会议产品，包括TE30视讯终端和具备1080P60全适配能力的96系列MCU，华为力推视讯平民化，让视频告别宽带特供。

在伦敦发布华为Ascend P6以6.18mm的机身厚度成为全球最薄手机。

2014年，在世界移动通信大会上推出全球最小的运营级路由器——原子路由器。

《财富》世界500强中华为排行全球第285位，与上年相比上升30位。

Interbrand在纽约发布的"最佳全球品牌"排行榜中，华为以排名94的成绩出现在榜单之中，这也是中国大陆首个进入 Interbrand top100 榜单的企业公司。

2015 年，全球领先的品牌咨询公司 BrandZ 发布 2015 年度"全球最具价值品牌百强榜"，华为公司首度入围，名列榜单第 70 位。这是华为继 2014 年进入"最佳全球品牌"百强榜之后，再一次进入世界级的企业品牌百强榜，并成为同时进入两大全球权威品牌榜的中国企业。

评为新浪科技 2014 年度风云榜年度杰出企业。

2016 年，华为在美国发布新机 G8X，全面进军美国市场。

宣布梅西成为华为全球品牌形象大使，并代言新机华为 Mate8。

华为荣耀正式发布 V 系列首款旗舰新机荣耀 V8，搭载麒麟 950 处理器。

附录三　任正非及华为荣誉榜（节选）

2002年，华为的Quidway Net Engine 80第五代核心路由器，荣获《计算机世界》2001年度"年度产品奖"，《互联网周刊》2001年度"CIO选择奖"最佳IT企业产品奖。

2002年1月，在"2002年IT认证优秀品牌与机构颁奖典礼"中，华为认证获得"本土最具知名度认证奖"和"最佳原创教材奖"。

2002年2月，华为公司的TELLIN智能网系统荣获2001年度国家科技进步奖一等奖，SBS2500光同步传输系统荣获二等奖。

2002年7月，华为被《财富》评定为中国最受尊重企业，中国最佳雇主。

2002年9月，在《网络世界》评测实验室组织的三层交换机比较评测，华为的Quidway S3526获得此次评测的最高荣誉——编辑选择奖。

2003年1月，华为公司的SmartAX MA5100系列宽带接入产品被评为2002年度深圳市科技进步奖一等奖，广东省科技进步二等奖。

2003年2月，华为公司的STM-64 MADM光传输系统荣获国家科技进步二等奖。

2003年8月8日，在中国电子信息产业发展研究院、中国信息化推进联盟主办的"2003年中国IT服务年会"上，华为荣获"国内网络产品最佳用户服务满意度奖""中国IT认证培训服务用户满意奖"。

2003年9月，华为被《21世纪经济报道》评为IT行业最佳雇主。

2003年9月，ViewPoint 8000系列的新型视讯终端，获得了汉诺威工业设计论坛颁发的国际大奖 iF Design Award。

2004 年 5 月，Light Reading 发布报告，华为在世界 10 大初创公司中排名第二。

2004 年 5 月，华为获得 Frost & Sullivan "2004 年亚太最有前途的设备提供商"和"2004 年亚太最佳宽带设备提供商"两项大奖。

2005 年 2 月，华为在英国获得了由伦敦出口协会颁发的"年度中国投资者"奖。该奖项表明华为在英国得到了了承认；此外，华为在英国的投资为当地人带来了很多工作机会。

2005 年 3 月，华为 Quidway NE 高端路由器获国家科技进步二等奖。

2005 年 5 月 16 日，Light Reading Insider 发布报告，该报告称，华为是中国主要的电信设备供应商之一，由于定位准确，华为成功进入发达国家市场。

2005 年 5 月，华为被《经济观察报》、北京大学光华管理学院评定为 2004 年度"中国最受尊敬企业"。

2005 年 5 月，华为当选为《互联网周刊》"中国电信供应商 100 佳"第一名。

2005 年 6 月，华为荣获 Frost & Sullivan 颁布的"亚洲最佳的无线设备供应商""最佳的 NGN 设备供应商"和"最佳的光网络设备供应商"三个奖项。

2005 年 7 月"中泰投资贸易机遇研讨会"，华为荣获泰国"荣誉投资顾问"奖。

2005 年 7 月 25 日，Light Reading 发布"2005 年全球十大最成功的私营电讯企业的排名"，华为荣获第一名。

2005 年 9 月华为入选由中国质量总局、中国名牌推进委员会评选的首届"中国世界名牌"。

2005 年 10 月 14 日，华为 HONET UA5000 荣膺 2005 年 InfoVision 大奖。

2005 年 11 月 25 日，华为印度研究所通过 SEI CMMi Level 5 认证。

2006 年 4 月，山东移动将 2005 年度服务质量评比"最佳厂商奖"颁给华为公司济南代表处。

2006 年 10 月，在中国国际金融（银行）技术暨设备展览会上，华为 3COM 凭借卓越的技术和独具匠心的展台布置，一举夺得"优秀解决方案""创新产品"和"优秀展台设计"三项大奖，成为本届金融展上获奖最多的大赢家。

2006 年 12 月，华为 U-SYS NGN 解决方案荣获国家科技进步二等奖。

任正非获得"2006年度中国最具影响力的企业领袖"殊荣。

任正非被评为2006十大最佳企业家第二位。

任正非被评为2006年度中国IT年度人物。

2007年,华为公司在巴黎大区举行的投资情况报告会上获得国际投资奖。这是中国公司第一次获得该奖项。

2007年7月,《福布斯》中文版发布了"2006中国慈善榜",华为荣获第六名。

2007年12月,华为大容量智能光交换系统OSN9500荣获"2007年度国家科学技术进步奖",这是1996年以来华为第8次获此殊荣。

2008年,华为获得以下大奖:

1. 华为2007年PCT国际专利申请量居全球第四。据世界知识产权组织(WIPO)报道,华为2007年PCT国际专利申请数达到1365件,位居世界第4,较前一年上升9位。

2. 华为获巴黎大区年度国际优秀投资者奖项。由于投资法国巴黎大区并对当地经济起到促进作用,华为(法国)公司获得巴黎大区年度国际优秀投资者奖项。

3. 华为IPTime和40G传送解决方案荣获InfoVision双项大奖。华为IPTime是业界最完整的分组移动传送解决方案。华为40G传输突破了限制,华为在俄罗斯TransTeleCom建成了业界最长的40G无电中继传输网,成为业界40G传输技术商用领先者。

4. IDC评华为WiMAX16e业界第一。华为以累计29个商用WiMAX 16e合同总数,居业界第一。

5. 华为发力WiMAX标准,两大标准组织提案均列前二。在WiMAX Forum标准组织中,华为以累计568篇有效提案数位列全球第二。正是基于在WiMAX标准上的突出表现,华为被WiMAX Forum组织授予"杰出贡献奖"。

6. 华为波分产品通过IBM GDPS/STP测试认证。IBM GDPS(Geographically Dispersed Parallel Sysplex)和STP(Server Time Protocol)互通性测试认证,该系统是业界领先的高可用性业务持续和灾备解决方案。

7. 华为NE5000E集群路由器荣获InfoVision奖。华为NE5000E集群路由器是业界第一个10T比特级的集群系统。

8. 华为获Wave2认证产品数全球第一，彰显WiMAX端到端实力。华为3款最新的端到端WiMAX产品同时获得WiMAX Forum颁发的Wave2资质认证，成为全球拥有Wave2认证产品最多的通信厂商之一，彰显了华为在WiMAX端到端解决方案领域的领先实力。华为获得Wave2认证的产品分别是基站产品WiMAX DBS3900和两款用户终端BM325和BM625。

9. 华为移动宽带产品E180荣膺"2008亚洲移动通信奖——最佳移动宽带设备"。E180是一款支持高速分组接入（HSPA）的USB Stick产品。它拥有极富创意的旋转式USB接口，该产品于2008年6月在全球市场发布，目标用户锁定专业商务人士、富有活力的年轻消费者和SOHO一族。

10. 华为获"移动宽带供应商"和"NGN供应商"两项年度大奖。由权威媒体《亚洲电信》主办的通信企业评选活动中，华为一举摘得了"2008年度移动宽带供应商"和"2008年度下一代网络供应商"两项殊荣。

2009年，华为所获奖项包括：

1月9日，华为获得2008年度中国国家科技进步二等奖，这是2008年度中国通信领域的最高奖项，同时也是继智能网、NGN、智能光网络等解决方案之后，华为再次获得重量级的国家级大奖。

6月11日，由于公司整体在2008年的卓越表现，华为获得了Frost & Sullivan所颁发的"2009年亚太无线基础设施供应商""年度宽带设备供应商"以及"年度供应商"三项大奖。这也使华为成为了在此次评选中，唯一一家囊括三项大奖的企业。

6月19日，华为采用领先的PON和xDSL解决方案为英国部署的网络获得了"当地光网络创新奖（Local optical network innovation award）"，其为新加坡运营商StarHub部署的femtocell项目获得了"室内覆盖服务创新奖（Indoor residential services innovation award）"。华为还荣获国际电信行业权威媒体《全球通信商业》（Global Telecoms Business）颁发的"全球通信商业创新"（GTB Innovation Awards）大奖。

11月13日，素有科技界创新奥斯卡之称的2009年度"R&D 100 Award"榜单正式揭晓，华为基于OTN构建的SAN传送解决方案荣获这一殊荣。

2010年2月23日，在西班牙巴塞罗那举行的2010年世界移动通信大会（MWC2010）上，全球移动通信系统协会（GSMA）揭晓了第15届"全球移动大奖"获奖名单。其中，华为摘得"最佳业务分发平台（SDP）奖"，成为当年唯一获奖的中国大陆企业。

2010年2月26日，美国知名商业媒体Fast Company评出了2010年最具创新力公司，华为紧随Facebook、Amazon、苹果和google之后位列第五，华为也是排名前五的公司中唯一一个新上榜企业。

2010年3月，在21日到29日美国Anaheim举行的IETF（Internet Engineering Task Force）标准组织第77次会议上，华为两名专家Spencer Dawkins和David Harrington分别获得IAB(互联网架构委员会)和Transport AD(领域主席)职位。

2011年，在LTE（(Long Term Evolution）全球峰会上，华为荣获"LTE最佳商用表现"和"LTE最佳网络设备"两项大奖。标志着华为在LTE技术研发、商用实践等方面上的持续投入和巨大贡献获得业界的一致认可。

2013年，华为携手北京联通和黑龙江移动打造的"北京联通黄村仓储式数据中心项目"和"黑龙江移动-华为新型试点数据中心项目"，分别获得DCD（Datacenter Dynamics Converged）年度6大奖项中的"中型数据中心创新奖"和"绿色数据中心奖"。

2014年12月，在21世纪商业模式＆产品英雄高峰论坛暨2014中国最佳商业模式评选颁奖典礼上，华为荣耀创下一年从1亿美金到近30亿美金的销售收入，斩获最佳商业模式创新奖，是唯一一家智能终端品牌。

2015年，华为旗下的产品Mate S在柏林国际消费电子展（IFA）上，获得年度最佳Android PIT奖。

2016年，在世界宽带论坛BBWF（Broadband World Forum）上，华为获得了"最佳虚拟化创新"和"最佳固定宽带创新"奖，此外，华为与德国电信合作的Super Vectoring技术也荣获了"最佳合作伙伴"大奖。

附录四　任正非经典演讲

华为的冬天

公司所有员工是否考虑过，如果有一天，公司销售额下滑、利润下滑甚至会破产，我们怎么办？我们公司的太平时间太长了，在和平时期升的官太多了，这也许就是我们的灾难。泰坦尼克号也是在一片欢呼声中出的海。而且我相信，这一天一定会到来。面对这样的未来，我们怎样来处理，我们是不是思考过。我们好多员工盲目自豪，盲目乐观，如果想过的人太少，也许就快来临了。居安思危，不是危言耸听。

我到德国考察时，看到第二次世界大战后德国恢复得这么快，当时很感动。他们当时的工人团结起来，提出要降工资，不增工资，从而加快经济建设，所以战后德国经济增长很快。如果华为公司真的危机到来了，是不是员工工资减一半，大家靠一点白菜、南瓜过日子，就能行？或者我们就裁掉一半人是否就能救公司。如果是这样就行的话，危险就不危险了。因为，危险一过去，我们可以逐步将工资补回来，或者销售增长，将被迫裁掉的人请回来。这算不了什么危机。如果两者同时都进行，都不能挽救公司，想过没有。

十年来我天天思考的都是失败，对成功视而不见，也没有什么荣誉感、自豪感，而是危机感，也许是这样才存活了十年。我们大家要一起来想，怎样才能活下去，也许才能存活得久一些。失败这一天是一定会到来，大家要准备迎接，这是我从不动摇的看法，这是历史规律。

华为公司老喊狼来了，喊多了，大家有些不信了。但狼真的会来。今年我们要广泛展开对危机的讨论，讨论华为有什么危机，你的部门有什么危机，你的科室有什么危机，你的流程的那一点有什么危机。还能改进吗？还能改进吗？还能提高人均效益吗？如果讨论清楚了，那我们可能就不死，就延续了我们的生命。怎样提高管理效率，我们每年都写了一些管理要点，这些要点能不能对你的工作有些改进，如果改进一点，我们就前进了。

一、均衡发展，就是抓短的一块木板

我们怎样才能活下来。同志们，你们要想一想，如果每一年你们的人均产量增加15%，你可能仅仅保持住工资不变或者还可能略略下降。电子产品价格下降幅度一年还不止15%吧。我们卖的越来越多，而利润却越来越少，如果我们不多干一点，我们可能保不住今天，更别说涨工资。不能靠没完没了的加班，所以一定要改进我们的管理。

在管理改进中，一定要强调改进我们木板最短的那一块。各部门、各科室、各流程主要领导都要抓薄弱环节。要坚持均衡发展，不断地强化以流程型和时效型为主导的管理体系的建设，在符合公司整体核心竞争力提升的条件下，不断优化你的工作，提高贡献率。

全公司一定要建立起统一的价值评价体系，统一的考评体系，才能使人员在内部流动和平衡成为可能。比如有人说我搞研发创新很厉害，但创新的价值如何体现，创新必须通过转化变成商品，才能产生价值。我们重视技术、重视营销，这一点我并不反对，但每一个链条都是很重要的。研发相对用服来说，同等级别的一个用服工程师可能要比研发人员综合处理能力还强一些。所以如果我们对售后服务体系不给认同，那么这体系就永远不是由优秀的人来组成的。不是由优秀的人来组织，就是高成本的组织。因为他飞过去修机器，去一趟修不好，又飞过去修不好，又飞过去又修不好。我们把工资全都赞助给民航了。如果我们一次就能修好，甚至根本不用过去，用远程指导就能修好，我们将省多少成本啊！因此，我们要强调均衡发展，不能老是强调某一方面。

二、对事负责制与对人负责制是有本质区别的，一个是扩张体系，一个是收敛体系

为什么我们要强调以流程型和时效型为主导的体系呢？现在流程上运作的干部，他们还习惯于事事都请示上级。这是错的，已经有规定，或者成为惯例的东西，不必请示，应快速让它通过去。执行流程的人，是对事情负责，这就是对事负责制。事事请示，就是对人负责制，它是收敛的。我们要简化不必要确认的东西，要减少在管理中不必要、不重要的环节，否则公司怎么能高效运行呢？现在我们机关有相当的部门以及相当的编制，在制造垃圾，然后这些垃圾又进入分拣、清理，制造一些人的工作机会。制造这些复杂的文件，搞了一些复杂的程序以及不必要的报表、文件，来养活一些不必要养活的机关干部，机关干部是不能产生增值行为的。我们一定要在监控有效的条件下，尽力精简机关。

市场部机关是无能的。每天的纸片如雪花一样飞啊，每天都向办事处要报表，今天要这个报表，明天要那个报表，这是无能的机关干部。办事处每一个月把所有的数据填一个表，放到数据库里，机关要数据就到数据库里找。从明天开始，市场部把多余的干部组成一个数据库小组，所有数据只能向这个小组要，不能向办事处，办事处一定要给机关打分，你们不要给他们打那么好的分，让他们吃一点亏，否则他们不会明白这个道理，就不会服务于你们，使你作战有力。

在本职工作中，我们一定要敢于负责任，使流程速度加快，对明哲保身的人一定要清除。华为给了员工很好的利益，于是有人说千万不要丢了这个位子，千万不要丢掉这个利益。凡是要保自己利益的人，要免除他的职务，他已经是变革的绊脚石。在去年的一年里，如果没有改进行为的，甚至一次错误也没犯过，工作也没有改进的，是不是可以就地免除他的职务。他的部门的人均效益没提高，他这个科长就不能当了。他说他也没有犯错啊，没犯错就可以当干部吗？有些人没犯过一次错误，因为他一件事情都没做。而有些人在工作中犯了一些错误，但他管理的部门人均效益提升很大，我认为这种干部就要用。对既没犯过错误，又没有改进的干部可以就地免职。

三、自我批判，是思想、品德、素质、技能创新的优良工具

我们一定要推行以自我批判为中心的组织改造和优化活动。自我批判不是为批判而批判，也不是为全面否定而批判，而是为优化和建设而批判。总的目标是要提升公司整体核心竞争力。

为什么要强调自我批判？我们倡导自我批判，但不提倡相互批评，因为批评不好把握适度，如果批判火药味很浓，就容易造成队伍之间的矛盾。而自己批判自己呢，人们不会自己下猛力，对自己都会手下留情。即使用鸡毛掸子轻轻打一下，也比不打好，多打几年，你就会百炼成钢了。自我批判不光是个人进行自我批判，组织也要对自己进行自我批判。通过自我批判，各级骨干要努力塑造自己，逐步走向职业化、走向国际化。公司认为自我批判是个人进步的好方法，还不能掌握这个武器的员工，希望各级部门不要对他们再提拔了。两年后，还不能掌握和使用这个武器的干部要降低使用。在职在位的干部要奋斗不息、进取不止。

干部要有敬业精神、献身精神、责任心、使命感。我们对普通员工不作献身精神要求，他们应该对自己付出的劳动，取得合理报酬。只对有献身精神的员工作要求，将他们培养成干部。另外，我们对高级干部实行严要求，不对一般干部实施严要求。因为都实施严要求，我们管理成本就太高了。因为管他也要花钱的呀，不打粮食的事我们要少干。因此我们对不同级别的干部有不同的要求，凡是不能使用自我批判这个武器的干部都不能提拔。

自我批判从高级干部开始，高级干部每年都有民主生活会，民主生活会上提的问题是非常尖锐的。有人听了以后认为公司内部斗争真激烈，你看他们说起问题来很尖锐，但是说完他们不又握着手打仗去了吗？我希望这种精神一直能往下传，下面也要有民主生活会，一定要相互提意见，相互提意见时一定要和风细雨。我认为，批评别人应该是请客吃饭，应该是绘画、绣花，要温良恭让。一定不要把内部的民主生活会变成了有火药味的会议，高级干部尖锐一些，

是他们素质高，越到基层应越温和。事情不能指望一次说完，一年不行，两年也可以，三年进步也不迟。我希望各级干部在组织自我批判的民主生活会议上，千万要把握尺度。我认为人是怕痛的，太痛了也不太好，像绘画、绣花一样，细细致致地帮人家分析他的缺点，提出改进措施来，和风细雨式最好。

四、任职资格及虚拟利润法是推进公司合理评价干部的有序、有效的制度

我们要坚定不移地继续推行任职资格管理制度。只有这样才能改变过去的评价蒙估状态，才会使有贡献、有责任心的人尽快成长起来。激励机制要有利于公司核心竞争力战略的全面展开，也要有利于近期核心竞争力的不断增长。

什么叫领导？什么叫政客？这次以色列的选举，让我们看到了犹太人的短视。拉宾意识到以色列一个小国，处在几亿阿拉伯人的包围中，尽管几次中东战争以色列都战胜了，但不能说50年、100年以后，阿拉伯人不会发展起来。今天不以土地换和平、划定边界，与周边和平相处，那么一旦阿拉伯人强大起来，他们又会重新流离失所。要是这样犹太人再过2000年还回不回得来，就不一定了。而大多数人，只看重眼前的利益，沙龙是强硬派，会为犹太人争得近期利益，人们拥护了他。我终于看到一次犹太人也像我们一样的短视。我们的领导都不要迎合群众，但推进组织目的，要注意工作方法。

干部要有敬业精神、献身精神、责任心和使命感。区别一个干部是不是一个好干部，是不是忠臣，标准有四个：第一，你有没有敬业精神，对工作是否认真，改进了，还能改进吗？还能再改进吗？这就是你的工作敬业精神。第二，你有没有献身精神，不要斤斤计较，我们的价值评价体系不可能做到绝对公平。如果用曹冲称象的方法来进行任职资格来评价的话，那肯定是公平的。但如果用精密天平来评价，那肯定公平不了。我们要想做到绝对公平是不可能的。我认为献身精神是考核干部的一个很重要因素。一个干部如果过于斤斤计较，这个干部绝对做不好，你手下有很多兵，你自私、斤斤计较，你的手下能和你合作很好吗？没有献身精神的人不要做干部，做干部的一定要有献身精神。第三点和第四点，就是要有责任心和使命感。我们的员工是不是都有责任心和使命感？如果没有责任心和使命感，为什么还想要当干部。如果你觉得还是你有一点责任心和使命感的，赶快改进，否则最终还是要把你免下去的。

五、不盲目创新，才能缩小庞大的机关

庙小一点，方丈减几个，和尚少一点，机关的改革就是这样。总的原则是我们一定要压缩机关，为什么？因为我们建设了IT。为什么要建设IT？道路设计时要博士，炼钢制轨要硕士，铺路要本科生。但是道路修好了扳岔道就不要这么高的学历了，否则谁也坐不起这个火车。因此当我们公司组织体系和流程体系建设起来的时候，就不要这么多的高级别干部，方丈就少了。

我们要坚持"小改进，大奖励"。"小改进、大奖励"是我们长期坚持不懈的改良方针。应在小改进的基础上，不断归纳，综合分析。研究其与公司总体目标流程的符合，与周边流程的和谐，要简化、优化、再固化。这个流程是否先进，要以贡献率的提高来评价。我年轻时就知道华罗庚的一句话，"神奇化易是坦途，易化神奇不足提"。我们有些员工，交给他一件事，他能干出十件事来，这种创新就不需要，是无能的表现。这是制造垃圾，这类员工要降低使用。所以今年有很多变革项目，但每个变革项目都要以贡献率来考核。既要实现高速增长，又要同时展开各项管理变革，错综复杂，步履艰难，任重而道远。各级干部要有崇高的使命感和责任意识，要热烈而镇定，紧张而有秩序。"治大国如烹小鲜"，我们做任何小事情都要小心谨慎，不要随意把流程破坏了，发生连锁错误。

六、规范化管理本身已含监控，它的目的是有效、快速的服务业务需要

我们要继续坚持业务为主导，会计为监督的宏观管理方法与体系的建设。什么叫业务为主导，就是要敢于创造和引导需求，取得"机会窗"的利润。也要善于抓住机会，缩小差距，使公司同步于世界而得以生存。什么叫会计为监督，就是为保障业务实现提供规范化的财经服务，规范化就可以快捷、准确和有序，使账务维护成本低。规范化是一把筛子，在服务的过程中也完成了监督。要把服务与监控融进全流程。我们也要推行逆向审计，追溯责任，从中发现优秀的干部，铲除沉淀层。

七、面对变革要有一颗平常心，要有承受变革的心理素质

我们要以正确的心态面对变革。什么是变革？就是利益的重新分配。利益重新分配是大事，不是小事。这时候必须有一个强有力的管理机构，才能进行利益的重新分配，改革才能运行。在改革的过程中，从利益分配的旧平衡逐步走向新的利益分配平衡。这种平衡的循环过程，是促使企业核心竞争力提升与效益增长的必须，但利益分配永远是不平衡的。我们在进行岗位变革也是有利益重新分配的，比如大方丈变成了小方丈，你的庙被拆除了，不管叫什么，都要有一个正确的心态来对待。如果没有一个正确的心态，我们的改革是不可以成功的，不可能被接受的。特别是随着IT体系的逐步建成，以前的多层行政传递与管理的体系将更加扁平化。伴随中间层的消失，一大批干部将成为富余，各大部门要将富余的干部及时输送至新的工作岗位上去，及时地疏导，才会避免以后的过度裁员。我在美国时，在和IBM、Cisco、Lucent等几个大公司领导讨论问题时谈到，IT是什么？他们说，IT就是裁员、裁员、再裁员。以电子流来替代人工的操作，以降低运作成本，增强企业竞争力。我们也将面临这个问题。伴随着IPD、ISC、财务四统支撑IT的网络等逐步铺开和建立，中间层消失。我们预计我们大量裁掉干部的时间大约在2003年或2004年。

今天要看到这个局面，我们现在正在扩张，还有许多新岗位，大家要赶快去占领这些新岗位，以免被裁掉。不管是对干部还是普通员工，裁员都是不可避免的。我们从来没有承诺过，像日本一样执行终身雇佣制。我们公司从创建开始就是强调来去自由。内部流动是很重要的，当然这个流动有升有降，只要公司的核心竞争力提升了，个人的升、降又何妨呢？"不以物喜，不以己悲"。因此今天来说，我们各级部门真正关怀干部，就不是保住他，而是要疏导他，疏导出去。

八、模板化是所有员工快速管理进步的法宝

一个新员工，看懂模板，会按模板来做，就已经国际化、职业化，现在的文化程度，三个月就掌握了。而这个模板是前人摸索几十年才摸索出来的，你不必再去摸索。各流程管理部门、合理化管理部门，要善于引导各类已经优化的、已经证实行之有效的工作模板化。清晰流程，重复运行的流程，工作一定要模板化。一项工作达到同样绩效，少用工，又少用时间，这才说明管理进步了。我们认为，抓住主要的模板建设，又使相关的模板的流程联结起来，才会使IT成为现实。在这个问题，我们要加强建设。

九、华为的危机，以及萎缩、破产是一定会到来的

现在是春天吧，但冬天已经不远了，我们在春天与夏天要念着冬天的问题。IT业的冬天对别的公司来说不一定是冬天，而对华为可能是冬天。华为的冬天可能来得更冷，更冷一些。我们还太嫩，我们公司经过十年的顺利发展没有经历过挫折，不经过挫折，就不知道如何走向正确道路。磨难是一笔财富，而我们没有经过磨难，这是我们最大的弱点。我们完全没有适应不发展的心理准备与技能准备。

危机的到来是不知不觉地，我认为所有的员工都不能站在自己的角度立场想问题。如果说你们没有宽广的胸怀，就不可能正确对待变革。如果你不能正确对待变革，抵制变革，公司就会死亡。在这个过程中，大家一方面要努力地提升自己，一方面要与同志们团结好，提高组织效率，并把自己的好干部送到别的部门去，使自己部下有提升的机会。你减少了编制，避免了裁员、压缩。在改革过程中，很多变革总会触动某些员工的一些利益和矛盾，希望大家不要发牢骚，说怪话，特别是我们的干部要自律，不要传播小道消息。

十、安安静静地应对外界议论

对待媒体的态度，希望全体员工都要低调，因为我们不是上市公司，所以我们不需要公示社会。我们主要是对政府负责任，对企业的有效运行负责任。对政府的责任就是遵纪守法，我们去年交给国家的增值税、所得税是18个亿，关税是9个亿，加起来一共是27个亿。估计我们今年在税收方面可能再增加百分之七八十，可能要给国家交到40多个亿。我们已经对社会负责了。媒体有他们自己的运作规律，我们不要去参与，我们有的员工到网上的辩论，是帮公司的倒忙。

我想，每个员工都要把精力用到本职工作上去，只有本职工作做好了才能为你提高带来更大的效益。国家的事由国家管，政府的事由政府管，社会的事由社会管，我们只要做一个遵纪守法的公民，就完成了我们对社会的责任。只有这样我们公司才能安全、稳定。不管遇到任何问题，我们的员工都要坚定不移地保持安静，听党的话，跟政府走。严格自律，不该说的话不要乱说。特别是干部要管好自己的家属。我们华为人都是非常有礼仪的人。当社会上根本认不出你是华为人的时候，你就是华为人；当这个社会认出你是华为人的时候，你就不是华为人，因为你的修炼还不到家。

沉舟侧畔千帆过，病树前头万木春。网络股的暴跌，必将对三年后的建设预期产生影响，那时制造业就惯性进入了收缩。眼前的繁荣是前几年网络股大涨的惯性结果。记住一句话："物极必反"，这一场网络设备供应的冬天，也会像它热得人们不理解一样，冷得出奇。没有预见，没有预防，就会冻死。那时，谁有棉衣，谁就活下来了。

——2001年2月17日发表于华为公司内刊

让听到炮声的人呼唤炮火

我们从以技术为中心，向以客户为中心的转移过程中，如何调整好组织，始终是一个很难的题目。

刚开始我的认识也是有局限性的。我在EMT（经营管理团队）会上讲了话，要缩短流程，提高效率，减少协调，使公司实现有效增长，以及现金流的自我循环。但提出的措施，确实有一些问题，单纯的强调精简机关，压缩人员，简化流程，遭遇一部分EMT成员的反对。他们认为机关干部和员工压到一线后，会增加一线的负担，增加成本，并帮不了什么忙。机关干部下去以总部自居，反而干预了正常的基层工作。

后来我听取一些中层干部的反映，他们认为组织流程变革要倒着来，从一线往回梳理，平台（支撑部门和管理部门，包括片区、地区部及代表处的支撑和管理部门）只是为了满足前线作战部队的需要而设置的，并不是越多越好、越大越好、越全越好。要减少平台部门，减轻协调量，精简平台人员，自然效率就会提高。这样 EMT 决议还未出笼就被反了一个方向。

但如何去实现这一点呢？问题仍然摆在前面。这次访问利比亚时，听取了北非地区部的汇报，有了一些启发。

谁来呼唤炮火？

北非地区部努力做厚客户界面，以客户经理、解决方案专家、交付专家组成的工作小组，形成面向客户的"铁三角"作战单元，有效地提升了客户的信任，较深地理解了客户需求，关注良好有效的交付和及时的回款。

铁三角的精髓是为了目标，而打破功能壁垒，形成以项目为中心的团队运作模式。公司业务开展的各领域、各环节，都会存在铁三角，三角只是形象说法，不是简单理解为三角、四角、五角甚至更多也是可能的。这给下一阶段组织整改提供了很好的思路和借鉴，公司主要的资源要用在找目标、找机会，并将机会转化为结果上。我们后方配备的先进设备、优质资源，应该在前线一发现目标和机会时就能及时发挥作用，提供有效的支持，而不是拥有资源的人来指挥战争、拥兵自重。

谁来呼唤炮火，应该让听得见炮声的人来决策。而现在我们恰好是反过来的。机关不了解前线，但拥有太多的权力与资源，为了控制运营的风险，自然而然地设置了许多流程控制点，而且不愿意授权。过多的流程控制点，会降低运行效率，增加运作成本，滋生了官僚主义及教条主义。

当然，因内控需要而设置合理的流程控制点是必须的。去年公司提出将指挥所（执行及部分决策）放到听得到炮响的地方去，已经有了变化，计划预算开始以地区部、产品线为基础，已经迈出可喜的一步，但还不够。北非地区部给我们提供了一条思路，就是把决策权根据授权规则授给一线团队，后方起保障作用。这样我们流程优化的方法就和过去不同了，流程梳理和优化要倒过来做，就是以需求确定目的，以目的驱使保证，一切为前线着想，就会共同努力地控制有效流程点的设置。从而精简不必要的流程，精简不必要的人员，提高运行效率，为生存下去打好基础。

用一个形象的术语来描述，我们过去的组织和运作机制是"推"，现在要将其逐步转换到"拉"的机制上去，或者说，是"推""拉"结合、以"拉"为主的机制。推的时候，是中央权威的强大发动机在推，一些无用的流程，不出功的岗位，是看不清的。拉的时候，看到哪一根绳子不受力，就将它剪去，连在这根绳子上的部门及人员，一并剪去，组织效率就会有较大的提高。我们进一步的改革，就是前端组织的技能要变成全能的，但并非意味着组织要去设各种功能的部门。

基层作战单元在授权范围内，有权力直接呼唤炮火（指在项目管理上，依据IBM顾问提供的条款、签约、价格三个授权文件，以毛利及现金流进行授权，在授权范围内直接指挥炮火，超越授权要按程序审批），当然炮火也是有成本的，谁呼唤了炮火，谁就要承担呼唤的责任和炮火的成本。后方变成系统支持力量，必须及时、有效地提供支持与服务，以及分析监控。公司机关不要轻言总部，机关不代表总部，更不代表公司，机关是后方，必须给前方支持与服务，不能颐指气使。

公司的最高决策机构是EMT会议，EMT成员只是在会议结束后，推动决议的执行，他们叫首长负责制，也不能自称总部。机关干部和员工更不能以总部自称，发号施令，更不能要求前方的每一个小动作都必须向机关报告或经机关批准，否则，机关就会越做越大，越来越官僚。一线的作战，要从客户经理的单兵作战转变为小团队作战，而且客户经理要加强营销四要素（客户关系、解决方案、融资和回款条件、交付）的综合能力，要提高做生意的能力；解决方案专家要一专多能，对自己不熟悉的专业领域要打通求助的渠道；交付专家要具备能与客户沟通清楚工程与服务的解决方案的能力，同时对后台的可承诺能力和交付流程的各个环节了如指掌。其他非主业务的人员，要加强对主业务的了解，了解达不到一定深度的，不能成为管理干部及骨干，没有这种经历的，要去补好这一课。

以美军在阿富汗的特种部队来举例。以前前线的连长指挥不了炮兵，要报告师部请求支援，师部下命令炮兵才开炸。现在系统的支持力量超强，前端功能全面，授权明确，特种战士一个通讯呼叫，飞机就开炸，炮兵就开打。前线3人一组，包括一名信息情报专家，一名火力炸弹专家，一名战斗专家。他们互相了解一点对方的领域，紧急救援、包扎等都经过训练。当发现目标后，信息专家利用先进的卫星工具等确定敌人的集群、目标、方向、装备……炸弹专家配置炸弹、火力，计算出必要的作战方式，其按授权许可度，用通信呼唤炮火。

美军作战小组的授权是以作战规模来定位的，例如：5000万美元，在授权范围内，后方根据前方命令就及时提供炮火支援。我们公司将以毛利、现金流，对基层作战单元授权，在授权范围内，甚至不需要代表处批准就可以执行。军队是消灭敌人，我们就是获取利润。铁三角对准的是客户，目的是利润。铁三角的目的是实现利润，否则所有这些管理活动是没有主心骨、没有灵魂的。当然，不同的地方、不同的时间，授权是需要定期维护的，但授权管理的程序与规则，是不轻易变化的。

变革要以作战需求为中心。

我司正面临流程与组织整改的时机。我们已明确变革要以作战需求为中心，后方平台（包括设在前线的非直接作战部队）要及时、准确满足前线的需求。我们机构设置的目的，就是为作战，作战的目的，是为了取得利润。平台的客户就是前方作战部队，作战部队不需要的，就是多余的。后方平台是以支持前方为中心，按需要多少支持，来设立相应的组织，而且要提高后方业务的综合度，减少平台部门设置，减少内部协调，及时准确地服务前方。

前方要准确清晰地提出并输入需求，后方要能清楚准确地理解前方的需求，按需求提供支持。只要前方的需求没有发生变动，所有的协调工作，应由后方平台之间自行协调完成，而且必须在前方需求的时限内完成。前方的需求变化了，要及时准确提供给后方。而我们现在的情况是，前方的作战部队，只有不到三分之一的时间是用在找目标、找机会以及将机会转化为结果上，大量的时间是用在频繁地与后方平台往返沟通协调上。而且后方应解决的问题让前方来协调，拖了作战部队的后腿，好钢没有用在刀刃上。后方协调困难有流程问题、有组织机构的设置问题、有思想意识问题，也有相互信任的问题，还有非主业干部对主业不理解的问题……我们要找到一把提高作战部队效率的钥匙，找到一把后方平台高效服务前方的钥匙。应该说,如何提高作战部队效率的钥匙已经找到,如何打开大门仍然困难重重。IBM顾问提供给我们的关于项目管理的三个授权文件,已经帮助我们开始解开这一团乱麻,并可能帮助我们打开大门。我们应准确理解并严格执行。各级干部要敢于承担自己岗位责任,履行授权,这样就会使我们的管理摆脱僵化的中央集权。当然这些授权文件,随着公司的变革还会不断修改,以适应新的需求。而且这些授权仅是定性的,具体执行要有不同地方、不同时间、不同事件的授权。

我们要积极地先从改革前方作战部队开始,加强他们的作战能力,要综合后方平台的服务与管理,非主业干部要加强对主业务的理解,减少前后方的协调量。然后冷静地思考整个后方大平台的适应性变革,审慎地一步一步前行。哪怕每年提高千分之一的效率都是可喜的,千万不要倒退,千万不要形成臃肿、官僚的机关组织。

中国历史上失败的变革都因操之太急、展开面过大、过于僵化而失败的。华为公司二十年来,都是在不断改良中前进的,仅有少有的一两次跳变。我们在变革中,要抓住主要矛盾和矛盾的主要方面,要把握好方向,谋定而后动,要急用先行、不求完美,深入细致地做工作,切忌贪天功为己有的盲动。华为公司的管理,只要实用,不要优中选优。天将降大任于斯人也,要头脑清醒,方向正确,踏踏实实,专心致志,努力实践,与大洪流融入到一起,必将在这个变革中,获得进步与收获。

我们并不否定二十年来公司取得的成绩。二十年来公司是实行高度的中央集权,防止了权力分散而造成失控,形成灾难,避免了因发展初期产生的问题而拖垮公司。但世界上没有一成不变的真理,今天我们有条件来讨论分权制衡、协调发展。通过全球流程集成,把后方变成系统的支持力量。沿着流程授权、行权、监管,来实现权力的下放,以摆脱中央集权的效率低下、机构臃肿,实现客户需求驱动的流程化组织建设目标。我相信成功过的华为人,完全有可能实现这一次变革。

我们要继续坚持以有效增长、利润、现金流、提高人均效益为起点的考核(条件成熟的地方,可以以薪酬总额为计算基础),凡不能达到公司人均效益提升改进平均线以上的，体系团队负责人、片区、产品线、部门、地区部、代表处等各级一把手，要进行问责。在超越平均线以上的部门，要对正利润、正现金流、战略目标的实现进行排序，坚决对高级管理干部进行末位淘汰，改变过去刑不上士大夫的做法，调整有一线成功实践经验的人补充到机关。

风华绝代总是乱世生，二十年我们刚刚长成，就遇到了国际风云变幻，各种过激环境的影响，年轻的我们大多数还揣满了幻想，我们是否有能力渡过这场危机，时代正考验着我们。未来的不可知性使我们的前进充满了风险，面对着不确定性，各级主管要抓住主要矛盾，以及矛盾的主要方面，要有清晰的工作方向，以及实现这些目标的合理节奏；多做一些自我批判，要清醒感知周围世界的变化，"深淘滩，低作堰"。深淘滩就是多挖掘一些内部潜力，确保增强核心竞争力的投入，确保对未来的投入，即使在金融危机时期也不动摇；低作堰就是不要因短期目标而牺牲长期目标，多一些输出，多为客户创造长期价值。"财散人聚，财聚人散"。能救我们的，只有我们自己。各个部门要自己与自己比，今年与去年比，你进步了没有，没有进步的，你是否可以把位子让出来。只要我们能不断提高效率，我们就能渡过风险，而且成长起一代新人。

"沉舟侧畔千帆过，病树前头万木春。"我们要在时代的大潮中，迎着风浪快速前进。只要我们不怕牺牲自己，只要我们努力地提高效率，我们一定会渡过难关。三五年后，我们将屹立在世界的舞台上。风华绝代总是乱世生，相信江山代有才人出，期望你成长起来，担负起我们的未来。

——2009年开年在公司大会上讲话

用乌龟精神，追上龙飞船

古时候有个寓言，兔子和乌龟赛跑，兔子因为有先天优势，跑得快，不时在中间喝个下午茶，在草地上小憩一会啊！结果让乌龟超过去了。华为就是一只大乌龟，二十五年来，爬呀爬，全然没看见路两旁的鲜花，忘了经济这二十多年来一直在爬坡，许多人都成了富裕的阶层，而我们还在持续艰苦奋斗。爬呀爬……一抬头看见前面矗立着"龙飞船",跑着"特斯拉"那种神一样的乌龟,我们还在笨拙地爬呀爬,能追过他们吗?

大公司不是会必然死亡,不一定会惰怠保守的。否则不需要努力成为大公司。

宝马追不追得上特斯拉,一段时间是我们公司内部争辩的一个问题。多数人都认为特斯拉这种颠覆式创新会超越宝马,我支持宝马不断地改进自己、开放自己,宝马也能学习特斯拉的。汽车有几个要素:驱动、智能驾驶(如电子地图、自动换挡、自动防撞、直至无人驾驶……)、机械磨损、安全舒适。后两项宝马居优势,前两项只要宝马不封闭保守,是可以追上来的。当然,特斯拉也可以从市场买来后两项,我也没说宝马必须自创前两项呀,宝马需要的是成功,而不是自主创新的狭隘自豪。

华为也就是一个"宝马"(大公司代名词),在瞬息万变,不断涌现颠覆性创新的信息社会中,华为能不能继续生存下来?不管你怎么想,这是一个摆在你面前的问题。我们用了二十五年的时间建立起一个优质的平台,拥有一定的资源,这些优质资源是多少高级干部及专家浪费了多少钱才积累起来的,是宝贵的财富。过去所有失败的项目、淘汰的产品,其实就是浪费(当然浪费的钱也是大家挣来的),但没有浪费,就没有大家今天坐到这儿。我们珍惜这些失败积累起来的成功,如果不故步自封,敢于打破自己既得的坛坛罐罐,敢于去拥抱新事物,华为不一定会落后。当发现一个战略机会点,我们可以千军万马压上去,后发式追赶,你们要敢于用投资的方式,而不仅仅是以人力的方式,把资源堆上去,这就是和小公司创新不一样的地方。人是最宝贵因素,不保守,勇于打破目前既得优势,开放式追赶时代潮流的华为人,是我们最宝贵的基础,我们就有可能追上"特斯拉"。

一、聚焦

我们是一个能力有限的公司,只能在有限的宽度赶超美国公司。不收窄作用面,压强就不会大,就不可以有所突破。我估计战略发展委员会对未来几年的盈利能力有信心,想在战略上多投入一点,就提出潇洒走一回,超越美国的主张。但我们只可能在针尖大的领域里领先美国公司,如果扩展到火柴头或小木棒这么大，就绝不可能实现这种超越。

我们只允许员工在主航道上发挥主观能动性与创造性，不能盲目创新，发散了公司的投资与力量。非主航道的业务，还是要认真向成功的公司学习，坚持稳定可靠运行，保持合理有效、尽可能简单的管理体系。要防止盲目创新，四面八方都喊响创新，就是我们的葬歌。

大数据流量时代应该是很恐怖的，因为我们都不知道什么叫大数据。流量之大也令人不可想象。我说的大数据与业界说的也不一样，业界说的大数据，不是大，而是搜索，如邬贺铨院士说的，数据的挖掘、分析、归纳、使用，使数据创造出价值。我说的大数据是指数据流的波涛汹涌，指不知道有多么大的数据要传输与储存。当然我们希望传输的是净水，但我们也阻挡不了垃圾信息的来回被传输与储存，使得大数据更大。不要为互联网的成功所冲动，我们也是互联网公司，是为互联网传递数据流量的管道做铁皮。能做太平洋这么粗的管道铁皮的公司以后会越来越少；做信息传送管道的公司还会有千百家；做信息管理的公司可能有千万家。别光羡慕别人的风光，别那么互联网冲动。有互联网冲动的员工，应该踏踏实实的用互联网的方式，优化内部供应交易的电子化，提高效率，及时、准确地运行。我们现在的年度结算单据流量已超过两万五千亿(人民币)，供应点也超过五千个。年度结算单据的发展速度很快会超过五万亿的流量。深刻地分析合同场景，提高合同准确性，降低损耗，这也是贡献，为什么不做好内"互联网"呢。我们要数十年的坚持聚焦在信息管道的能力提升上，别把我们的巨轮拖出主航道。

网络可能会把一切约束精神给松散掉，若没有约束精神，我们还会不会是一个主洪流滚滚向前进？大家唱《中国男儿》，别人很震惊，这个时代还有这么多人来唱这种歌？在我们公司，眼前还有几千个核心骨干的团结，从而团结带领了15万员工。所以我们必然胜利。

二、我们要持续不懈地努力奋斗

乌龟精神被寓言赋予了持续努力的精神，华为的这种乌龟精神不能变，我也借用这种精神来说明华为人奋斗的理性。我们不需要热血沸腾，因为它不能点燃为基站供电。我们需要的是热烈而镇定的情绪,紧张而有秩序的工作,一切要以创造价值为基础。

我们要正视美国的强大,它先进的制度、灵活的机制、明确清晰的财产权、对个人权利的尊重与保障,这种良好的商业生态环境,吸引了全世界的优秀人才,从而推动亿万人才在美国土地上创新、挤压、井喷。硅谷那盏不灭的灯,仍然在光芒四射,美国并没落后,它仍然是我们学习的榜样,特斯拉不就是例子吗?我们追赶的艰难,决不像喊口号那么容易。口号连篇,就是管理的浪费。徐直军说的潇洒走一回是指不怕失败,不怕牺牲,努力为发展而奋斗。任何工作,我们都要从创造价值来考核评价。

超宽带时代会不会是电子设备制造业的最后一场战争?我不知道别人怎么看,对我来说应该是。如果我们在超宽带时代失败,也就没有机会了。这次我在莫斯科给兄弟们讲,莫斯科城市是一个环一个环组成,最核心、最有钱的就是大环里,我们十几年来都没有打进莫斯科大环,那我们的超宽带单独在西伯利亚能振兴吗?如果我们不能在高价值区域抢占大数据流机会点,也许这个代表处最终会萎缩、边缘化。这个时代在重新构建分配原则,只有努力占领数据流的高价值区,才有生存点。我们已经打进东京、伦敦……相信最终也会打进莫斯科大环……

三、自我批判是拯救公司最重要的行为

从"烧不死的鸟是凤凰","从泥坑里爬出的是圣人",我们就开始了自我批判。正是这种自我纠正的行动,使公司这些年健康成长。

满足客户需求的技术创新和积极响应世界科学进步的不懈探索,以这两个车轮子,来推动着公司的进步。华为要通过自我否定、使用自我批判的工具,勇敢地去拥抱颠覆性创新,在充分发挥存量资产作用的基础上,也不要怕颠覆性创新砸了金饭碗。

我们的2012实验室,就是使用批判的武器,对自己、对今天、对明天的批判,以及对批判的批判。他们不仅在研究适应颠覆性技术创新的道路,也在研究把今天已有技术成果持续创新的实现形式。在大数据流量上,我们要敢于抢占制

高点。我们要创造出适应客户需求的高端产品；在中、低端产品上，硬件要达到德国、日本消费品那样永不维修的水平，软件版本要通过网络升级。高端产品，我们还达不到绝对的稳定，一定要用加强服务来弥补。

这个时代前进得太快了，若我们自满自足，只要停留三个月，就注定会从历史上被抹掉。正因为我们长期坚持自我批判不动摇，才活到了今天。今年，董事会成员都是架着大炮《炮轰华为》；中高层干部都在发表《我们眼中的管理问题》，厚厚一大摞心得，每一篇的发表都是我亲自修改的；大家也可以在心声社区上发表批评，总会有部门会把存在的问题解决，公司会不断优化自己的。

价值观是组织的核心与灵魂。未来组织的结构一定要适应信息社会的发展，组织的目的是实现灵活机动的战略战术。

我们用了二十五年时间，在西方顾问的帮助下，经数千人力资源的职业经理与各级干部、专家的努力，我们基本建立了如胡厚崑所描述的金字塔式的人力资源模型，并推动公司成功达到400亿美金的销售规模。建立金字塔模型的数千优秀干部、专家是伟大的，应授予他们"人力资源英雄"的荣誉，没有他们的努力与成功，就不可能进行今天的金字塔改造。金字塔管理是适应过去机械化战争的，那时的火力配置射程较近，以及信息联络落后，所以必须千军万马上战场，贴身厮杀。塔顶的将军一挥手，塔底的坦克手将数千辆坦克开入战场，数万兵士冲锋去贴身厮杀，才能形成足够的火力。而现代战争，远程火力配置强大，是通过卫星、宽带、大数据，与导弹群组、飞机群、航母集群……来实现。战争是发生在电磁波中，呼唤这些炮火的不一定再是塔顶的将军，而是贴近前线的铁三角。千里之外的炮火支援，胜过千军万马的贴身厮杀。我们公司现在的铁三角，就是通过公司的平台，及时准确、有效地完成了一系列调节，调动了力量。今天我们的销售、交付、服务、财务，不都是这样远程支援的吗？前线铁三角，从概算、投标、交付、财务……不是孤立一人在作战，而是后方数百人在网络平台上给予支持。这就是胡厚崑所说的"班长的战争"。铁三角的领导，不光是有攻山头的勇气，还应胸怀全局、胸有战略，因此，才有少将连长的提法。为什么不叫少校？这只是一种形容词，故意夸大，让大家更注意这个问题，并不是真正的少将。谁能给你授少将军衔，除非你自己去买颗钮扣缝到衣领上，缝一颗算少将，缝两颗就是中将了。

要按价值贡献，拉升人才之间的差距，给火车头加满油，让列车跑得更快些及做功更多。践行价值观一定要有一群带头人。人才不是按管辖面来评价待遇体系，一定要按贡献和责任结果，以及他们在此基础上的奋斗精神。目前人力资源大方向政策已确定，下一步要允许对不同场景、不同环境、不同地区有不同的人力资源政策适当差异化。

我把"热力学第二定理"从自然科学引入到社会科学中来，意思就是要拉开差距，由数千中坚力量带动十五万人的队伍滚滚向前。我们要不断激活我们的队伍，防止"熵死"。我们决不允许出现组织"黑洞"，这个黑洞就是惰怠，不能让它吞噬了我们的光和热，吞噬了活力。

我们将试点"少将连长"，按员工面对项目的价值与难度，以及已产生的价值与贡献，合理配置管理团队及专家团队。传统金字塔的最底层，过去级别最低，他们恰恰是我们面对CEO团队、面对复杂项目、面对极端困难突破的着力点……过去的配置恰恰是最软点着力。

我们是要让具有少将能力的人去作连长。支持少将连长存在的基础，是你那儿必须有盈利。我不知道在座各位是否有人愿意做雷锋少将，我是不支持的，雷锋是一种精神，但不能作为一种机制。我们要从有效益，能养高级别专家、干部的代表处开始改革，"优质资源向优质客户倾斜"。只有从优质客户赚到更多的钱，才能提高优质队伍的级别配置，否则哪来的钱呢？

内部人才市场、战略预备队的建设，是公司转换能力的一个重要方式。是以真战实备的方式，来建立后备队伍的。

内部人才市场，是寻找加西亚与奋斗者的地方，而不是落后者的摇篮。内部人才市场促进的流动，不仅让员工寻找自己最适合发挥能量的岗位，也是促进各部门主管改进管理的措施，流动就焕发出生命力。

公司要逐步通过重装旅、重大项目部、项目管理资源池这些战略预备队，来促进在项目运行中进行组织、人才、技术、管理方法及经验……的循环流动。从项目的实现中寻找更多的优秀干部、专家，来带领公司的循环进步。

要让人人明白希望在自己手里，努力终会有结果，是金子终会发光的。不埋怨，不怀念，努力前行。那些"胜则举杯相庆，败则拼死相救"的人，虽然记功碑写不上他什么，写得出成绩的是将军，写不出成绩的可能是未来的统帅，统帅是组织好千军万马。谁搞得清统帅内心的世界怎么成长的，无私就是博大。

灵活机动的战略战术，来源于严格、有序、简单的认真管理。

数据流量越来越大，公司也可能会越来越大。公司可以越来越大，管理决不允许越来越复杂。

公司管控目标要逐步从中央集权式，转向让听得见炮声的人来呼唤炮火，让前方组织有责、有权；后方组织赋能及监管。这种组织模式，必须建立在一个有效的管理平台上，包括流程、数据、信息、权力……历经二十多年来的努力，在西方顾问的帮助下，华为已经构建了一个相对统一的平台，对前方作战提供了指导和帮助。在此基础，再用五至十年的时间，逐步实现决策前移及行权支撑。

郭平说：我们的增长方式要从优先追求规模成长，转向效率、效益驱动。项目经营管理是我们的重要手段，也是各级管理者的基本技能。绩效管理是公司干部管理优化、业务变革的实现形式与支撑保障，对责任结果与绩效的理解，要从更宽泛、更长远来看问题。现在我们的考核指标已经改革，未来还会不断减少过程考核的指标，结果比过程更重要。我们要紧紧地把握财经管理变革的正确方向。财经管理对准的是价值创造，而不是价值分配。我们要继续坚持做厚客户及供应商界面，简化内部的核算和考核。

华为的管理进步，正如郭平说的，要立足在项目管理进步的基础上，要好好培养及选拔项目管理的八大员，建立起成熟的程序、庞大的优质管理队伍。我们要以战略预备队的方式，建立起项目管理的干部、专家资源池，要通过人员循环流动任职的方式，把先进的方法、高效的能力，传递到代表处去。要善于发现金种子，并让他们到各地去开花。这些变革都是各级组织发挥价值创造的机会，也是培养干部、识别干部的实践基地。

这些年在管理变革中，涌现出大批优秀人才，我们从选拔"蓝血十杰"开始，对他们实施表彰，以鼓励那些默默无闻做出贡献的人。郭平说要寻找"蓝血十杰"，我认为一定要找到并授予他们光荣，而且逐级的评选鼓舞那些做出贡献的人。我们不仅要选拔未来优秀人才，也不要忘记历史功臣，才能让未来迈进的步伐更加坚定。新生力量取代我们，是历史规律，但过去为公司发展牺牲了青春、健康、生命的人，永远都要记住，他们曾经为华为公司可持续发展奠定了基础。

我们一定要站在全局的高度来看待整体管理构架的进步，系统地、建设性地、简单地，建筑一个有机连接的管理体系，要端到端地打通流程，避免孤立改革带来的壁垒。我们要坚持实事求是，坚持账实相符，不准说假话。我们要努力使内部作业数据在必要的职责分离约束下，尽可能地减少一跳，提高运营效率。

不单单是技术、市场上……要进步，我们要使管理严格、有序、简单，内部交易逐步电子化、信息化，基于透明的数据共同作业。我们要实现计划预算核算的闭环管理，以保障业务可持续发展，规避风险和敢于投资，要平衡发展。

各级干部要互相知晓，财务干部要懂些业务，业务干部应知晓财务管理。有序开展财经和业务的干部互换及通融，财务要懂业务，业务也要懂财务，混凝土结构的作战组织，才能高效、及时、稳健地抓住机会点，在积极进攻中实现稳健经营的目标，使公司推行的 LTC、IFS 能真正发挥作用。通过闭环管理来完善干部的考核与选拔。

2002 年开干部大会是在 IT 泡沫破灭、华为濒于破产、信心低下的时候召开的，董事会强调在冬天里面改变格局，而且选择了鸡肋战略，在别人削减投资的领域，加大了投资，从后十几位追上来。那时世界处在困难时期，而华为处在困难的困难时期，没有那时的勇于转变，就没有今天。今天华为的转变是在条件好的情况下产生的，我们号召的是发展，以有效的发展为目标。我们应更有信心超越，超越一切艰难险阻，更重要的是超越自己。

从太平洋之东到大西洋之西，从北冰洋之北到南美南之南，从玻利维亚高原到死海的谷地，从无边无际的热带雨林到赤日炎炎的沙漠……，离开家乡，远离亲人，为了让网络覆盖全球，数万中、外员工，奋斗在世界的每一个角落，只要有人的地方就有华为人的艰苦奋斗，我们肩负着为近三十亿人的通信服务的重任，责任激励着我们，鼓舞着我们。

我们的道路多么宽广，我们的前程无比辉煌，我们献身这壮丽的事业，无比幸福，无比荣光。

——2013 年度在华为干部工作会议上的讲话

做谦虚的领导者，不做成吉思汗独霸天下

一、与客户的关系

战略聚焦后，华为在管道领域可能会变得越来越强大，竞争力越来越厉害。过去我们是小公司，真不懂电信才走向电信，客户因为需要，就不断牵引我们，我们跟着客户屁股后面前进，充分满足客户需求。西方大公司在主干上满足客户需求，我们在枝节上满足了客户需求，从而获得很多边缘合同，对公司的早期成长起到了重要推动作用。现在我们以两个车轮子推动公司前进：满足客户需求的技术创新和积极响应世界科学进步的不懈探索，除了能满足客户需求外，还可能具备在管道的未来方向上牵引客户的能力。在这种历史时期，我们如何战略定位自己？如何保持对客户的尊重？通过帮助价值客户商业成功的过程中，增加了客户对我们的"黏性"，而决不"敲诈"对我们黏性很大的客户，这对全公司是一个考验。

怎么做一个谦虚的领导者？如何使华为的存在，客户认为是有益的，社会认为是有益的，竞争对手认为是有益的，供应链伙伴也认为是有益的，这就是华为的转型。

客户正处在一个转型期，我们历 25 年的积累，以及在 150 个国家的经验，是有可能给客户一些引导的，这不能算不尊重客户。

客户需求的本质是希望技术先进、质量好、服务好、价格低的产品和服务；我们渴望市场成功、有盈利，我们也要适应面对日益升高的优秀员工的待遇要求，以及为了追逐新技术潮流必须增大的投资而产生的矛盾。因此在价格、合同商务条款的博弈，不能算不谦虚。

去年我们把美国、巴西转变成按小国模式经营，以利润为中心，然后美国

代表处就盈利了，分了很多奖金，巴西代表处去年当年利润转为正。巴西去年才破格提拔 7 个干部，今年底还要破格提拔 20~30 个，让内生干部成长起来，扭转乾坤。所以我们强调扭转亏损，不算不尊重客户，不算不谦虚。这是生存必需的商业行为。

有时候必须像姚明一样蹲着说话，也不能证明你不伟大。谦虚来自自信，谦虚来自自身的强大。我认为不谦虚是指颐指气使、趾高气扬、目中无人、盲目自大、自我膨胀等不平等的待人方法，以及不按合同执行的店大欺客行为。销售团队在与客户交流时，一定不能牛气哄哄的，否则我们在沙漠里埋头苦干半天，客户也不一定认同。无论将来我们如何强大，我们谦虚地对待客户、对待供应商、对待竞争对手、对待社会，包括对待我们自己，这一点永远都不要变。

我们是能力有限的公司，只能重点选择对我们有价值的客户为战略伙伴，重点满足客户一部分有价值的需求，不能算是不谦虚。业软交不出利润的原因就是为了满足客户太多需求，什么都做，最后做不出有竞争力的主力产品来。所以我们的经营模式要转变。战略伙伴选择有系统性，也有区域性，不可能所有客户都是战略合作伙伴。

我们要为公共的市场秩序输出贡献。我们作为强者，不能只顾自己的利益，不关心、不关注市场的公共秩序的建设。一个全球、超宽带化的市场秩序，我们还不清楚它的结构是怎样的，但我们要积极去探索，至少不能用恶性的方式去破坏它。

我们认为大数据流量越来越大，网络越来越复杂，我们要在网络简化中，输出贡献。

我们要关注客户的现实要求，也要关注他们的长远需求。真正理解最终客户的真正需求是什么，帮助客户去适应发展。

我们要有益于创新，有益于有效地发展，不要成为旧事物的卫道者，也不要成为盲目创新的推动者。

二、如何策略性地抢占大数据流的战略高地

上月，我们在东部华侨城已草拟出公司的大数据流的技术结构图，再次明确公司的管道战略。我们要聚焦投资，提升战略竞争力。华为不缺能力，而是缺战略意识。如果只提"能力"，很容易被片面地解读为近身搏击。

我们在大华兴酒店高层民主生活会上确定了我们在战略上的伙伴以及市场竞争的友商，在无线、有线领域我们要确保三足鼎立的存在。未来应该大约在10%的地区会聚集90%的信息流量，在争夺这些机会窗时，如何顾及友商。我们很快要成为行业领导者了，一定要有正确的心态，若我们成为"成吉思汗"独霸天下，最终是要灭亡的。我们的态度是决不独占市场，我们只是争取服务全球的一部分。大数据模型的数学模型正在变化，我们要以此分析价值市场、价值地区、价值客户。徐直军、丁耘主导建立一个战略沙盘，全球所有地区部、代表处都可以来参与，战略沙盘要对未来市场的指导和考核发挥作用。当我们在某个地区遇阻严重、久攻不下时，留下新员工为主的围城部队，把这个地区的战略力量撤到其他主攻地方去，争取一部分地方的胜利，避免在一些极困难地区纠结过久，错过了别的地方的战略机会窗。其实对于一个大城市，我们真正做好一家、两家，就是胜利。我们要的是胜利，不是山头。

建立大区协调机制，战略性的机动调整力量。去年我们确定建设战略预备队，加强重装旅推动技术专家/干部的循环流动；重大项目部商业领袖的循环成长；项目管理资源池对八大员的综合能力提升，及上、下、左、右的管理干部的流动，从交付项目开始逐步延伸到端到端的项目。这些循环已经开始在公司发挥作用。今年我们又决定让子公司董事、片联成员到审计部锻炼半年，加强对反腐败的推动。

我们要敢于不在乎一城一地的得失，占据一部分地区，一部分客户，服务好他们。我与莫斯科代表处座谈时提到"你们要是打不进莫斯科大环，莫斯科就可以关闭了"，这不是威胁的语言。"从太平洋之东到大西洋之西，从北冰洋之北到南美南之南……"这是我在干部大会讲话最后一次提到，今后华为将对"八爪鱼"式的策略适当调整，虽然有些地方会缺一个角，但和客户的战略黏结度强了。我们会多派出一大批"少将"，提高对优质客户的服务质量，也增强了客户的竞争力。敢于把优质资源向优质客户倾斜，最终与客户建立战略合作伙伴关系。他们没有其他生存之路了，我们也没有，只有合在一起才能成功，包括与供应商关系改善。

我认为超宽带定格局的时间是这三至五年。对于我们信息管道提供商来讲，超宽带时代以后，颠覆、改变宽带时代的"带"是技术问题，而不是再出来一个什么代了，所以我们这三五年内一定要有作为。

三、加强对金字塔人力资源模型的优化

第一，加快对金字塔中直接面对客户的中基层，以及直接面对复杂项目、直接面对困难的优秀员工的任职资格及职级的优化。逐渐理解"班长的战争"的实现形式。我们现在要改良二十五年构筑的人才金字塔，人力资源体系也要对曾经为金字塔人力资源建设做出贡献的人给予表彰和肯定，把做出卓越贡献的已离职员工也要纳入进来。建立金字塔模型这些人是很伟大的，我们今天的改良，不是对他们的否定，而是进一步优化。

第二，继续对优秀人员的及时准确评价，加快优秀才俊晋升的考核与选拔。不仅仅在全公司，而且在全社会、全球，选拔具有全球化业务经验及视野的干部，担任高级主管；选拔能洞察客户、洞察市场、洞察技术、洞察国际商业生态环境的人做领袖。

第三，继续优化并坚持薪酬包管理制度，让各级管理者学会管理。你们愿意养懒人也是自己养，如果你愿意挤压，就让优秀分子起来，落后的人员流失。过一段时间，若挤压得太极端，我们再来看是否优化调整，但目前还是遵循这个模式。

第四，坚决坚持不懈地反对腐败、反对惰怠。作为第一层防线的各业务主管，在业务运作中控制风险，是最重要的防线。要杜绝腐败，最主要的监管还是在流程中。

四、坚持端到端的打通流程责任制的运行，坚持账实相符及"五个一"为标准度量衡之一来评价变革

第一，ST 和 AT 要职责分工，希望人力资源委员会讨论出组织机制来。ST 组织要依托流程建设，打通部门墙；AT 组织可能是行政区块建设。现在我们的 AT 力量太强，把大权都揽在自己身上，这样不利于拆掉部门墙。要把业务流程

的责任建立起来，逐步实现流程责任制。

第二，坚持逐步走向流程责任制，逐步给流程 Owner 赋权，加快基于流程的专家决策制度的建立。以前叫流程遵从，没有建立起流程责任制。现在我们建立起流程 Owner 和专家的权力后，层层级级流程岗位授权，建立起流程责任制。我们的奋斗目标是用三年时间实现账实相符，用五年时间实现"五个一"。

在这三至五年奋斗过程中，不仅销售收入做到通信领域第一，我们要更多在管理制度上优化。我们要把口号打响，账实相符及"五个一"是改善管理的第一步，从上到下都要坚定不移地围绕这个目标努力，相信一定会实现。若我们的管理成本下降20亿~30亿美金，我们的客户和员工都获益，管理的改进对客户和我们每个人都是有意义的！

——2014年年初在市场大会上的讲话

我不会拿华为的生命垫底成就他人的霸业

电源产品线的定位是公司管道战略的配套产品线，按徐总（徐直军）的定位，分三个模块来谈价值贡献，二次电源属于管道战略；一次电源是一半一半；其他都是非管道战略，要多交利润，不能交高利润就压缩。科学家是要为成就公司的战略而奋斗，而不是公司为成就科学家的梦想而分散投入力量。

未来的经济形势不容乐观，不允许盲目发展，谈市场空间要面向现实，要强调当期贡献

我们不能预测未来五年通货膨胀的状况，如果通货膨胀严重，我们是很危险的。

在这个风险很大的历史时期里，我们要清楚整个公司的战略，发挥我们的优势，才能产生足够活下去的必需利润。谁不能产生利润就要适当压缩，你们不能产生利润的产品，就不要盲目了。你不要说未来有什么贡献，万一活不到未来，未来的贡献和我们没关系。不能为了成就你的事业，一功将成万骨枯。

不要太乐观去估计自己,还是保守一点。你们把配套做好,我坚决支持。

地球很大,但不是我们的,我们连美国市场都进不去;宇宙更大,还有太阳系呢,你去吗?你们说全球有65万个基站,那跟我有啥关系呢?你说有65万个基站,全球的空间是215亿美金,你可以拿到50亿美金,你占全球的25%的市场空间,你要成为世界第一?我不能为了你成第一,把我的生命都牺牲了。现在你做了5亿美金,不赚钱,那为什么我们还要往前做呢?我们还是要面对现实,要强调鲜明的目标考核,二次电源就是比较质量和成本;其他产品贡献是什么?你告诉我这个产品卖了多少?赚了多少钱?不赚钱的产品就关闭压缩。我不会投资非战略性的产品,除了你们滚动投入,又能交高利润。

我们整个公司只有把战线变得尖尖的,才能突破美国对我们的封锁。否则就把公司的能力拉得平平的了,什么城墙都攻不破。二次电源对于我们管道称霸这个世界有支撑。

网络能源的定位是管道战略的配套产品线,要分三个模块来谈价值贡献

首先你要讲清楚你给公司的价值贡献是什么?二次电源属于管道战略,一次电源就是一半一半,其他非管道战略的都要交高利润。我要求你们提供数据,网络能源产品线单独核算。然后一块块掰开了分析,做出模型,看怎么管理。比如你们要告诉我,各种二次电源,公司需求量是多少,供给量是多少?根据正态分布曲线,每一款产品都要拿出来分析,哪个是在峰尖上的,哪个是在峰腰上的,哪个是靠近坐标轴的,每一部分分别应该是什么策略。就像解剖广办一样,解剖产品线,拿出模型来。分析完以后我们把这个模型拿到各个产品线看,赚得少的要考虑如何改革。

你们不要去盲目扩张,我不支持你成就霸业,你们必须支持公司的战略。你们要拿出卖得最差的一个产品,把它核算清楚贡献和成本,投入了多少人员,到财委会进行分析。我主要看你们哪一块板做得不好,把那一块认真解剖,来分析一下找到我们其他产品线的管理思路。我们不追求做到世界第几,能产生贡献价值更重要。我们分灶吃饭这个决心是坚定的,华为公司那么大,不能大家都来吃中央,中央本来就不产生价值。分灶吃饭,兄弟们分不到钱,你这个

头好当吗？

我们必须要在一个主航道上，是以价值为中心，不是以技术为中心。你作为一个辅助产品线，一定要突出你的价值贡献是什么。我在欧洲说，你们总让黑非洲养活你们，好意思吗？把配套做好，压缩我们管道的成本，提高我们管道的质量竞争力，这点我才是支持的。

不要盲目扩张加人，要以提高效率为中心

总的来说，你们是要收缩。我不同意你盲目扩张，还是要以提高效率为中心，不需要你做那么多产品，踏踏实实地把几个做好，然后把人数减下来。

现在网络能源不作为大产品线发展，我们就缩小到电源这块发展。人少好过年，要那么多人来吃饭干啥，人少赚了钱好分啊，华为公司最肥的时候是小公司的时候。我们不需要这么多人时，拼命乱进人，进来又用不上，这些人最后还是辞职离开公司，我们花了大量的钱培养了自己的竞争对手。对于小产品线，活自己干，钱自己赚，把技术再干得精益求精，直到有一天需要让你们发展的时候，有你们这些架子师，可以再扩充为整装师。现在不要再增人，我不会支持的。

不用汇报技术核心，不用汇报市场规模、未来的空间有多大，要倒过来，就分成三个模块来谈价值贡献。以前的错误不要你们来承担。我在你们能源讲过两次话，有些已时过境迁，我们已经调整了模型，今天重新审视，必须按这个模型来讨论：战略模块的贡献是什么，一半一半的价值贡献是什么，非管道的价值贡献是什么？讲不清楚价值贡献，你就别汇报。

我今天问了很多为什么，你们这些骨干听了，回去慢慢去理解。你们可能听了心里不舒服，但是你们要理解，如果经济出现大的波动，我们活不下来的恐慌有多严重。我不会支持你们拿公司的生命去垫底。但是你们改进公司的主航道，在主航道上提高了竞争能力，我支持。

——2015年10月在网络能源产品线汇报会上的讲话